文史哲學集成

無生老母信仰溯源

鄭志明著

文史哲出版社印行

無生老母信仰溯源 / 鄭志明著. -- 初版. --
臺北市：文史哲，民 98.11 印刷
300 頁 21 公分.（文史哲學集成；128）
參考書目：頁 273-300
ISBN 978-957-547-334-1 (平裝)

276

文史哲學集成 128

無生老母信仰溯源

著 者：鄭 志 明
出 版 者：文 史 哲 出 版 社
http://www.lapen.com.tw
e-mail：lapen@ms74.hinet.net
登記證字號：行政院新聞局版臺業字五三三七號
發 行 人：彭 正 雄
發 行 所：文 史 哲 出 版 社
印 刷 者：文 史 哲 出 版 社
臺北市羅斯福路一段七十二巷四號
郵政劃撥帳號：一六一八〇一七五
電話886-2-23511028・傳真886-2-23965656

實價新臺幣四四〇元

中華民國七十四年（1985）四月初版
中華民國九十八年（2009）十一月 BOD 初版一刷

ISBN 978-957-547-334-1 00128

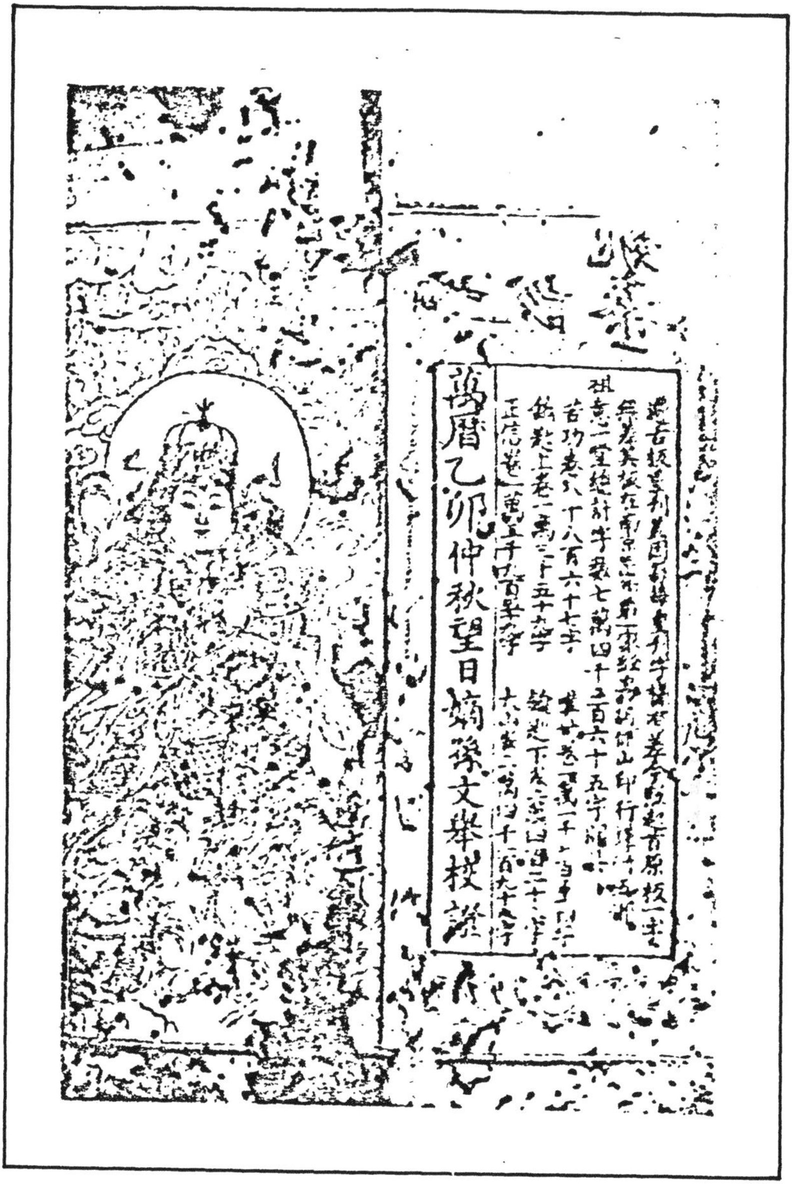

萬曆乙卯年巍巍不動太山結果寶卷（澤田瑞穗藏）

國公公文武大同說法三託一切大
衆護持妙法流通天下普度一切
同出苦輪總報恩情護持妙法功
德無量無邊。
一報天地蓋載恩　二報日月照臨恩
三報皇王水土恩　四報爺娘養育恩
五報護法生淨土　一切有情出苦輪
師傅家住山東萊州府即墨縣牢山
密雲衛霧靈山悟道明心說法度人
苦功卷嘆世卷破邪卷正信除疑卷
有人請四部經卷救你出離生死苦
海

正信除疑無修證自在寶卷　終

明版正信除疑無修證自在寶卷卷首卷末（酒井忠夫藏）

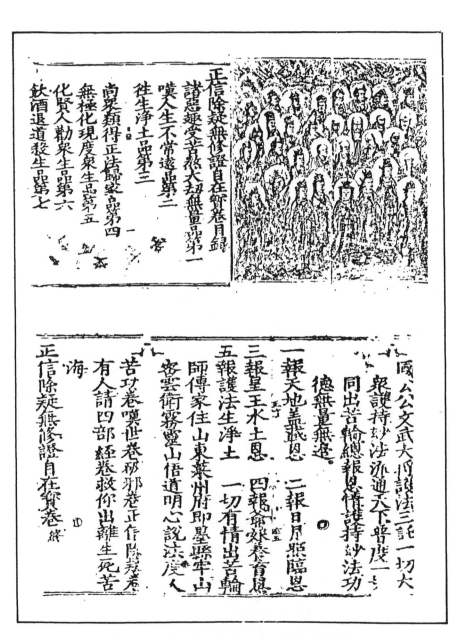

順治九年壬辰仲春月菩薩誕日重刊

無極正派萬源道人普伸識

嘉慶柒年夏月重刊

夙生根正又重來　愍念娑婆世苦哉

八難難中忘報化　三災災裡暢心懷

人多懈惰縱容喚　法乳心花次第開

聖祖念念度生心不了　大衆有緣全赴九蓮臺

道光二十七年夏月重刊

同治八年己巳夏月重刊　民國六九年庚申仲春重刊

金剛般若經註解全集

蘭風法嗣源靜補註

苦功悟道卷之二

後學普卿普伸較註

說破無心品第十叅。

夫虛空無住所。隨處顯家風。口說非爲妙。言談錯用功。眞叅須實悟。契理證圓通。求得心開悟。還須達本宗。叫悟得心空法法空。恒沙諸佛體皆同。

頌曰

一體虛空第十叅　四維上下沒遮攔

十方盡是如來體　三界何曾離本源
擬議思量還有碍　豁然透脫露禪關
欲知立命安身處　放下疑心咫尺間

又叅一步。這虛空。徃上無邊。徃下無邊。徃東無邊。徃西無邊。徃南無邊。徃北無邊。包天裹地。灌滿十方。普覆八身。歸東不能歸西。歸西不能歸東。懼怕生死輪廻之苦。不肯放叅。再叅一步。

論曰。祖家第八大悟。這個虛空。上下四方廣無邊際包裹無情依報。灌滿天地。十方普遍。法界衆生。覆護

護國法王羅祖大師

羅祖圖像

明朝正德御賜龍牌護持五部六册寶卷

錄自「龍華科儀」

清朝康熙君聖旨龍牌護照天下龍華齋堂

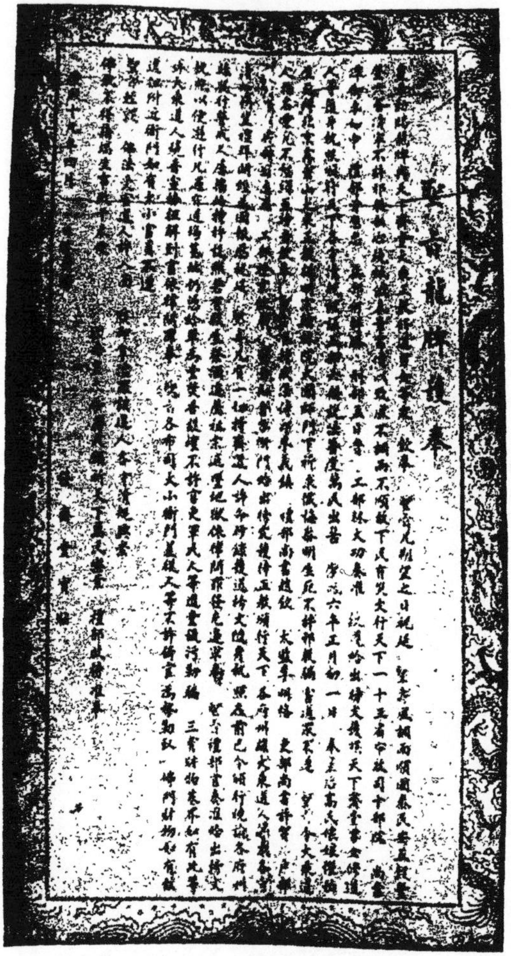

錄自「龍華科儀」

自序

「無生老母」信仰，自明代以來，在我國宗教領域上，扮演著極其重要的角色，影響了近五百年來民間的信仰與宗教思想。近年來，台灣基層社會民間宗教有復振的傾向，一時與「無生老母」同義的「無極老母」、「無生聖母」、「瑤池金母」、「王母娘娘」等信仰的各種教團風起雲湧，四出傳教，蔚成風潮，幾乎與佛教、道教、民間傳統信仰鼎足而立。又由於民間生態環境的相互影響，傳統的民間宗教信仰的內涵，也逐漸添入無生老母信仰的色彩而相互合流，形成新的信仰型態，其勢力與發展的潛能凌駕在佛道之上，似乎成爲當代的顯教。

我首次接觸無生老母信仰，是在民國六十一年，因熱衷人生哲理的探研，主動到新竹老家鄰居的佛堂，接受「入道」的儀式，聽到了「無生老母」的名號，其全名又稱爲「明明上帝無量清虛至尊至聖三界十方萬靈眞宰」，是創造宇宙萬物的主宰，常住無極理天，希望衆生恢復靈明本性，爲善去惡，清性寡慾，歸根認母，回瑤池聖地。我以半年的時間參悟該信仰的教義，由初級班、中級班到高級班，覺得該信仰在教義上似乎有極限、其宣教的重點不在教義，而在儀式與神通，後因研讀「六祖壇經」，才領悟該信仰的通俗性格，改致力於儒家思想與佛教思想的研究。

眞正全面性反省此一信仰的內涵，則在民國六十八年，閱讀了施文塗著「我怎麼脫離一貫道」一書，在這之前，也曾閱讀過「暗路明燈」等抨擊民間教團的書籍，感覺到宗教信仰本身原具有層級性，適合各種不同社群的信仰需求，對社會生活有其自補的功能。與其一味地相互抨擊，不如客觀地反省其歷史與社會的意義，探求民間教化與信仰的價值趨向。因此，撰寫了「疏導台灣當今祕密宗教」一文，發表於鵞湖月刊第六十一期，討論民間教團在台興盛蔓延的原因，以及從社會大衆、宗教團體、政治立場和知識分子四個層面來疏導民間教團。

此文的撰寫，原只是個人從事宗教研究的一個課題而已，未打算再作深入的研究。到了民國七十一年閱讀了莊教授吉發撰「四海之內皆兄弟—歷代的祕密社會」獲得啓示，始悟無生老母信仰是另一個宗教體系，與白蓮教、彌勒信仰是不同一個起源的。又燃起了再做深入研究的動機，接著閱讀了宋光宇撰「試論無生老母宗教信仰的一些特質」，確定無生老母信仰，是當代民間宗教的主流，値得作更進一步的研究與開拓，故致力於台灣早期齋教的研究，及目前流行的儒宗神教、慈惠堂、天德聖教等教團的鄉野調查，集結相關論文編爲「台灣民間宗教論集」，去年九月由學生書局刊行。

在探研民間宗教時，也注意了民間思想的發展，二者互爲表裏，互相帶動，代表了民衆的價値取向與文化觀念，有其特定的時空意義，在時間上，承續了數百年來儒釋道三家教化下的思想形態，在空間上，是中國文化在民間社會自足性發展與通俗文化拓張的趨向。民間宗教不是偏重在純義理的思索，存在著許多祕密經驗與法術活動，重視人神的溝通，教義的宣導是其次的宗教活動，而且主要的內容，承襲前人所留下來的基本教義，再配合時代的變遷作部分的調整，故教派之間教義大同小異，而其主要的思想模式，必須追溯到明代中葉羅祖的五部六册宗教寶卷。此部寶卷是目前新興宗教所流傳的最早一部寶卷，由這一部寶卷可以探求無生老母信仰形成的因緣，以及當今各民間教團思想的師承淵源，這也是一部探求明代社會民衆文化與思想形態的寶貴資料。

欲探求當今無生老母信仰的內涵，必須追溯到羅祖的五部六册作專門性的研究，方不至於失落了其歷史傳承的關係。我不揣譾陋，妄以不成熟的學識，欲完成此一研究，當我將此計劃提出與李師豐楙、戴教授玄之、莊教授吉發、王教授邦雄等討論，得其贊許與鼓勵，並獲李老師的愛護，擔任指導教授，開示津筏，諄諄勉誨，曉喻宏旨，受益良多。

本書研究的主題牽涉到社會文化的價值理念，嘗試從社會文化史的立場，作初步的探討，所運用的理論與方法未必完善，所以敢膽寫發表，即基於對社會關注的熱忱，以知識分子赤誠的心志，扶助社會文化的發展，導引其合理的拓展，發揮文化創造的潛能。願此一作品能拋磚引玉，使大家來共同觀照民間信仰的現象，喚醒民間的高貴心靈，造就美好的社會人生。

鄭志明謹識於國立台灣師範大學國文研究所

中華民國七十四年四月二日

無生老母信仰溯源 目次

——明代羅祖五部六冊宗教寶卷思想研究

第一章　導　論

「寶卷」大多被歸類於俗文學，屬於基層社會的大衆文學。澤田瑞穗的「寶卷の硏究」，曾子良的「寶卷之硏究」皆偏重在演唱故事的民俗文學。

就寶卷的內容言，初期寶卷與當代的民間宗教有關，鄭振鐸以爲寶卷爲變文的嫡派子孫，是宋代說經的別名。以通俗文字將佛經的義理平淺化與世俗化，其目的著重在傳教，藉淺易的語言散播佛理，故澤田瑞穗認爲寶卷是宋元以來科儀書的延續者（註一）。有關宋元解經的寶卷，未見傳本，僅存書目，如金剛寶卷、心經卷、圓通卷、圓覺卷、法華卷等（註二）。這一類解經寶卷或依據明嘉靖二十二年刻本藥師本願功德寶卷，其形式大略可分成下列幾個部分㈠舉香讚㈡和佛㈢開經偈㈣緣起、解題㈤開卷偈㈥正文㈦結經偈等。寶卷前二項是僧侶禮佛的儀式，足見宣講寶卷極爲莊嚴，充滿濃厚的宗教氣氛。

李世瑜則認爲寶卷全爲明代中葉秘密宗教的經典，始於明正德年間無爲教主羅祖的五部六册宗教寶卷—卽苦功悟道卷、歎世無爲卷、破邪顯證鑰匙卷（分上下二册）、正信除疑無修證自在寶卷、巍巍不動太山深果寶卷，是以無生老母爲信仰核心的民間教團之經典（註三）。曾子良綜合以上說法，認爲宋元以來寶卷似已爲和尚所用而流行民間，遂爲其他道士巫覡及新興宗教所利用，藉其體製仿製經典，以宣其教義，以迎合俗衆（註四）。向達撰寫「明清之際之寶卷文學與白蓮教」一文認爲寶卷與白蓮教有關，但是自明代中葉以來，白蓮教已逐漸式微，與白蓮教合流的彌勒下生信仰，也轉變了形態，與明代新興的無生老母信仰逐漸融合，發展出龍華三會與眞空家鄉的宗教宇宙觀，明末以及整個清代，官方文獻上所謂的教匪與教亂，大多是指這種彌勒下生信仰與無生老母信仰合一的宗教現象。向達所謂的白蓮教也是指這種信仰，而非元末、明初的白蓮教（註五）。

將民間的教團皆視爲白蓮教，可能來自於官方的主觀立場，如萬曆四十三年六月，禮部請禁左道，以正人心，其意見如下：「言近日妖僧流道，聚衆談經，　錢輪會，一名捏槃教，一名紅封教，一名老子教，又有羅祖教，南無教，淨空教，悟明教，大成無爲教，皆諱白蓮之名，實演白蓮之教。有一教名，便有一教主，愚夫愚婦轉相煽惑，寧怯于公賦而樂於私會，寧薄于骨肉而厚于夥黨，寧駢首以死而不敢違其教主之令。」（明神宗實錄卷五三三）「妖道流僧」一詞含有價值批判，大抵指非官方所承認的宗教團體。這段敍述存在許多疑問：諸如這些宗教團體是否眞的「諱白蓮之名演白蓮之教」？還是另有其獨特的教理與其發展的途徑；另外鄉土百姓是否就是愚夫愚婦？其宗教信仰果眞是愚昧的行爲缺乏理性？凡此均亟宜深入探討。

官方對民間教團的管制，是基於政治需求，爲鞏固政權而設立。因此，只要與官方立場相違背或危害及社會秩序，即以邪教亂黨視之，未必能客觀地探討各教團的內涵及其宗教目的。而對於百姓的態度，則往往只關心政治體制的維護，未能深入瞭解所謂「愚夫愚婦」的價值理念與社會結構，僅觀察出部分未合理性的社會現象，却不去分析現象背後的社會、文化與心理等因素：如爲何百姓「寧怯于公賦而樂于私會」？是否鄉土百姓有其自成體系的文化意識，借以安頓其宗教與社會生活。

民間的生態環境隨著時空的遷移也不斷地變遷，社會的教化內涵如宗教與思想等傳統文化也或多或少的加以改變，但是在歷史文獻裏，反映民間文化材料很少保留下來，因而較難瞭解鄉土百姓的文化意識。明代中葉以來，與信仰有關的宗教寶卷，來自於基層社會屬於一般民衆的宗教讀物，撰寫者大多是新興宗教的宣教人才，其作品的對象是教育程度較低或未受教育的人，因此文字趨向於俚俗化與口語化，經過簡單的閱讀或口語的傳誦，表達其宗教與文化的內涵。明代的寶卷始於羅祖的五部六册，羅祖的宗教稱爲羅祖教，或稱無爲教，大體上是將佛教的禪與淨土作通俗化的詮釋，建立無生老母信仰與眞空家鄉的樂園世界（註六）。羅祖的宗教有其時代的背景與文化傳統，透過五部六册或許有助於了解當時民間的思想形態與社會文化等現象。

第一節　本研究的範疇與內容

李世瑜將寶卷分爲前期寶卷與後期寶卷，曾子良則分爲教派寶卷、善書寶卷與新寶卷（註七）。

所謂前期寶卷（即教派寶卷），濫觴於明成化年間，大盛於萬曆、崇禎等，爲民間宗教宣揚教義號召民衆的經典。所謂善書寶卷，以勸懲性質之傳說故事與勸化文字爲主，在清代極爲盛行，如「劉香寶卷」、「目蓮寶卷」、「何仙姑寶卷」等以講述佛道故事爲主；受清聖祖的聖諭與仁宗的聖諭廣訓的影響，雜以三教合一的道德思想，强調修身養性的寶卷有：「報恩寶卷」、「昧心惡報寶卷」、「惜穀寶卷」、「潘公免災寶卷」等。所謂後期寶卷（亦即新寶卷），純粹演說故事及具戲曲性的寶卷，盛行於同治、光緒年間長江一帶的都會（註八）。

俗文學研究者偏重在後期寶卷（新寶卷），注意其戲曲、小說的文學表現，鄭振鐸的「佛曲敍錄」所著錄的寶卷大多屬於這一類。前期寶卷文字俚俗，貴在講述教義，較不受俗文學家的青睞。日本學者酒井忠夫，將此類寶卷與明代善書並列，研究此類寶卷在社會史上的歷史意義，脫離了俗文學的範疇，肯定其思想史的價值。本研究，即是從五部六册寶卷的內容與形式中，探討其內在的思想意識與宗教情操，進而分析一般民衆所共同的文化理念，及寶卷書的歷史價值與社會功能。

明末的宗教寶卷與明代民間教團有互爲表裏的關係，清道光年間黃育楩撰寫「破邪詳辯」，共六卷，以官方立場收錄民間的宗教寶卷加以駁斥與批評，並作簡單的書評，是目前研究明清時代民間教團的重要資料，提供了當時民間宗教結社信仰的文獻。由於民間宗教結社受官方嚴禁，不能公開傳教，寶卷也以秘密方式流通，收集極爲不易，正確的資料很難掌握。吉岡義豐在「現代中國の諸宗教」一書曾將民間宗教結社與所屬寶卷作一歸類，共得八個教門，七十一本寶卷（註九）。明末有多少宗教結社，可資參考的官方文獻不多，根據淸初寶卷「古佛天眞考證龍華寶經」第二十三品天眞收圓品共有十八個敎門，其內容如下：

老君敎，李老君。達摩敎，達摩祖。宏陽敎，飄高祖。淨空敎，淨空僧。無爲敎，四維祖。西大乘，呂菩薩。黃天敎，普靜祖。龍天敎，米菩薩。南無敎，孫祖師。南陽敎，南陽母。悟明敎，悟明祖。金山敎，悲相祖。頓悟敎，頓悟祖。金禪敎，金禪祖。還源敎，還源祖。大乘敎，石佛祖。圓頓敎，普善祖。收源敎，收源祖。

老君敎指道敎，達摩敎指禪宗，有其各自的宗敎系統，其他十六個敎門自成一個體系，據「木人開山顯敎明宗寶卷」，這些敎門大多以「龍華三會」爲敎化宗旨，因此吉岡義豐認爲這些敎門屬於白蓮敎系統（註一〇）。這種說法忽略了這些敎門大多以五部六册爲經典，崇拜無生老母，以回歸「眞空家鄉」爲宗敎目的，非白蓮敎所能完全統攝。無生老母信仰與彌勒下生信仰應屬於二個各自不同的宗敎系統；龍華三會與眞空家鄉各自代表此二信仰的宗敎樂園與敎義體系。但是明末以後，此二信仰逐漸相互混融，其融合的方式則以無生老母信仰爲主，彌勒下生信仰爲輔，將龍華三會的觀念轉化成「天定三會」，而附屬在無生老母信仰之下（註一一）。

早期的無生老母信仰並無龍華三會的色彩，這可從羅祖的五部六册加以證明。五部六册是目前現存最早的宗敎寶卷，是研究明代宗敎結社最直接而具體的文獻，也是探討無生老母信仰起源的最佳史料。由於民間宗敎受到法律的壓迫與嚴禁，官方的歷史文獻幾乎闕如，無法探求各宗敎結社的內容與師承等各種問題，很難明白其社會活動的實態與歷史眞象。因此，五部六册的文獻價值更顯得重要與珍貴了。

正德年間羅祖五部六册的刻本，李世瑜曾懷疑爲萬曆年間弘陽教所僞託揑造，羅祖並無其人。但是，近年來，由於五部六册各種版本的出現，以及與羅祖、無爲教等相關史料也相繼地發掘出來，對於羅祖的生平與無爲教的法脈傳承逐漸明朗（註一二）。五部六册寶卷雖然未能完全交代，羅祖無爲教的歷史傳承與流佈情形，卻提供了羅祖的思想架構及其教義的內容，有助於探求無生老母信仰的宗教本旨及其時代背景等歷史價值。

本研究，偏重在羅祖五部六册的內緣研究，扣緊五部六册的思想意識與教義加以分析。主文分成六章，第一：利用相關的文獻與史料，探求羅祖的生平，敍述五部六册的內容及其形式。第二：由苦功悟道卷分析羅祖悟道的歷程與思維的進路，反省羅祖面對神聖而又莊嚴的存在問題，採用何種思維方式來詮釋與安頓生命。第三：分別民俗思想與哲理思想的差異性，基於社會文化的客觀要求，釐清羅祖的思想，嘗試架構其通俗化的哲理體系。第四：勾劃羅祖獨自爲尊的宗教信仰心態，從正法與悟道的要求下，自命爲無上的正宗佛法，進而駁斥佛教及其他教門，彰顯羅祖宗教的民間性格。第五：羅祖思想受民間文化意識的影響，在民間教化環境下有其特定的發展途徑，傳遞及回饋這一類的文化意識，有助於探求傳統社會中民衆通俗文化的理念。第六：分析羅祖引敍佛經及其他經典的大略情形，研判羅祖的思想淵源及當時民衆文化的系統與傾向，進而瞭解民間宗教的時空意義。

宗教結社是民間基層社會宗教活動的組織形式，由於政府的嚴禁與取締，乃採用非公開的方式祕密流行於民間，有其獨特的生態環境與社會功能，一直鮮爲教外人士所知，因而易於產生許多誤解與不正確的態度；而學界更因文獻與史料的斷簡殘編，缺乏具體與完整的資料，不易著手而未盡重視這一研究課題。近年來，國外漢學，尤其日本學界，對民間教門的研究極感興趣。國內則因戴玄之教授的啟蒙，莊吉發氏曾利用故宮清史檔作一系列專題研究，以及宋光宇、林萬傳等對一貫道、先天道作實際的鄉野調查，奠定了民間教團研究的基礎。但是民間教團的內緣研究較爲缺乏，一方面由於寶卷的收集不易，另一方面寶卷思想層次不高，不易引起注意；又加上寶卷與寶卷之間，內容與形式大同小異，彼此互相抄襲與傳承，極難確定爲一人一家的說法。因此選定羅祖的五部六册寶卷爲題試加研究，卽基於五部六册乃是宗教寶卷的鼻祖，爲羅祖個人獨創的作品，綜合整理出民間宗教的基本教義與傳教的模式；成爲其後無生老母信仰的根本源頭，拓展出民間信仰嶄新的一頁，影響及近五百年來中國基層社會中一部分的宗教領域。

第二節　本研究的態度與方法

我國傳統社會的宗教活動，代有所聞，先秦的巫覡卜筮、天祖崇拜、神仙方術，以及兩漢的讖緯、符命、災異與五行，都有濃厚的宗教色彩；至東漢末年始有教團的組織，且與政治集團相對抗，常以邪教造反的形態，記錄於歷代官書之中，一直是官方撲滅的對象；又加上佛教彌勒信仰淪爲民間的地下信仰，更增加邪教出現於史書的頻率（註一三）。雖然道教由民間教團脫穎而出曾爲中央與地方政府所認同，承認其教團的地位，協助其祭祀與教化，編入政府的統治體制。但是「道教」一詞過於籠統，幾乎將民間的教團與信仰加以概括，以至道藏所收集的經書，甚至涵蓋了民間各種宗教的文化結晶。吉岡義豐以爲：「一旦宗教教團既與統治機構結合起來，它就非脫離民衆不可，民衆會自然地覺察到這種宗教不站在自己的一邊，敬而遠之。」（註一四）官方與文獻資料上的道教，與民衆眞正信仰的道教教團，也就有許多的差異，加上各種民間道教教團，淵源各自不同，互有流變，往往自由地選擇、取捨其教團，發展出新的教派，因而不爲官方所承認，又淪爲祕密的宗教組織與信仰。佛教也是如此，其通俗性的教派如彌勒教、三階教、白蓮宗、白雲宗，不爲政府及佛教所承認，卻普遍地流行於民間，造成一股龐大的宗教勢力。羅祖的宗教正是將佛教教義加以通俗性的演繹，又居於民間文化意識，自命爲佛教的改革派，認定其無爲法方爲眞正的上乘佛法。當然，羅祖的宗教及其相關的教派，自明末以來，也脫離不了邪教與造反的面貌，屢遭取締。

民間教團遭受政府的禁止，牽連到政治、律法及價値判斷等問題，有其歷史上的因素存在，但是也導致影響到部分人對民間教團的觀念與態度，以爲民間教團具有政治的危險性，理應禁止。或者認爲民間教團妖言惑衆，傳習邪說，聚歛錢財，危害社會治安，故須嚴加取締。當然，民間教團存在著以上二種危機，但是也正因爲一般人對它缺乏正確認識，來打開誤解的迷團，正面地管理與輔導，反而促成此一危機的擴散。倘若，能將民間教團的教義與儀式公諸於世，承認其宗教價值與社會功能，納入適當的宗教管理體制內，必能解決存在已久的祕密宗教問題。

民間教團存有民衆共鳴的社會意識，而這種社會意識有別於一般理性的哲理智慧，當面對它時，很容易產生主觀的價值判斷，嘲笑其破碎支離、東拼西掇、雜亂無章的義理結構，以及不符合邏輯推理的思想判斷。然而維持教團組織的中心力量來自於共同的宗教信仰與社會利益，只要信仰符合社會利益，思想滿足離苦得樂的福報心理，往往深入民心，撫慰百姓現實生活的創傷，精神得以寄託，便能在基層社會中急速發展。如此的生態環境與思想形態的完成，象徵基層文化自足圓融的社會價值。把這種社會價值浮現到上層社會的理性文明時，必須拋開主觀的價值判斷，否則會以歧視的態度，將基層社會文化功能一筆勾消。官方以邪教視之，即存有主觀的歧視的立場，未就民衆的宗教意識，客觀地了解，進而同情百姓的信仰心態。

當然，政府擔負教化民衆，提昇百姓的生活品質，不可一味苟同於基層文化。但是教化的方式，應該著重在正面的輔導，而非反面的禁止，尤其禁止的壓力愈大，反彈而出負面問題更趨嚴重。欲正面教化輔導民衆，就必須建立文化的層級觀念，將鄉民文化分離出來，作全面性的考察，探求其合理與不合理的文化發展途徑，面對其合理性的發展，加强其內在的文化意識，充分展現愛和理性的高度智慧；面對其不合理性的發展，就必須注入主動關懷與密切參予的熱忱，考量民衆文化的價值趨向，疏導向合乎理性文明要求的現代化生活。

本研究的基本態度，即是將羅祖的宗教，視爲一個客觀的文化現象，透過五部六册思想與價值的分析，研判羅祖當時的意識形態與文化的價值走向，凸顯出羅祖的人格、學識、涵養及其信仰心態，將其合理與不合理的思考和判斷並列，以探求其思維的前因後果，及其符合民衆意識的民間性格。「民衆意識」一詞，極爲籠統，涵蓋不清，又加上歷代的民間文化缺乏客觀的探討，在詮釋時，難免羼入主觀的推定與猜測，可能與實際的社會現象脫節。爲了避免不必要的爭論，此一研究僅扣緊五部六册的本文，所謂民衆意識與民間文化皆由五部六册加以判斷，非單指一個時代或一個地區的文化現象。

由於「寶卷」的內容反映的是民間宗教信仰，而民間信仰又受儒釋道三教思想與信仰的影響，必須與三教思想相互對照，方能體會其內涵與範疇。因而在研究上造成相當的困擾：因爲在主觀條件下，必須具有對三教教理專精的學術涵養；而在客觀資料上，是否眞能準確加以相應的把握與分析，此二者支配了本研究的成效與價值。今日學術益趨專精，三教的義理各有其龐大的學理系統，短時間內恐難對三教兼備精深的造詣。因此方法的運用，輔助客觀的闡釋，以助說理系統的建立，亟爲迫切而需要。

基於前述的反省，本著對學術的忠誠，本研究卽以筆者現有的「五部六册」的版本爲主，著重在本文資料的整理，盡量作合情合理的疏證與詮釋。資料的整理貴在旨意的會通，避免穿鑿附會，標新立異，作驚人之鳴，因此主文的引敍與說明，是本研究的主要撰寫方式，並非借原文以湊合篇幅，至於引文的冗長、短截，以表意為主，要求敍述清晰而準確。至於詮釋與疏證，難免不無主觀之嫌疑，帶入自己的價值判斷；但是本著思想史的客觀考察，詳加參閱羅祖五部六冊的原文，參稽而鈎索之，廣修前人尚未完備的理論，揭發幽隱的民間文化之歷史眞象，探求其脈絡可尋的客觀意義，非敢專憑己見加以獨斷論之。

本研究的六個篇章的中心論題，可以各自成一系統，專題論述，成為一獨立的單位。因此，在觀念的運用，方法的安排，資料的採取，文獻的詮釋，多少有些差異，於後面章節中再詳加說明。但是各篇章之間也有相互貫通的關係，論述程序的安排，本著思想推演的過程，考慮到觀念的形成與變遷的前後因果關係，加以排定，其中或許仍有爭議，但以不失其教義的本來面目為主。

【附註】

註 一　鄭振鐸的說法，見於「中國俗文學史」（商務印書館）下冊第三〇六頁，其文云：「寶卷，實即變文的嫡派子孫，也當即談經等的別名，寶卷的結構，和變文無殊；且所講唱的，也以因果報應及佛道的故事為主……所謂宣卷，即宣講寶卷之謂，當宣卷時，必須焚香請佛，帶著濃厚的宗教色彩。」澤田瑞穗認為寶卷是宋元以來科儀書的延續者，甚有價值，「寶卷の研究」第二四—三八頁。或可謂寶卷是與科儀法懺同性質的書籍，見本書第七章第三節。

註 二　有關寶卷的存目，見於深根結果卷第二十四品。

註 三　李世瑜是以人類學的角度研究寶卷，偏重在祕密宗教的研究，其洞識值得欽佩，但對五部六冊與羅祖年代的考證，尚有爭議，見其「寶卷新研」一文（文學遺產增刊第四輯）第一六五—一八一頁。

註　四　曾子良主要是整理前人各種不同的說法加以折中，見「寶卷之研究」第十八—三十三。

註　五　白蓮教一詞，在研究中國民間祕密宗教時相當混淆，辜海澄在「川陝楚白蓮教亂始末」一書的附錄「白蓮教史簡述」曾引戚學標的記事，以爲清代教亂是白蓮教餘孽，而非白蓮教，這種說法只是官方立場的一種修正，宜以信仰的內涵來區別，將彌勒信仰與無生老母信仰分開，既使兩種信仰合一，也應該作定位的區分，部分學者將明代以來的民間宗教稱爲新興宗教，見蘇鳴東的「天道的辨正與眞理」第四章清代的白蓮教亂與新興教案，第九十二頁。

註　六　羅祖宗教是禪與淨土合流的通俗發展，這是一個極重要的論題，有助於了解明代以來民間宗教的信仰的本質，本書第三、四、七章均有詳細的論證。

註　七　李世瑜的分期說，見於「江浙諸省的宣卷」（文學遺產增刊第七輯）第一九七頁。曾子良未將善書寶卷獨立一類，但文章中頗有此意，見「寶卷之研究」第三十二—三十五頁。

註　八　後期寶卷雖以演說故事爲主但也含有傳教的任務，李世瑜將後期寶卷分成四類：㈠經咒式的，㈡佛道教故事的，㈢勸懲故事或勸化文字的，㈣戲曲和故間故事的，同註七，第一九九頁。

註　九　吉岡義豐的「現代中國の諸宗教—民衆宗教の系譜」第一七二—一七四頁。又鄭振鐸也曾收集宗教共二十一種，但將銷釋金剛科儀也視爲明代宗教寶卷是不正確，「中國俗文學史」下冊，第三〇九—三一〇頁。

註一〇　「現代中國の諸宗教」第八十一頁。

註一一　天定三會，一貫道稱三期末刼，詳參李世瑜的「現在華北祕密宗教」第三十二—三十四頁。蘇鳴東以教內人的說法將三期末刼，另稱爲「天定三會」，「天道的辨正與眞理」第三〇二—三〇四頁。

註一二　日本學界在這方面的研究有相當成就，值得參考的論文有：澤田瑞穗「羅祖の無爲教」、吉岡義豐「羅祖の宗教」、塚本善隆「羅教の成立と流傳について」「寶卷と近代シメの宗教」、酒井忠夫「明末の無爲教について」「開心法要と無爲教」「明末におけろ寶卷と無爲教」、鈴木中正「羅教について」。

註一三　彌勒信仰在六朝相當的興盛，但因此一信仰強調彌勒即眞主的說法，自隋唐以來屢爲政府所嚴禁，李玉珉的「中國早期的彌勒信仰與藝術」（美國Ohio State大學一九八三年的博士論文）曾探討六朝彌勒信仰的形式與內容。

註一四　「現代中國諸宗教」第五十八頁。

第二章　羅祖與五部六冊

「羅祖」是無爲教的開山祖師，與「無生老母」信仰的關係極爲密切，目前無法斷定無生老母信仰是羅祖獨創或前有所承，但可以肯定的是此一信仰因羅祖的五部六冊及其宗教而興盛，因此後代的教門都推崇羅祖，以致傳說紛紜，內容逐漸變化，差異極大，導致部分學者認爲「羅祖」是莫須有的人物，是民間教團所設置的「假想人物」，用來安頓其歷史的傳承。據近人澤田瑞穗考證，有關羅祖的傳說，可以分成「實在的羅祖」與「傳說的羅祖」：實在的羅祖，是根據五部六冊的記載、後代的寶卷及相關的史料推定而成；傳說中的羅祖，大多出現在青幫的文獻，其存在的年代與事蹟，與前項考證判若二人，可能青幫的羅祖與五部六冊的羅祖是不同的人物，只因爲後人傳說附會，而混淆在一起了（註一）。目前這二類都有完整的傳記，一爲台灣羅祖教系龍華教的「龍華科儀」中的「太上祖師羅祖簡史」；一爲陳國屏著「清門考源」編輯的「羅祖傳錄」。本文取龍華教的「羅祖簡史」，并參閱澤田瑞穗、吉岡義豐、酒井忠夫、塚本善隆、鈴木中正等人的考證及相關的史料，推定羅祖的生平與事蹟，並且考析五部六冊的版本、形式與內容。

第一節　羅祖的生平與事蹟

「羅祖」一詞以乎是無爲教弟子對他的尊稱，只是一種較爲普遍而方便的稱號；而其眞實的姓名，傳述頗不一致，據吉岡義豐的表列整理，（註二）及其他資料，也列表增補如下：

〔羅祖異名表〕

	名	字	號	資料
1	靜			密藏師「藏逸經書標目」
2			悟空祖師・無爲居士	「太山卷會解」
3	清			「混元弘陽佛如來無極飄高祖臨凡寶卷」第二十四品
4	清			「佛說三皇初分天地嘆世寶卷」第五品
5	成			故宮宮中檔雍正七年十月十三日「劉世明奏摺」
6	成			「三世因由」
7	宏夢			乾隆十一年「陳文恭年譜」
8	因			乾隆十八年七月十九日「雅爾哈善摺」

9	洪夢			乾隆三十三年十月一日「彭德摺」
10	英		悟空祖師	「衆善寶卷」
11	正清	愛泉	萬壽禪師	「三庵寶卷」
12	寶		淨卿	「道德寶鑑」
13	清	愛泉	淨覺禪師・一清道人	王約瑟「正義指南」
14	清	思源・愛泉	靜卿	「臨濟佛學三百六十節問答」
15	清	愛泉	靜卿・淨卿・萬壽禪師	「道義指南」
16	正清	愛泉	靜卿	「家理三字經」
17	清		淨清	陳國屏「清門考源」
18	因	清	悟空・普仁	「龍華科儀」
19	蔚群			李世瑜「現在華北祕密宗教」
20	因		悟空眞惠	台灣省通志稿人民志宗教篇

上表中，一—四是明代末年前後的資料，離羅祖生存時代不遠，可靠性較高，可以歸納爲二種說法：一爲靜，一爲清。清、靜二字音近，可能因口語傳述時，記錄的不同而有差異，孰是孰非，難作論斷，「羅清」一名稱較爲學者所通用。五—九，爲官方文獻所記錄，稱爲成、因、英，大致是音訛，

記錄的人相互借用罷了。清代的寶卷及清幫的文獻，可能混入了其他異說，雖然有名有字有稱號，其眞實性則大有問題。

羅祖的籍貫，大致有三種說法：清幫以爲是「甘肅蘭州府渭源縣東鄉羅家莊」（註三），一貫道以爲是「北直隸涿州」（註四），龍華科儀以爲是「山東萊州府卽墨縣豬尾城」，前二種說法，可能混入他人的事蹟，以第三種說法可信度較高。依據五部六冊不同的版本，有下列幾種敍述：

一、俗家住在山東萊州府卽墨縣豬毛城成陽社牢山居住。祖彼當年密雲衞古北口司馬台悟靈山江茅峪居住，我爲在家出家四衆菩薩打七煉磨苦心無處投奔，發大好心開五部經卷救你出離生死苦海，永脫凡世不回來。（苦功悟道卷）

二、師傅家住山東萊州府卽墨縣牢山，密雲衞霧靈山悟道明心，說法度人，苦功卷、歎世卷、破邪卷、正信除疑卷，有人請四部經卷，救你出離生死苦海。（正信除疑無修證自在寶卷）

三、俗家住在山東萊州府卽墨縣豬毛城成陽社牢山居住，祖倍當軍密雲衞古北口司馬台悟靈山江茅峪居住。（巍巍不動太山深根結果寶卷）

第一則爲本研究所依據的王源靜補註本，第二則、第三則爲澤田瑞穗在「羅祖の無爲教」一文中所引用的版本。依據第一、三則的敍述，羅祖的籍貫在山東萊州府卽墨縣豬毛城成陽社，是一個非常明確的地點，大約在牢山一帶，牢山卽嶗山，是有名的宗教聖地，憨山大師在其夢遊記第五十三卷自序年譜萬曆十三年條敍述他在嶗山所見的情形：「予年四十，東人從來不知僧，予居山中，則黃氏族最大，諸子漸漸親近。方今所云外道羅清者，乃山下之城陽人，外道生長地，故其教徧行東方。絕不知有三寶，予居此漸漸攝化。」證明羅祖確有此人，且其教在當時相當的盛行，甚至比佛教還深入民心。

羅祖的生存年代，根據萬曆年間蘭風的「祖師行脚十字妙頌」，大致如下：

老古佛來托化以羅爲姓，爲衆生降山東普度衆生。仗父母恩德重懷胎持戒，正統時七年間處世爲人。十二月初一日子時出現，離母胎不食葷菩薩下凡。生下祖三歲時喪了親父，七歲上又喪母撇下單身。可憐見無父母多虧叔嬸，蒙抬舉養育祖長大成人……到嘉靖六年間無心住世，交正月八十五放下身心。

由這段話可以推知，羅祖生於明英宗正統七年（西元一四四二年）十二月一日子時，三歲喪父，七歲喪母，卒於世宗嘉靖六年（西元一五二七年）一月，享年八十五歲。據「佛說三皇初分天地嘆世寶卷」第五品指爲一月廿九日，見下文云：「到嘉靖六年間初一丁亥，正月戊二十九八十五春，從過年懶說話歸空去了。」清道光年間的「衆喜寶卷」則認爲是正月廿七日辰時坐化，龍華教的「羅祖簡史」爲正月廿九日子時，埋葬在北京檀州無峰塔。

羅祖簡史記載，其父羅全，字登龍，務農爲業，樂善好施。三歲其母別世，七歲父親去世，多賴叔父羅奎字登思，叔母攝氏撫養成人。羅祖是先喪父後喪母，還是先喪母後喪父，二種說法並列，可能是後人傳述中，無心的口誤或筆誤所造成的現象。羅祖童年孤苦伶仃，生活相當的不如意，如苦功悟道卷第一品羅祖自述云：「幼年間無父母長大成人，無倚靠受苦惱多受恓惶。」「虧天佛保佑我成人長大，食長齋怕生死要辦前程。」羅祖童年的不如意，可能影響其後來的宗教情懷。

羅祖簡史敍述羅祖十四歲，曾投入密雲衞當兵，日間習武，夜讀佛經。羅祖曾在密雲衞古北口司馬台悟靈山江茅峪居住，澤田瑞穗所依據的版本不是「祖彼當年」而是「祖倍當軍」，判定羅祖是個軍人，與簡史的說法相符合（註五）；酒井忠夫則更進一步判斷羅祖先世的戶籍隸屬明朝民、軍、匠數等戶籍中的一等，以衞所隸屬的軍人身分被徵召從軍（註六）。密雲衞屬於後軍都督府北平都司，位置在順天府東北百二十里，即今河北省密雲縣，是明代北邊警備的要衝。關於羅祖的軍人身分，明代萬曆年間密藏禪師的「藏逸經書標目」在五部六册條佐證云：「正德間，山東即墨縣，有運糧軍人，姓羅名靜者，蚤年持齋，一日遇邪師，授以法門口訣，靜坐十三年，忽見東南一光，遂以爲得道，妄引諸經語作證，說卷五部，曰苦功悟道，曰歎世無爲，曰破邪顯正鑰匙，曰泰山巍巍不動，其一則余忘之矣，破邪卷有上下二册，故曰六册。」證明羅祖是衞所中負責運糧的軍人，在從軍的過程中，自以爲悟道，而著作五部六册。

羅祖參軍及退伍的經過，清幫的「羅祖傳錄」與龍華教的「羅祖簡史」皆有詳細的記錄。然而清幫文獻中的羅祖，其年代比前面考證的時間晚六、七十年，又云羅祖十七歲中嘉靖恩科擧人，其事蹟過於戲劇化，不足採信；「羅祖簡史」的記載，較符合羅祖的身分與地位，雖然眞實性仍有待考證，但值得參考。簡史謂羅祖原本被派在悟靈山江茅峪住守，時逢巫人作亂，隨軍出征逞無畏的精神勇敢前進，都督親睹其勇敢過人，詢問其來歷與出身，羅祖志在修道，都督即刻准他退伍使其參學。

羅祖退伍後，曾苦功悟道十三年，澤田瑞穗判定在其五十五歲到六十七歲之間（註七），此說年歲太晚了，澤田氏根據的是五部六册刻書的年代，據「巍巍不動太山深根結果卷」內云有跟祖師十年、廿年、卅年的信徒，足見該書結集的年代，已在羅祖悟道後二、三十年的事了（註八）。在「祖師行脚十字妙頌」中有一段極珍貴的時間記錄：

到成化六年間參師訪友，朝不眠夜不睡猛進前功。

茶不茶飯不飯一十三載，到成化十八年始覺明心。

明憲宗成化六年（西元一四七〇年）羅祖二十八歲，成化十八年（西元一四八二年）羅祖四十歲。由此推定羅祖在二十八歲以前退伍，潛心修道，至四十歲才建立其宗教體系。五部六册的刊行年代爲正德四年（西元一四〇九年）羅祖六十七歲，是悟道後二十七年的事了。在這二十七年中羅祖陸續完成其五部六册，而非一短暫時間內的作品。

羅祖曾於正德年間被捕入獄，據清光緒三年釆蘅子的「蟲鳴漫錄」第一卷云：

前明正德時，有羅姓者奉佛甚虔，茹齋持戒，而不祝髮。居家生子，無異平民，人使之從者頗衆，散處齊魯間，有司懼其搖惑，執而繫之獄。適大旱，赤地千里，祈禱無驗，羅自言能致雨，大吏奏請暫釋，試其術。羅至海濱，望洋誦咒，不之日大雨如注，槁禾盡甦，民競爲請命，乃不復繫獄，縱之使歸，數年病歿。

此處所載者較爲平實。而羅祖簡史的敍述極爲戲劇性，其眞實性則大打折扣，以爲羅祖到北京，投宿在棋盤街湯了然家，招集地方人士講經說法，信者日衆，後來，由於聽他說法的人愈多，大監張永訪箇中情形，頗同情羅祖，後巡城御史周昇捕捉羅祖，張永上奏皇上，面見羅祖，因羅祖不肯剃髮，打入南牢，在牢中說法，渡化衆生。武宗正德二年間，番僧奈善興兵馬犯境，揚言討論佛理，若對不過者呼爲下邦，武宗先令張天師與之對法，因佛道不相投機張法師對他不過，定國公、黨尚書推薦羅祖與之對法，折服番僧，武宗賜以龍牌聖旨云：「親勅皇圖鞏固，帝並賜明言道遐昌，佛日增輝，法輪常轉。」

這一則說法，傳說演義的成分較大，而非史實，屬於教內一廂情願的說法。因明廷對無爲教及五部六册極爲禁止，如南宮署牘卷四載錄南京禮部「燬無爲教告示」云：

南京禮部爲燬邪教以正風俗事。照得無爲教惑世誣民，原係大明律所禁，屢經部科奏准嚴杜，豈有邪術。安高董淨源王庸安等妄稱道人，私騙民財，刋刻五部六册等板九百六十六塊，夤緣混入大藏，其言皆俚俗不經，能誘無知良民聽從煽惑，因而潛結爲非，敗俗傷化，莫此爲甚。先該祠祭司說堂封榜，此風稍息，近復有窺伺希圖刷印廣行者，甚矣，人心之難化也！除將各板督令掌印僧官當堂查燬外，合行出示曉諭。今後僧俗善信有志茹素捧誦者，自有欽依頒刻大藏尊經，如觀音彌陀經，若眞思孝順父母，宜持誦大方便佛教報恩經。何也？知父母恩，便知皇恩佛恩，自然不將娘生皮肉作奸犯科，此是收拾良心敦厚風俗大根本，與高皇帝聖諭六言相爲印正，再不許私習無爲等教，自取罪犯。其有經坊私刻小本者，該司查出，一並燒燬，故示。

萬曆四十六年四月

朝廷對民衆宗教的態度與立場極爲堅定，無爲教與佛教的區別也相當清楚，寶卷的俚俗不經，是不可能大受皇上賜龍牌護持的。又該傳說中幾個官方人物，多爲太監，屬內官，大多出身於貧苦農村，知識層次較低，僅能代表其個人的信仰，而非朝廷文官體制下的政策與作法。

太監信仰民間宗教實有所聞，羅祖簡史，將宦官張永與定國公魏忠賢並列，是錯誤的。張永明史有傳，是武宗時的內官，與劉瑾爭權，顯赫一時。魏忠賢也是宦官，是熹宗時的權臣，二者相距百年，怎麼可能出現在同一事件裏，足見民間傳說經常相互混合。與魏忠賢有關的是混元紅陽教的飄高祖師。據「混元紅陽臨凡飄高經」序文云：「萬曆年中初立混元祖教，二十六歲上京城，先投奶子府，有定國公護持。混元祖教興隆，天下春雷響動，御馬監程公，內經廠石公，盔甲廠張公三位護法。」此一序文，黃壬谷的破邪詳辯考證云：「此言萬曆年中初立混元祖教，至天啟元年封魏忠賢爲定國公，此言定國公護持，即知紅陽教始於萬曆而盛於天啟也。至於御馬監程公即太監陳矩，將陳字訛爲程字，內經廠石公，即太監石亨，又有石清石棟石彥明，兄弟叔姪同爲太監，盔甲廠張公即太監張忠，此時太監皆信邪教，而獨言此四人者，以此四人積財甚富，印經最多，固非他人所能及也。」黃壬谷的考證可能也有問題，石亨爲英宗復辟的權臣，或者是此石亨非彼石亨。

羅祖出獄後，回家鄉創設在家大乘道場，傳教的範圍大致在京都一帶，其妻顏氏，子佛正，女佛廣也都從事宣教工作。羅祖於嘉靖六年坐化歸天後，其子女續傳其教。據台灣省通志稿宗教篇採許林太空手抄本，謂羅祖的嫡派如下：第一代開祖羅因，第二代佛正，第三代彬庵，第四代小庵；又引明末周如砥的追思記云：「祖距今四世矣，而祖風益熾，純眞之歸行益切，今祖之四世孫諱從善，別號小庵者繼志述事，綽有祖風，儼若思吾君子之有子者云云。」其女佛廣另創大乘教，據國立故宮博物院清代軍機處月摺包第三二〇二五號云：「前明人羅孟浩以清靜無爲創教，稱爲羅祖；羅孟浩之子名佛廣，及伊婿王蓋人另派流傳，又謂之大乘教。」

除了羅祖的子女繼承其業外，據明崇禎十二年刋行的「佛說三皇初分天地嘆世寶卷」第六品曾敍述羅祖的另一個傳燈譜系，其十字頌云：

度傳燈共七位續祖源根，頭一位心安祖遺留語錄，
心安集共六部刻本開通，洞山祖留了義通傳大道，
上中下三册經印造流通，孤舟祖十七年留下寶卷，
留雙林上下卷刻造通行，舊兒峪孫祖師受苦無數，
留眞空二册經萬載標名，崑崙祖聞妙法三十七載，
留叢林上下卷接續傳燈，玄空祖在山中苦修數載，
留般若七部經刻造通行，西天有四七祖東土立世，
無爲門有七位續祖傳燈，從無始到如今三十六祖。

羅祖傳燈弟子，第一代李心安有「心安三乘語錄」六册，第二代秦洞山有「無爲了義」三册，第三代

宋孤舟有「雙林寶卷」二册，第四代孫眞空有「眞空寶卷」二册，第五代千崑崙有「叢林寶卷」二卷，第六代徐玄空有「般若蓮花」七部，第七代明空有「了義保命眞空寶卷」六册。

另外尚有以羅祖轉世之說，明末姚文宇所創的老官齋教，姚文宇著「三世因由」一書，托言「初世姓羅，二世姓殷，三世姓姚。」二世爲殷繼南，自稱羅祖轉世，生於明世宗嘉靖十九年（西元一五四〇年），三世爲姚文宇生於萬曆六年（西元一五八二年）自稱羅祖再轉世，亦號無極聖祖。姚文宇的弟子衆多，龍象輩出，其後分成三枝七派，四出傳教，使羅祖教義散播各地，影響最大，清代的羅教與台灣的龍華教皆屬於這個系統。

第二節　五部六册的版本

羅祖的五部六册，第一部苦功悟道卷一册，第二部歎世無爲卷一册，第三部破邪顯證鑰匙卷上下二册（簡稱破邪顯證卷），第四部正信除疑無修證自在寶卷一册（簡稱正信除疑卷），第五部巍巍不動太山深根結果寶卷一册（簡稱深根結果卷）。依據傅惜華編著「寶卷總錄」，李世瑜編著「寶卷綜錄」，澤田瑞穗著「寶卷の研究」，三人目前所能看到的版本分別如下：（註九）

苦功悟道卷目前存有的版本：正德四年（西元一五〇九年）原刻本，嘉靖二十八年（西元一五四九年）重刻本，萬曆十四年（西元一五八六年）重刻本，萬曆二十三年（西元一五九五年）

重刻本，萬曆二十四年（西元一五九六年）重刻本，清嘉慶七年（西元一八〇二年）重刻本。

歎世無爲卷目前存有的版本：萬曆二十三年（西元一五九五年）刻本，萬曆四十三年（西元一六一五年）羅文學校正本，萬曆間源靜重集本（二册）與其他二三種的明刻本。

破邪顯證卷目前存有的版本：萬曆二十三年（西元一五九五年）刻本殘存上卷一册，萬曆二十五年（西元一五九七年）刻本，萬曆四十年（西元一六一二年）刻本，萬曆四十三年（西元一六一五年）羅文學校正本殘存上卷一册，清康熙十四年（西元一六七五年）趙從德刻本，康熙三十七年（西元一六九八年）刻本。

正信除疑卷目前存有的版本：正德四年（西元一五〇九年）原刻本，萬曆四十七年（西元一六一九年）羅文學校正本殘存下卷，其他明清刻本四種。

深根結果卷目前存有的版本：正德四年（西元一五〇九年）原刻本，萬曆二十五年（西元一五九七年）重刻本，萬曆四十年（西元一六一二年）重刻本，萬曆四十三年（西元一六一五年）羅文學校正本，崇禎二年（西元一六二九年）王海潮會解本，清康熙十四年（西元一六七五年）重刻本，康熙三十七年（西元一六九八年）重刻本。

另外據澤田瑞穗的「羅祖の無爲教」一文，將日本學者所珍藏的版本列表如下：（註一〇）

〔羅祖五部經版本存佚表〕

版本＼收藏者＼五部六冊	苦功悟道卷	歎世無爲卷	破邪顯證卷	同下卷	正信除疑卷	深根結果卷	計
正德原刊本				吉岡	吉岡	吉岡	佚三部
嘉靖本	吉岡						佚一部
萬曆廿三年本	吉岡						佚一部
萬曆四十三年本		澤田	澤田			澤田	存三部
別版萬曆本						吉岡	存一部
覆正德本		酒井			酒井		存二部
會解本					澤田	澤田	存二部
康熙本						吉岡	存一部

日本學界現存有八種版本，苦功悟道卷二種，歎世無爲卷二種，破邪顯證卷一種，正信除疑卷三種，深根結果卷五種。

宗教寶卷收集不易，學者偶得，如獲至寶，視爲祕本珍本典藏，很少流通。筆者所根據的版本是台灣龍華教影印同治八年（西元一八六九年）的重刊本，此版本根據的是萬曆廿四年（西元一五九六年）蘭風老人評釋，松庵道人王源靜補註刊本，經過順治九年（西元一六五二年）重刊，嘉慶七年（西元一八〇二年）重刊，道光二十七年（西元一八四七年）重刊。此版本分卷不分册，計得苦功悟道卷二卷，歎世無爲卷二卷，破邪顯證卷四卷，正信除疑卷四卷，深根結果卷四卷，共十六卷。傅惜華編著的「寶卷總錄」曾登錄此一版本，如在「苦功悟道卷不分卷」條下云，有「蘭風法嗣松庵道人源靜補註重刋」以及「嗣徒沙門覺蒼編錄」等標題，另有「二卷苦功悟道卷」的版本，有「萬曆二十四年法嗣松庵道人源靜補注重刋」的標題及序文，在「歎世無爲卷不分卷」條下云，有萬曆刻本的二卷「歎世無爲卷」標題爲「蘭風法嗣松庵道人源靜重集」。

蘭風評釋五部六册的版本，可能在萬曆初年已相當流行，密藏禪師的「藏逸經書標目」批評蘭風的冰壺集云：

號蘭風，當時以靜坐，得少光景，無師承喝破，遂認得悟道，生大歡喜，爲魔所承。由是竪指擎拳，胡言漢語，馮陵南北，以鐵嘴自稱，恬不知恥。蚤年著此書，後住蘇州天池山，年老力强，著作尤盛。萬曆辛巳九年（西元一五八一年），余坐夏武林，盡得覽閱，今忘其名矣。有于羅道五部六册，悉爲評頌，而羽翼其流傳者，其知見混濫，視法舟慈度法光輩，僅倍蓰什佰，而貪婪淫惡，則千萬億，乃至算數譬喩，所不能盡也，眞近代魔種哉。

蘭風是萬曆初年弘揚羅祖五部六册最力的人，被密藏視爲「眞近代魔種」，足見其影響力。蘭風自命爲臨濟正宗第二十六代，王源靜爲臨濟正宗第廿七代，此版本爲王源靜死後，由其徒覺蒼及其門壻余淸者共同出版。

在該版本苦功悟道卷末尾附有「臨濟正宗第廿七代無住靜公行實碑」得知：王源靜號心齋，別號無住，又號松庵道人。初詣淮上，叩敬菴金公之旨，次入蘭風老人之室，有一段公案式的對話，反映出蘭風與王源靜的禪觀，現將兩人的對話引述於后：

王問：萬法歸一，一歸何處？

蘭云：白露下田千點雪，黃鶯上樹一枝花。

王問：古人曾作境？

蘭云：汝分上當作麼會？

王云：犀因翫月紋生角，象被雷驚花入牙。

蘭云：是甚麼時節來這裏弄粥飯氣？

王云：恁麼則易分雪裏粉，難辨墨中煤，端的一歸何處？

蘭風振威一喝云：放汝三十棒。

王云：賒三不如現二，卽今就打！返與一喝望師就打。

蘭云：也似當年捋虎鬚，仍以放偈爲識，偈曰：佛法無多子，要君脚下行，心光含萬象，性海印三空。句裏分緇素，言前會妙明，咄出金剛髓，匝地起淸風。

就蘭風評釋與王源靜補註的文采觀之，該二人的學識及對佛理的體會，絕對不是一般泛泛之輩識字不多的鄉土百姓，起碼是曾經博覽羣書，又能加以融合運用的人。既是如此，又爲何寧願以其對佛理的造詣來詮釋羅祖的五部六册呢？就內容而言，王源靜對佛理的了解及其運用名相的靈活超出羅祖百倍，羅祖只是識字不多的鄉土百姓，其宗教哲理的層次不高，牽就基層民衆的意識（註一一），錯漏之處頗多，王氏爲何捨棄正統的佛法而牽就羅祖呢？可能羅祖宗教在信仰上有其靈驗的神蹟，可以彌補其理論上的不足。王氏作補註的動機，乾坤無用老人再版時，曾記王源靜著作此書的情形：「我心齋王公者，不忍其祖風凋墜，刻意參詳。遂亡寒暑十有幾年，閱徧諸經，參合祖意，集錄是典，以便將來。一則標祖翁在俗忘俗，居塵出塵，隨類現形，不忘遺囑。二則念去聖時遙，人心漸喪，恐佛法之冷替，惜來者之無聞。三則辨金鍮之貴賤，分善惡之邪正，使賢士大夫，不墮於聲塵色相之中也。」

此一版本有二篇序文，一爲王源靜萬曆二十四年的「補註開心法要日用家風敍」，一爲無極正派萬源道人普伸順治九年的「祖經法要補註宗教會元序」。爲何將五部六册稱爲開心法要，其敍云：「夫開心法要者，乃大道之提綱，是虛空之鎖鑰，今古之疑團，人天之眼目，道者之途程，聖凡之階級，一千七百之消息，三藏十二部之根源，行人之徑路，日用之生涯，目前之活計。」在普伸的序文裏，說明蘭風與殷繼南的關係，及王源靜補註五部六册的宗教目的：

無極聖祖復化應翁諱曰繼南……單傳直指心宗，須愚盲鈍根者，抱元守一，亦得見性還元。欣遇蘭風，以斯經開心法要，法要內以宗判教，源靜心齋補註公案，公案中以教判宗。二老恐後賢者緣宗而無教法，持教不契心宗，故以斯經宗教會元，使後之學者，不泥於斷常二見，不墮於偏枯二空，實濟岸之舟航，圓通之捷徑。

由蘭風、王源靜至普仲，一直自認為佛教，並未自覺其別於佛教，甚至以禪宗一支臨濟正宗自居。在序文之後有「補註凡例」七條，卽以佛教來自我要求，如第三條云：「凡讀者須皈依，要自心覺悟依佛，自心正眞依法，自心淸淨依僧，三心不昧，乃契宗風。」第六條云：「祖經不論禪定解脫，惟論見性。」第七條云：「論見性有二，一者佛性是體，二者識性是用，學者休住於見聞覺知，錯認識性爲僊仙，須知攝用歸體。」在苦功悟道卷品題之前，增列有幾個宗教儀式：第一、設案入壇誦讀心經。第二、舉香讚，讚文云：「爐香乍爇，法界蒙薰，諸佛海會悉遙聞，隨處結祥雲，誠薦方殷，諸佛現全身。」第三、持誦「南無本師釋迦牟尼佛三聲」。第四、朗誦皈依弘願：「皈命十方一切佛，皈命十方一切法，皈命十方一切僧，法輪常轉度衆生。」從以上四個宗教儀式中，得知蘭風等人，是以佛教徒自居，將羅祖的宗教法門納入禪宗的體系裏。

此一版本的體例如下：將羅祖五部六册的經文以大字標明，蘭風評釋的文字也以大字書寫，但低經文一格；王源靜的補註以小字低一格的方式表示。但是在各寶卷品題之前的一段文字雖以經文的體例書寫，可能是蘭風添入敍述，或後人增補，不可視爲五部六册的經文。

第三節　五部六册的內容與形式

萬曆年間雲棲袾宏在其撰寫的「正訛集」中，曾對羅祖的五部六册加以批判：

有羅姓人，造五部六册，號無爲卷，愚者多從之，此訛也。彼所云無爲者，不過將萬行門悉皆廢置，而不知萬行卽空，終日爲而未嘗爲者，眞無爲也。彼口談淸虛，而心圖利養，名無爲而實有爲耳。人見其雜引佛經，便謂亦是正道，不知假正助邪，誑嚇聾瞽，凡我釋子，宜力攘之。

（正訛集收入蓮池大師全集）

雲棲袾宏以佛理批判羅祖的無爲法，深得其內在旨意，一針見血地指出其無爲哲理的困頓。其所謂的無爲，只是企圖將萬行法門拋棄，獨尊其特殊的修行法門，而且致力於解脫生死，心存强烈的功利價值的判斷，非眞正的無爲。

雖然羅祖的五部六册，在哲理上尙未圓融純熟，而且羼雜了百姓躱避生死的功利思考，不是完全究竟的人生哲學，但是就其宗教信仰與社會敎化的功能而言，也自有其社會價値與歷史意義。五部六册是羅祖在說法過程中集結而成的，年代頗不一致，其出書的先後順序爲苦功悟道卷、歎世無爲卷、破邪顯證卷、正信除疑卷、深根結果卷。酒井忠夫所見的正信除疑卷之卷尾有「師傳家……說法度人，苦功卷、嘆世卷、破邪卷、正信除疑卷，有人請四部經卷，救你出離生死苦海」（註一二）這段話，判定爲深根結果卷問世以前所附的刋記，因只出了四部，所以叫做「四部經卷」，在深根結果卷第一品云：「我這五部經卷……」才稱呼爲「五部經卷」，「五部六册」一詞可能是晚出的通俗稱呼。

五部六册的內容及其宗教目的如何？據龍華教「羅祖簡史」表達該教團自己的說法：

第一部苦功悟道卷，得登無生之大道，直指歸源的捷徑，垂光接引度衆生。第二部嘆世無爲卷，因世間榮華不久猶如石火電光，回頭不早難彼岸。第三部破邪顯證卷，因外道邪魔潛藏，能顯起家風，得返皈了故里，爲修行之大道，登極樂之根源。第四部正信除疑卷，是無上正信妙法，除疑不立三心坦然之大道，直指出迷津，超凡入聖，明心見性的眞法。第五部深根結果卷，乃自覺覺他，道果完成，同皈極樂安然，自在之金言。這五部寶卷，可以說在家學佛弟子的道源，很適宜的資材，如能口誦心唯，自然可能登上彼岸不難的。

五部六册的評價，因宗教信仰的不同，差異相當的大，唯有撇開先入爲主的成見，客觀分析五部六册的思想結構，方能在內容上作比較貼切與適當的詮釋。玆將五部寶卷的內容，逐一介紹於後：

苦功悟道卷，分成二卷十八品（又稱十八參），十八品後徵引大藏一覽集、大涅槃經、傳燈、圓覺經、金剛經等經文佐證羅祖悟道的歷程及思想的梗概。苦功悟道卷敍述羅祖下苦功十三年的悟道心路歷程，其內容於第三章羅祖的思維方式中有詳細的說明，不贅及焉。明末的「佛說三皇初分天地嘆世寶卷」第五品對羅祖的苦功悟道加以讚誦：「苦功悟道第一仙，晝夜下苦十三年。迷念彌陀八年整，簡選科儀整三年。遊方二載心開悟，百光攝醒坐西南。忽悟眞空原不壞，遺留法寶度人天。」

各品內容大略如下：第一嘆世無常品，觀生死無常，不知靈魂何處受苦？第二思慕家鄉品，生命的四生六道輪迴，尋不著出身之路。第三尋師訪道品，拜頭陀師父，參念阿彌陀佛。第四看破頑空品，對念阿彌陀佛的效果，產生懷疑。第五撥草尋踪品，整看金剛科儀三年。第六破相拈情品，駁斥其他修行法門。第七達本尋源品，參悟未有天地陰陽先有不動不搖的虛空。第八無處安身品，虛空是諸佛法體，如何安身立命。第九穿山透海品，參悟虛空裏外一體空。第十說破無心品，執念無爲，却又無處歸落不得安心。第十一不執有無品，不執有不執無，人就是眞空法性。第十二孤光獨耀品，西南白光攝照全身，心地開通，深明本地風光。第十三裏外透徹品，行止坐臥，自在縱橫。第十四威音王以前品，參悟本無成佛位，本是自在無名體。第十五道無修證品，眞身不生不死，清淨本然。第十六混元一體品，乾坤世界原是一家，本性就是法中王。第十七樂道酬恩品，宇宙萬物原是一氣發生，靈光法性卽太極元體。第十八唱演眞乘品，傳法度衆生，廣利有情。

歎世無爲卷，分成二卷十二品，蘭風頌云：「悟空老祖利人天，歎世無爲化有緣。作聖皆因心作聖，墮凡只爲意貪凡。無爲大道無生滅，有限光陰有幾年。只此這迴俱解脫，大家同上渡頭船。」王源靜將全卷的內容作通盤的詮釋云：「歎世無爲者，祖家靜中觀想有情世界，乃至正報衆生，貧而不足逼迫饑寒，富者多憂操心盤放，貴己屈寃瞞心造業，爲僧虛度信施空消……總歎處世爲人俱無下落，有智之人豁然有醒，三界無安猶如火宅……了妄無體，全體是眞卽如來藏，妙明眞性，故曰：無爲卷者，經卷載道之舟航。」

第一品無品名，冒頭卽云：「無邊的虛空是無極身，大千世界總是虛空安住，大千世界總是無極化體，人人本來面目眞無極圓身。」第二破迷顯證品，迷人不知本性就是諸佛法身，隨意毁謗正法下無間地獄。第三慈悲水懺品，引水懺七種心，勸人覷破勾身莫結寃讎。第四一句妙義品，一句妙義不可說，亦無文字語言，是一種不可思議的解脫力。第五祖嘆貧窮品，第六祖嘆受富品，第七祖歎宰官品，第八祖歎出家品，第九祖嘆賊盜品，第十破迷顯證品，與第二品名同，勸人莫毁謗正法，執迷文句假象。第十一破諸經偈品，第十二厭身酬法品。

破邪顯證鑰匙卷，分成上卷之一、之二，下卷之三、之四，共四卷二十四品。蘭風偈云：「破邪顯證證心宗，單證心宗與佛同。權借鑰匙開正戶，卽將法要入圓通。」又頌云：「祖還正法破邪宗，心外馳求枉用工。顯證聲前光獨露，鑰匙句裡盡開通。」王源靜就字義加以詮釋：「破邪者，悟空老祖正眼圓明，以破外道邪宗，滯於斷常二見，二乘凡夫滯於性相色空，所以須假剖析決擇根塵，辯明邪正……顯證者，祖家五部眞詮，都是諸佛藏經憑據證盟，言言見諦，句句明心，行人直下承當，頭頭顯現，物物全彰……鑰匙者，般若眞言以爲鑰匙，迷人情關固閉，識鎖難開，全仗明師般若眞言，喚醒學人，心地開曉，更不復邪。」

廿四品的品題如下：上卷第一破不論在家出家辟支佛品，第二破四生受苦品，第三破悟道末後一著品，第四破覽集方便修三十三天諸天品，第五破三寶神通品，第六破禪定威儀白縺無想天品，第七破十樣仙品，第八破覽集金剛儀論布施咸悟菩提重辯重徵豈識覺性品，第九破受戒品，第十破無脩證傀儡金剛經四果羅漢人天往返輪王十善化道品，第十一破釋迦輪王多寶三藐菩提品。下卷第十二破大顯無垢無佛無人無修證人法雙忘品，第十三破念經念佛信邪燒紙品，第十四破出陽有爲法定時刻迴品，第十五破道德清靜經品，第十六破六道四生品，第十七破稱讚妙法品，第十八破涅槃經十住菩薩墮地獄覽集持戒懺悔殺生不學大乘法無吐唾地品，第十九破行雜法墮地獄品，第二十破念經品，第二十一破無上妙法血脉論行壇品，第二十二破達磨血脉品，第二十三破大道無一物好心二字品，第二十四破乾坤連環無盡品。

正信除疑無修證自在寶卷，共分四卷二十五品，該版本品題總頌云：「正者無偏信者稀，圓明一點絕狐疑。天然大道原無證，自在心空向心機。」蘭風頌云：「眞正無偏振紀綱，信心誠實法中王。除疑透徹根塵識，自在無修道果香。」王源靜就字義加以詮釋：「正信者，正廼正自己之家風，信廼信虛空之造化……除疑者，吾祖正信，將古證今於大地人除疑……無修證者，道由心悟，豈在苦行，執念修證……既無修證，豈不自在。」

全卷品題盡含其正信的範疇，第一諸惡趣受苦熬大刼無量品，第二嘆人生不長遠品，第三往生淨土品，第四尙衆類得正法歸家品，第五無極化現度衆生品，第六化賢人勸衆生品，第七飮酒退道殺生品，第八蓋古人錯答一字品，第九執相修行落頑空品，第十虛空架住大千界品，第十一捨身發願度人品，第十二先天大道本性就是品，第十三布施品，第十四快樂西方人間難比品，第十五報恩品，第十六本無嬰兒見娘品，第十七本無一物性在前品，第十八拜日月邪法品，第十九彌勒敎邪氣品，第二十西方淨土人人有迷人不知往西求品，第二十一不執有無心空品，第二十二不當重意品，第二十三行雜法疑病品，第二十四安心品，第二十五明心了潔品。

巍巍不動太山深根結果寶卷，共分四卷二十四品，蘭風頌云：「巍巍實相法中王，不動纖毫大闡揚。太嶽八風吹不動，深根千古道風香。花開結就菩提果，寶卷遺留鎮大邦。二十四行微妙法，流通苦海度人航。」王源靜釋名義曰：「巍巍不動者，廼是祖家行到實際理地，外不隨諸境萬緣，內不住五陰十八界，根塵透徹裏外一體，萬境光中自由自在，心境如如巍巍不動……太山深根者，前四字爲法，後四字爲喻，所謂法喻雙彰，權實並行，祖家內心如太嶽，外境若虛空，任他塵勞汨汨，境風浩浩，深根堅固，只是不動不搖……結果者，祖家了道還源，收綸罷釣，遺留五部靈文，此第五部太山爲終，故云結果。寶卷者，寶者法寶，卷乃經卷，此經二十四品，品品含藏無邊妙義，行行獨露最上一乘。」

二十四品的品題如下：第一刼量退道苦不可說品，第二君子人悔前小兒人悔後品，第三這妙法不著無量大福遇不著品，第四一字流出萬物的母品，第五那個有壞那個不壞品，第六先有本來面目後有天地品，第七自家眞身不認一包膿血肯認品，第八未曾初分天地先是現成品，第九萬物都有壞自有一個不壞品，第十但有執著牽連不自在品，第十一那是大道那是比法品，第十二歸家人不知在何處細說便知品，第十三自家人身無諸病苦品，第十四自家人身愚癡不信品，第十五踏不著實地自說大病品，第十六行的巍巍不動深根品，第十七未曾初分無極太極鷄子在先品。第十八迷人不敢承當現成的品，第十九習神通障道品，第二十知家鄉無邊好事退道品，第二十一既無好事帝王將相歸家品，第二十二迷人說未到古人田地自家就是品，第二十三流浪家鄉受苦品，第二十四受持神鬼耳報知人好來歹來品。

五部六册除了分品外，其主要構成的部分爲韻文與散文兩類，在比例上大部分爲韻文，只有少部分爲散文，散文的用途大致有二：一在韻文之前，大略地白描敎義的主要哲理，再以韻文舖張其義；一爲引敍其他宗敎經文及解說經文。韻文是五部六册的重心，將其敎義不斷地反覆吟誦，經由韻律自然地深入百姓的心中，破邪詳辯第三卷黃氏曾對此一現象加以批評云：「噫！邪經有數句可以說完者，必重三複四，演至數百十句而後止。余於每品，辯駁數句，業已撮其大概矣。」韻文的表達是羅祖演說敎義的主要方式，利用其音樂的特性，便於信徒的記憶與背誦。

韻文的形式分爲四言、五言、六言、七言與十言等五類。以七言與十言爲主，其中十言韻文是五部六册宣講敎義的主體，其固定的句型是三、三、四，如苦功悟道卷第一品：「嘆人身不長遠心中煩惱，父母亡一去了撇下單身……」這樣的句式，羅祖運用得非常的純熟，雖然有時不押韻，但是有停頓有轉折，又固定爲三、三、四，便利說話者講述，若加上動作及表情，旋律自在其中，與押韻的效果相同。且文字趨近於俚俗化與口語化，雖然是不識字的鄉土百姓，經口語的傳達，也可以朗朗上口。十言韻文可能與民間戲曲的說唱方式有關，葉德均在「宋元明講唱文學」一文中指出：「這類十字句通常以爲始於俗講，其實習見的幾十卷俗講中並沒有這句式，而是始於元雜劇中詞話的，它是明代詞話、寶卷『攢十字』的始祖。」（註一三）黃氏破邪詳辯第三卷也曾如此判斷：「又觀梆子腔戲，多用三字兩句，四字一句，名爲十字亂談。今邪經亦三字兩句，四字一句，重三複四，雜亂無章，全與梆子腔戲文字似，再查邪經白文，鄙陋不堪，恰似戲上發白之語，又似鼓兒詞中之語。邪經中哭五更曲，卷卷皆有，粗俗更甚，又似民間打拾不閒，打蓮花樂者所唱之語。」

五部六册可能是採用民間通俗性說書唱曲的表現方式，契合民衆的認知程度與其娛樂需求，借以宣導其教義，未必如黃壬谷（破邪詳辯卷三）所推定的，作者的身分是戲曲的編撰人：「至於邪經人物，凡古來實有其人，而爲戲中所常唱者，即爲經中所常有。戲中所罕見者，即爲經中所不錄。間有不見戲中，而見於經中者，必古來並無其人，而出於揑造者也。閱邪經之腔調，觀邪經之人才，即知揑造邪經者，乃明末妖人，先會演戲而後習邪教之人也。以演戲手段，揑造邪經，甚至流毒後世。」五部六册採用通俗戲曲的韻文方式表達其宗教內容，即扣緊民衆的生態環境。黃氏以知識分子的立場分析寶卷的經義，難免會因其不合常理、史實及相互矛盾而判定爲邪教。但是五部六册所關心的是鄉土百姓對人世間的社會秩序、政治制度、現實生活中，有關生老病死與自然環境變遷的理解及其處理方式，透過宗教的情懷，以無生老母的呼喚來消除生存的恐慌，以來生的逍遙自在遙應衆生的希冀與願望，是有其特殊的民間文化意識與社會教化功能的價值存在。

【附　註】

註　一　澤田瑞穗的「羅祖の無爲教」（收入「寶卷の研究」）第三〇一頁。

註　二　吉岡義豐的「現代中國の諸宗教」第八十七頁。

註　三　陳國屏的「清門考源」第四十一頁。

註　四　李世瑜的「現在華北祕密宗教」第五十四頁。一貫道經典一再強調其第八代祖師羅蔚群，是唐代時人，非明代的羅祖，認爲第九代祖師是直接上承天命。此一說法，正反兩方面都缺乏直接有力的佐證資料，從歷史傳承觀察，羅祖的無生老母信仰與一貫道頗有淵源，不可能將羅祖的地位完全摒棄，因此第八代祖師很可能就是指明代的羅祖，而在傳述中混入他種說法，使年代與籍貫有了異說。

註　五　「羅祖の無爲教」第三〇三頁。

註　六　酒井忠夫的「中國善書の研究」第四七〇頁。

註　七　「羅祖の無爲教」第三〇五頁。

註　八　五部六册寫作的年代不同，而同時於正德四年集結出書，或是曾零星印行，而在正德四年再重行刊印。

註　九　也參考澤田瑞穗的「校注破邪詳辯—中國民衆宗教結社研究資料」第五二—五六頁。

註一〇　「羅祖の無爲教」第三一四頁。

註一一　羅祖宣教的對象主要是中下層的市民與農民，其思想的層次不高，參見本書第三章引言部分，而王源靜可以歸類爲知識分子，其教育程度高出這一社群，却選擇此一社群的宗教，有其特殊的意義在。

註一二　「中國善書の研究」第四六九頁。

註一三　引錄曾子良的「寶卷之研究」第四十六頁。

第三章　羅祖的思惟方式

前屢云羅祖的宗教來自於民間鄉土百姓的生態環境，表達其人生觀念與宗教情懷。但是所謂鄉土百姓的生態環境一詞太過於籠統，必須賦予時空的限制，探求羅祖生存時代的政治、社會、經濟與文化等背景，區分羅祖宗教的主要社羣對象，方能將本文所謂的「民間文化意識」加以定位，再透過此一文化意識，探求羅祖的思惟方式及其教義的主要內容。

明代的社會變遷與文化型態，一直是學者關注與探研的課題，其內容與範疇相當龐大，難作簡易的說明。但是本研究的主題扣緊在羅祖思想的探述，無法就其時代背景的外緣問題作專門性的討論。僅就前人研究的成果予以整理，簡述與羅祖生存時代相關的歷史背景。

明太祖的建國與白蓮教的起事有其密切的關係（註一），但是明太祖獲有政權以後，極力指責彌勒信仰的「妖言惑衆」（註二），甚至波及到其他民間教團，如明實錄洪武三年六月甲子條云：「白蓮社、明蓮教、白雲宗、巫覡扶鸞，禱聖書符、咒水諸術，並加禁止，庶幾左道不興，民無惑衆。」到了大明律則以嚴禁邪教爲由，對於佛道信仰也有許多限制（註三）。明代宗教在律法上受到牽制，但是明代諸君崇尚方術，爲了期求陰翊皇度延永國祚，遂濫度僧道，廣建寺院，興建齋醮，任用術士，使得民間的宗教信仰風氣也因此興盛（註四）。國家律法與實際狀況互相乖違，使得明代宗教信仰亦趨複雜。在佛教方面，除了數位大師極力宣揚佛法外，瑜伽教僧（或稱爲火居應赴僧）的興起，佛教經由執行死者的葬儀等法會，融入了社會習俗，但也由於濫度僧侶的影響，分子良莠不齊，導使知識分子與鄉土百姓的批評（註五），羅祖在這種風氣下自命爲宗教的改革派，有心的改變僧侶的修行方式，提供民衆新的宗教內涵，調整鄉民的精神生活，自有其悲情存在。至於羅祖宗教成立以後，一直被視之爲邪教，是受整個時代官方政策與法律的影響。

在社會背景方面，自唐宋以來，都市的興起，經濟生活的改變，連帶地市民文化與鄉民文化也互有變遷，（註六）加上科擧的盛行，鄉紳儒士的興起（註七），讀書結社的流行（註八），坊間印書的便捷價廉，尤以燕京江浙一代最爲興盛（註九），一般的市民或鄉民也能接受教育，又因戲曲小說等休閒文化的大力傳播，文化水準的漸次提高。在學術上，明代理學延續宋代而來，也有數位大師透過書院的講習，將儒學擴散，但是有一部分鄉紳儒士將儒學更進一步的具象化，撰寫各類善書如陰隲文、功過格、了凡四訓等，經由善人的編纂印刷，大量地流入民間，擴大其社會教化的功能。

民衆的生活態度，大多有具象化的傾向，將抽象的人生哲理，轉換成具體的事物，透過實際的生活體驗，來肯定其存在的價値。因此儒釋道三家思想在民間的運作下，往往落入具體化的思考來消化，而添入其他異質成分。明代文化水準的提高，市民與鄉民也能與士紳一樣接受知識洗禮（註一〇）。

然其對知識的接受，往往考慮社會生活的實際需要，基於利益的追尋，導入「功利」的途徑，牽就具體的利益，來安頓其宗教信仰與人生態度，善書代表了這種思想形態（註一一），其主要對象是中下階層的市民與貧苦的農民。羅祖的宗教內容，是將佛教的禪宗與淨土宗的教義進一步的具象化，基於功利心態的要求，使其更能滿足民衆精神生活的安頓，發揮了宗教生存與整合的功能（註一二），甚至透過認知的效力，建立社會族羣共通的生活規範。

羅祖出身於農戶，早年又爲軍人，其教育程度不高，完全靠自己不斷地進修，閱讀一些淺近而又通俗的教化讀物，可以說其人生的體驗完全來自通俗文化的教化內容（註一三），其思想的層次與宣教對象，無外乎是專對中下階層的市民與貧苦的農民而設立，經由其宗教活動，安頓下層社會群衆的精神生活，經由皈依修行，獲至福降禍散，解脫沈淪，而能證聖成眞，永享無生的幸福快樂。在其思想表達則吸取大部分的佛教經典及小部分當時的流行性通俗典籍，藉著各種戲文及小說的表達形式與思想，成爲基層社會普遍流行的宗教讀物（註一四）。

在羅祖的「苦功悟道卷」曾敍述其悟道的過程，表達了其關心的主體與思惟的方式，其關心的主題，是生命的無常與輪迴的苦楚，如云：「生了死死了生不得長生，四大死一把火燒做灰土，一點魂陰司裏無處投奔。」（苦功悟道卷第二品）佛教的地獄與輪迴的思想，是羅祖思考的主要途徑。因此可謂羅祖的思維方式，是受到佛教教化的影響，而主要的抉擇，是受到明代下層社會功利思想的傾向所支配（註一五），如云：「懼怕無常生死之苦，初參一步」（苦功悟道卷第一品）完全基於了脫生死顧慮而反省思惟生命存在的意義，是迎合下層社會一般民衆的宗教需求。

本章依據苦功悟道卷的內容，探求羅道的心靈轉變與思惟的歷程，分成三節，第一節爲「羅祖對生命存在的初步思惟」探求羅祖對生命存在的體會，又分爲萬相的有限性、輪廻的限制義、輪廻的業報觀等三小項各別討論。第二節爲「羅祖對修行法門的批判思惟」，第三節爲「羅祖對生命存在的進一步思惟」又分成宇宙緣起於虛空、虛空如何於安身、頓悟虛空的助力、虛空境界的妙用等四小項來說明。本章只是將羅祖的思惟方式與內容作全面性的概述，至於細部的說解，詳見第四章、第五章。

第一節　羅祖對生命存在的初步思惟

短暫坎坷的人生，是有限而又極艱難的存在，當人類的心靈面對著茫然的生命歷程與廣濶的宇宙世界，企圖給予合理的詮釋以安頓生存的情境，於是思惟由此展開，面對的是神聖而又莊嚴的存在問題。

苦功悟道卷第一參嘆世無常品，卽明白表示羅祖之所以下苦功以求悟道，來自於對生命無常的感歎，其思考的方式如下：

懼怕無常生死之苦，初參一步。觀世間一切萬物，諸行無常，凡所有相，皆是虛妄。百年光景，剎那之間，富貴榮華，猶如一夢。思量盡是虛華夢，仔細看來一件無。歎罷人身不死，心中煩惱傷悲，無常到來四大化作灰土，一點靈魂，陰司地府又無日月星辰，昏天地黑又不知何處去了，懼怕生死輪迴之苦，不肯放參，再參一步。

羅祖對生命存在的思惟，已不是單純的個人對生命的反省，其中包含宇宙與人生的關係，即由人存在的反省，追溯到宇宙萬有如何緣生的問題。這已不是簡單的思維可以克制處理並加以疏通的問題，其背後存在著當時文化有關宇宙緣起的形上思考，以及深入民心的價值理念。

宇宙萬有如何緣起？羅祖簡言之：「一切萬物，諸行無常，凡所有相，皆是虛妄。」似乎否定萬相的存在，認爲萬有是不斷地生滅轉變，因爲變動的緣故，存在的表象，是虛妄不實的隨時都會破滅。如此思考類似於佛教的教理，可能是當代民間佛教的宣教的內容，也是羅祖消化吸收後所表達的生命觀，然而羅祖的思維方式雖受佛教的影響，却不能完全由佛教教理的名相來了解。也就是說羅祖的思維方式與正常學理的運作，存在著無形的鴻溝，此種差異，造成羅祖自立教派的因緣。

羅祖宇宙萬有皆虛妄的推論，雖然背後有當時的形上理論支撑其義理結構，有一些名相提供作爲詮釋的工具，但是這些形上理論與名相的本質，並未必是完全與羅祖的思維進路一致，其中間存在著理解的分歧與觀念的誤導。因此，本文在釐清羅祖思想體系的當下，一方面要對應時代的思想意識與文明走向，一方面又要擺脫理論與名相的限制與誤導，重新自源頭處加以觀念的疏導與溝通。這種觀念的糾纏也是民間基層文化的特性之一，它承續了傳統文明的崇高文化理想與哲人的生命歷鍊，但是在實際的運作中，又往往牽就現實，曲解其中義理結構以滿足大衆的需求與秩序的妥協。欲化解這種糾纏，唯有從民間文化的立場重新思索。然而民間文化牽扯的範圍極為廣泛，又難以疏通，羅祖來自於民間，也只能說具有一些民間基層文化的特性，卻不足以代表民間文化。雖然如此，解開羅祖思想的糾纏，有助於了解民間文化的糾纏。本文基於此一態度，根據羅祖五部六册的本文，順著其思維的層次，重新關注其「萬有皆虛妄」的發展，分成下列幾個小節，釐清其生命存在的基本觀念，進而了解其思想在當代文化運作下的意義。

第一目　萬相的有限性

羅祖對萬相的無常，根本來自於對生命存在的無奈，「百年光景，剎那之間，富貴榮華，猶如一夢。」長命百歲也好，榮華富貴也好，都有時間空間的限制，這種有限性，猶如虛幻的美夢，剎那之間又消失了，原本是有的，仔細瞧却是一點也無，原本是眞實的，回過頭却是一場虛妄。這是由存在的有限性，造成生命的恐慌，致使思維作破滅性的反省。

羅祖如此反省與其幼年父母皆亡所帶來的憂患有關，逼迫他過早對存在的探索，見於第一參的十言韻文：

嘆人身不長遠心中煩惱，父母亡一去了撇下單身。
幼年間無父母成人長大，無倚靠受苦惱多受恓惶。
痴心腸想父母長住在世，忽然間父母亡痛哭傷情。

我只想父子們團圓長在，父母亡一去了再不相逢。
父見子子見父歡樂恩重，一去了撇的我無處投奔。
虧天佛保佑我成人長大，食長齋怕生死要辦前程。

依據王源靜補注，以爲羅祖三歲喪父，七歲喪母，隻影單形無所倚靠，遂央人找回原籍，投靠叔叔嬸嬸挨度歲月，見叔叔全家父子恩愛歡樂，更使他覺得父母雙亡孤獨無依的挫折與無奈。如此的挫折，是羅祖思維存在的最大助力，故蘭風頌曰：「祖今出世混塵埃，不料椿萱四相衰。朝夕沉吟恩未報，春秋痛念淚盈腮。切思乳哺光陰短，深憶懷躭歲月摧。嘆罷愁悶生死到，連忙頓悟覺花開。」（苦功悟道卷第一品）

生死的苦悶，來自於生命的有限性的觀察，生老病死帶來人身重重的痛苦與不自由，由此觀察到與生命有關的萬相也是有限的存在。比如家人的團圓、豪華的住宅，都因生命的有限，化爲虛妄，如歎世無爲卷第三品：

嘆浮生不堅久心裡痛切，父子們相逢住一剎那間。
一家兒團頭聚不得常守，父子們四大面化作灰塵。
眼看兒眼看女不得常住，大限到不見面嘆殺人心。
好房舍石墻壁不得常住，大限到難展掙嘆殺人心。

生命有壞，則萬物亦皆有壞，不得永久常在，不能經常相聚，故常云：「大千界百雜碎終有敗壞」、

「大千界是微塵三災敗壞」、「諸世界是空花亂起亂滅」（破邪顯證卷第二十四品）。宇宙萬相的生滅，是現象的具體存在，透過生命有限性的投射，使此一現象有了價值的判斷，生滅都是虛妄的，都不是眞實的。如此進一步地逼問：如何才能脫離存在的有限性。

有形的存在是有限的，這可透過死亡的觀察，得知人酷愛身軀具體存在的愚癡，故羅祖批評說：「愚痴之人不知是個血肉膿身，死後變成塵土，不知死後變做滋牙死屍，臭爛不堪。」（正信除疑卷第二品）死亡是身軀有限的消失，是否有無限的靈魂繼續存在，見歎世無為卷第三品的申述：

愚痴人見兒女眼前歡喜，把前後全不想盡是呆人。
身寒冷舖牀褥錦被蓋體，全不想剎那間送在荒郊。
送荒郊堀地坑或三五尺，五尺深土壓著不見天光。
撇兒女受人氣父子不見，一眞魂入地獄又受災殃。

靈魂的觀念，由來已久，借以延伸存在的有限性，作精神的拓展，但是靈魂的無限性又受轉四生六道生死輪迴的限制，使單純的生死問題，變成永恒的遺憾。第二參思慕家鄉品云：「想我這點靈魂不知何處住所，無量刼來，生了又死，死了又生，四生六道受苦。」若生命是有限存在，死亡便是消失，也就無所謂遺憾與受苦了，然而將實相的有限性與精神的無限性相配合，則輪迴的價值觀是進一步思惟的主題。

第二目　輪迴的限制義

身軀若是有限存在，靈魂應該與之相對，是永久長存，然而此一無限的靈魂何處住所？從萬相的有限與靈魂的無限的相對照，本可以推溯出宇宙的緣起，做二方面的思惟，一爲「有」的形上學，一爲「無」的形上學（註一六），也就是作唯一而無限的實有思維，或作杳冥而無形的虛無思維。但是羅祖在推溯宇宙的緣起之前，先繞個圈子，從靈魂何處住所的疑問，導出地獄輪迴對靈魂無限存在的限制意義，此一限制，使本來超越永恒的存在，也如實相的虛妄，而不是眞實可以把握住的。萬相是虛妄的，靈魂也是虛妄的，此時的靈魂觀不是本無，而是實有，因爲實有，所以要有個存在的住所，這個存在的住所就是生了又死，死了又生的地獄輪迴。輪迴使得存在的無奈，不斷地累積，增加了許多苦果。故第二參又云：「轉到如今，今得人身，百年光景，如夢如幻。死後又不知何處受苦去了，爲人在世，大夢一場，今朝不保來朝，要尋出身之路，懼怕生死輪迴之苦，不肯放參，再參一步。」

存在必須接受實體生滅的苦楚，死亡在陰司地獄裏，有更多的孤獨與寂寞感，更必須忍受轉四生六道的無奈，見第二參的十字韻文：

這四大生死到變做灰土，忽然間想起我這點靈魂。
臭皮囊父母生膿血聚會，這點魂何處來甚人所生。
尋思起無投奔心中煩惱，生了死死了生不得長生。

四大死一把火燒做灰土，一點魂陰司裡無處投奔。
陽世間有病患親人看望，陰司裡無人問獨自孤魂。
又無日又無月天昏地黑，又不知撞在他何處托生。

四大、地獄、輪迴等詞都是佛教的名相，四生六道的輪迴觀是通俗佛教傳教的主題，因此羅祖的思維方式受佛教文化的影響與支配。或者說，羅祖的思維方式是從佛教文化中曲轉而出，所謂「曲轉」是指順著佛教的傳教內涵，在某一基點上有分歧的異說，再由異說中導出不同的結論。

四大又作四大幻身，指形體的有限性，與「無常」的觀念相配合，常云：「我嘆無常好恓惶，搭手心頭細思量，四大幻身不堅久，父子相逢夢一場。」（正信除疑卷第二品）四大幻身又作一包膿血、七尺骷髏，用來形容生命存在的虛妄，補充前一小節的萬相存在的困頓，也導引出靈魂因萬相的虛妄而無常般的流浪失所，如歎世無爲卷第五品證之：

思量起無量刼生死受苦，得人生又不好衆苦臨身。
眼又疼肚又疼又是地獄，頭又疼背又痛百病攢身。
渾身上都疼痛癆病又發，誰知道這皮囊衆苦之根。
死了生死了生何日是了，來又去去又來不得脫身。
死來到一家兒離別痛哭，到陰司地獄裏罪業隨身。

靈魂的存在又可視爲四大的連續，只不過脫離了這一個四大，又換另一個四大，生存的哀痛一直隨著無限的靈魂而永遠常在。因此輪迴的存在是一種限制，是有限存在的連續循環前後不斷。此種思考與佛教的輪迴觀不同，佛教的輪迴建立在業力的果報，雖然同是從一種生命形式轉入另一種生命形式的反覆變化，但是在業力的解釋方面，羅祖偏重在四生六道輪迴對靈魂的限制，是較通俗性的解說，失却佛教側重眞如本性，斷惑業之因，不感果受生，證得不生不滅的涅槃。因此，羅祖必須重新思維，建立另一套體系。

第三目　輪迴的業報觀

六道四生輪迴是佛教基本教義之一，羅祖在破邪顯證卷裏有二個品節企圖破解這個觀念，即第二品「破四生受苦品」與第十六品「破六道四生品」，由這二個品節可以得知羅祖的輪迴觀來自佛理，又爲何要破解呢？其破解的主題爲何？欲了解此一問題，須由羅祖對輪迴業報的觀念處加以疏通。

羅祖對六道四生輪迴的解釋，較完整的說法，見於破邪顯證卷第十六品：

六道四生苦，猶如車輪無暫停之苦：天道、人天道、地獄道、餓鬼道、畜生道、修羅祖；胎生、濕生、卵生、化生，從曠大刼轉四生六道，直到如今，脫骨過須彌山；若不尋著出身之路，失了脚，一去轉四生，不得翻身，一失人身萬刼難。

這一則引文仍僅說明輪迴對生命存在的限制，强調輪迴本身無窮無盡的災患，並未說明六道輪迴與善惡業力的關係，因此羅祖欲覓出身之路，就不從善惡業力的超越處下工夫。那麼，善惡業報的觀念在羅祖的思維裏，其價值與作用爲何？須作進一步探究。

羅祖曾引「金剛論」的文句，解釋四生的由來，見於破邪顯證第二品，引用的文句裏是有業報的觀念：眼令著色者死後墮入卵生之苦，耳貪聲者死後墮入胎生之苦，鼻貪香者死後墮入濕生之罪，舌貪味者死後墮入化生之類。造成輪迴的原因是業報始然，但是到了羅祖破解的十言韻文裏，則絲毫沒有這種業報的觀念，如：

輪迴苦是胎生駝騾象馬，輪迴苦是卵生鳥獸飛禽。

輪迴苦是濕生河裡魚鱉，輪迴苦是化生蚊蠓蛆虫。

輪迴苦是餓鬼邪魔外祟，陰司裏是鐵圍枉死城中。

這便是六道裏生死受苦，呆衆生不知道撞在四生。衆生的四生輪迴是一種生命的無奈，糊裡糊塗就如此不斷生來死去，改頭換面，這是靈魂存在的一種遺憾。

羅祖談業報，見於歎世無爲卷第五品「祖嘆貧窮品」、第六品「祖嘆受富品」、第七品「祖嘆宰官品」、第八品「祖嘆出家品」、第九品「祖嘆賊盜品」等章節，但是其重點不在善惡業力，而是强調地獄受苦的災難，如第六品裏的描述：

倚富貴逞剛强欺壓良善，又殺生又害命罪業無邊。

有錢財買豬羊剝皮宰殺，一家兒排筵會喜樂歡欣。

請親戚來食用吹彈歌舞，食著甜還著苦果報臨身。
食著甜還著苦生死來到，陰司裏十王簿記得分明。
差惡鬼和牛頭緊去勾取，繩又纏索又綁鐵棒臨身……
我作下我自受無人替我，我造下無邊罪難怨別人。
陽世間攢家緣千百萬貫，到陰司空赤手那得分文。
到殿上見閻王他就問你，造下罪說不過膽戰心驚。
上刀山弁劍樹油鑊火熬，滾油鍋鋸又解衆苦臨身……
罪重的送在他無間地獄，罪輕的送在他四生轉輪……
無量刼轉四生纔得出離，纔爲人作下業又撞四生，
這一遭滾下去人身難得，六道裡一去了再不翻身。

羅祖以通俗的地獄傳說，不斷地敍述地獄中靈魂受苦的情狀，其用意雖也有勸人去惡從善，建立善因以求善報，有因果報應的價值觀，但是其着重點不在於惡止善行，證悟常樂我淨的宇宙觀，而是要「我勸你富貴人作急參道，不回頭失了脚永墮沉淪。參大道明眞性永無生死，永離了輪迴苦亦得超昇。」參大道明眞性是了脫生命的最佳方式，這種說法表面上與佛法極爲相近，但是仔細分析其動機，則爲趨近於避禍得福的功利思考，著重在永脫輪迴的超昇。這種思考本質上還是從輪迴的限制意引申而來，基於永生的渴望，逼迫自己去苦修證道，以了斷靈魂存在的遺憾。只要生命可以得到永生就滿足，其

他的思慮就可以完全排除，因此羅祖首先關心的是透過什麼樣子的修行法門才可以得到生命的超脫，而不是由生命的明覺本性處，確實地下工夫去完成去超越，雖然羅祖最後的結論尚有靈明覺體的信奉實踐的觀念，但是繞了一圈功利的思考，難免夾雜了似是而非的世俗理念。

第二節　羅祖對修行法門的批判思惟

羅祖對生死的苦惱產生功利色彩的參道，在第三參「尋師訪道品」說得更為淸楚：「嘆罷心中煩惱，忽然無常生死到來，又不知何處受苦去了。死後天地光明，不得看見，懼怕生死輪迴之苦，不肯放參，再參一步。」第三參至第六參羅祖敍述其悟道過程中對修行法門的選擇及其批判，羅祖曾經用了八年的時間參研淨土念佛法門，苦念「阿彌陀佛」四字企圖往生西方極樂世界，用了三年的時間苦讀金剛科儀，在他所謂十三年苦功悟道的心路歷程中花費了十一年在這兩方面，眞正屬於他自己哲理的冥思，建立其教義體系則不足兩年，從第七參至第十八參是他兩年自我頓悟的工夫，也是其思想理論的完全建立。第六參羅祖曾批評了一些修行法門：禪定、守靜、提功案、出陽神、三昧、養寶、三關、知生死、定時刻等，這些法門羅祖可能曾經參研過，所以他批評說：「這些雜法到臨危都用不著，懼怕生死輪迴之苦，不肯放參，再參一步。」關心與害怕的是生死輪迴的解脫，作為評論其他修行法門功能與價值的準則，其功利般的思維進路是極為明顯。

現在，順着其參道的歷程，來了解羅祖爲何會否定當代的一切修行法門，另鑄創新的解脫方式。羅祖對一般修行法的評價如何？是本節詮釋的重點，用來了解其思維方式，以及當代宗教信仰對他的影響。

第一目　評論淨土念佛法門

當羅祖正爲生死煩惱時，有朋友告訴他去孫甫宅拜明師，其過程極爲戲劇性，見於第三參的十言韻文：

忽一日有信來朋友相見，說與我孫甫宅有一明師。
連忙去拜師傅不離左右，告師傅說與我怎麼修行。
拜多時不肯說心中煩惱，求半年我師傅纔發慈心。
下苦功一拜下不說不起，告師傅發慈悲轉大法輪。
說與我彌陀佛無生父母，這點光是嬰兒佛嫡兒孫。
就跪下告師傅佛在何處，師傅說彌陀佛彼國天上。
告師傅說與我怎麼上去，舉念著四字佛便得超昇。

淨土念佛法門在這一段引文裏，添加了一些神祕色彩，成爲不易人知的修行方式，羅祖苦求了半年，才獲得念阿彌陀佛往生西方的祕訣。而且阿彌陀佛與無生父母連稱未見於一般佛教典籍，或許羅祖所接觸的是由淨土宗進一步演化的民間宗教。據王源靜補註以爲阿彌陀佛又稱無生父母，人類的這點光乃是嬰兒，就是阿彌陀佛嫡親所生的兒孫。如此的解說已不完全是佛教的義理而加入了其他通俗化的宗教理念，非淨土宗傳教的本意。

羅祖領教之後，行住坐臥不停地持念阿彌陀佛，企圖超越輪迴，到佛國安養見佛受記。前後花了八年時間，產生了一種念佛的矛盾心理，見於第四參「覷破頑空品」：

又參一步，單念四字阿彌陀佛，念得慢了，又怕彼國天上父母不得聽聞，晝夜下苦高聲舉念，八年光景，心中煩惱不得明白。此身壯樂便能念得，臨終氣斷，不能聲色，念不得怎麼上去，亦是頑空境界，懼怕生死輪迴之苦，不肯放參，再參一步。

羅祖心中對念佛的懷疑，也是在現實社會中近於功利的反省：辛苦的念佛，天上父母是否聽聞？若死了不能念佛，是否就永墮輪迴。蘭風的頌讚，企圖掩飾羅祖此種功利式的體會而云：「智眼偏枯空費力，喉嚨喊破沒相干。洞見自性彌陀佛，不可思議遍大千。」（苦功悟道卷第四品）

羅祖是否因爲本性就是阿彌陀佛，而才反對念佛，還是基於念佛無效的功利思考才反對念佛，由前引文，可以如此的判斷，蘭風的頌讚是不符合羅祖當時的心態。但是後來的破邪顯證卷與正信除疑卷羅祖對淨土念佛法門有進一步的了解，在功利思考心態之外，接受佛經的部分觀念，如云：「若以色見我，以音聲求我，是人行邪道，不能見如來。」（破邪顯證第十三品）利用了一些佛經的語言，說明光是念阿彌陀佛也是一種障礙，故在破邪顯證卷第十三品云：

念經念佛生死路，執著念頭是邪宗。聲色求佛邪迷路，念佛不得見如來。

佛在靈山莫遠求，如來卽在我心頭。覺照自己見佛祖，認得自己莫遠求。

歎世無爲卷第十一品引「大彌陀卷」云：

自家一個彌陀佛，薦得分明卽是渠，一片風光描不就，儘教浪籍滿江湖。

我念彌陀無易難，豈拘城市與深山。白蓮香散塵沙國，這個風光不等閑。

前二則引文的語句，大多根據當時佛教流行寶卷轉述而來，其中禪宗明心見性的哲理思想相當濃厚，照見自己見佛祖，肯定自性就是阿彌陀佛，既然自性是阿彌陀佛，又何必苦念佛號，是將禪宗的心性帶入淨土信仰的思考。但是根據歎世無爲卷同一品羅祖自己撰寫的十言韻文，似乎羅祖對自性就是彌陀佛的推理，尚且游移不定，功利的心態並未完全的克服：

諸形相是無常生滅之法，生滅相亦滅了顯出金身。

這金身無量樂通天徹地，亦無生亦無滅亦無閻君。

這金身快樂大難描難畫，到臨危無來去顯大神通。

仍然不能排除「到臨危」的存在恐慌，强調金身的解脫輪迴的廣大神通，仍未扣緊在生命自性的靈覺處加以冥思，只是單純地嚮往快樂無邊的解脫境界。

往生淨土的觀念，在正信除疑卷有三個品節專門討論，卽第三品「往生淨土品」、第十四品「快樂西方人間難比品」、第二十品「西方淨土人人有迷人不知往西求品」。從這幾個品節裏，羅祖似乎又肯定念阿彌陀佛往生淨土的妙用，見往生淨土品云：

靜文妻得重病二年光景，身疼痛念彌陀要求往生。
臭皮囊有病患疼痛難忍，願如今脫離了早得超昇。
發願心三年整大限來到，見西方勝境界現在其中。
勸父母及丈夫願生淨土，到西方佛國土好處安身。
言說罷一念心歸家去了，見西方蓮花朶大如車輪。
病女子一念心得生淨土，況今生不信佛永墮沉淪。

此處的淨土觀念已被轉化爲羅祖的「家鄉」，家鄉是羅祖解脫生死的終極歸宿，歸家去了，才能了斷生死輪迴，如同卷第四品「尙衆類得正法歸家品」指出萬物只要接領佛法就可以回歸家鄉了脫生死，而感歎：「空爲人不信佛永不翻身。」可見羅祖是借用淨土極樂世界的意象，來建立其宗教樂園。

羅祖的「家鄉」觀念實由「淨土」衍生而成，其中寶卷的影響力最大，如快樂西方人間難比品引圓通卷云：

歸去來兮歸去來，永無八難及三災。誰知淨土無諸苦，盡力相托不肯來。
入無生忍受胞胎，優鉢羅花處處開。了達箇條生死路，萬劫輪迴永不來。
歸去來兮歸去來，脫了凡胎入聖胎，蓮花化生親見面，萬劫輪迴永不來。

民間佛教通俗寶卷將輪迴與淨土連在一起，強調淨土的妙用，正是羅祖思維方式的來源。如何解脫生命輪迴呢？要解脫凡胎入聖胎，進入一個永無八難三災的極樂家鄉。

但是極樂家鄉不在西方，羅祖在該卷第二十品直接指出，極樂家鄉就在自身，又似乎是受禪宗的影響，而且在引文裏，屢用六祖壇經來作說明：

六祖壇經作證：東土人造業求生西方，西方人作罪求生何國，迷人願東願西，悟道之人此處就是西方。西方淨土人人有，本無修持己現前，迷人不知自己是西方，迷人求生西方，撲了頑空，墮落生死苦海，永刼不得翻身。

羅祖引用六祖的話語，要證明無西方的存在。然而家鄉在那裏呢？深根結果卷第十二品「歸家人不知在何處細說便知品」有進一步的敍述，此一問題的解答，留待下一章再詳述之。

第二目　評論金剛科儀的持誦法門

金剛科儀這部書據王源靜補注云：「此部科儀，乃是宗鏡禪師科判，佛說金剛般若，至妙極談之儀則也。」（註一七）羅祖閱讀這部書前後三年，對他的影響相當的深，在五部六册寶卷引金剛科儀印證約有五十餘處。足見金剛科儀對羅祖以後思維的發展，具有導引的作用與價值。羅祖閱讀金剛科儀的因緣，見於第五參「撥草尋踪品」：

不移時隣居家中老母亡故，衆僧宣念金剛科儀，夜晚長街立定聽金剛科儀云：要人信受拈來自檢看。聽說一句心中歡喜，請一部金剛科儀整看三年，懼怕生死輪迴之苦，不肯放參，再參一步。

在王源靜補注裏，提供了一個重要的資料，卽：「素不識字恒常跪經集學，日夜搜尋，不辭勞苦，整看三年。」在這之前，羅祖是目不識丁；在這之後，羅祖略識文字，因此其思維的佛教名相可能不多，大多依據其理解的範圍下，進一步做自我思維形態的拓展。

羅祖否定金剛科儀，不是因爲金剛科儀的內容，而在閱讀的本身，以爲持誦文字，仍不能解脫人身，詳見第五參的十言韻文：

檢科儀整看了三年光景，參不透不得惺眼淚紛紛。
飯不飯茶不茶憂愁不住，怕生死在呼吸膽戰心驚。
這一遭出不得生死苦海，剎那間失落了再不相逢。
這一遭來托化人身難得，却便是須彌山滾芥投針。

參不透文意，就要永墮輪迴，仍是功利式的反省。但是讀懂了文意，仍舊停留在參閱的過程中，與生死解脫無關，所以蘭風頌曰：「功上加功功有益，理中悟理理無窮，常言信受君須信，猛進宗門自己宗。」

光靠文字道理的參悟，是不如親自下功夫苦功悟道，悟道才能擺脫一切障礙，了斷生死。所以羅祖云：「經也空卷也空空卽是色，字也空書也空色卽是空。」（歎世無爲卷第十一品）經卷字書只是假象，不得究竟。在破邪顯證第二十品「破念經品」以爲念經不能解脫，引龐居士的話語：「讀經須解義，解義始脩行，讀經不解義，多見不如盲。」又引六祖壇經云：「有僧法達誦法華經，已及三千部，祖曰：汝若念至萬部，不以爲勝，汝今負此事業都不知過。汝但勞勞執念，以爲功課，何異犛牛愛尾。達曰：若然者，但得解義，不勞誦經耶？祖曰：經有何過，豈障汝念，復說偈曰：心迷法華轉，心悟轉法華，誦經久不明，與義作讎家。」（註一八）羅祖反對迷著文字相，是受禪宗的影響，但是基本的思維的方式仍然是功利形態，如同品羅祖云：

你誦法華是虛氣，虛氣蓋了本家人。隨著聲色誤了你，空卽是色色卽空。
一覽大藏是虛氣，藏經原是自家人。耳聽尙隔三千里，口誦又隔十萬程。

羅祖以爲經卷不能解脫生死，是把經卷當成一種色相，有相就落入虛妄，是承續其萬相皆虛妄的思維而來，常云：「三教經書色相法，凡所有相皆虛妄，要見諸相無一物，覺照自己見如來。」（破邪顯證第八品）在頓悟的要求上，大致是承續禪宗的理念，但是羅祖在頓悟的過程中，與禪宗大異其趣，其主要的差別，仍然是心態上的偏差，造成觀念的混淆，及前後矛盾的現象，在詮釋上是一件相當困難的工作。

第三目　評論其他當時流行的修行法門

民間宗教信仰，受到生民的原始信仰與道教、佛教、摩尼教的相互參雜，極爲混亂，據元代普度的「蓮宗寶鑑」第十念佛正論篇指出當代許多光怪陸離的修行方式，附會佛法，造成信仰的混亂。佛法本身，因爲佛陀因緣說教，修行方式亦有差異。羅祖針對當時民間盛行的幾種解脫法，一一加以評論，見第六參「破相拈情品」：

要坐禪禪定了又是死物，要守靜都不掛又是拘心。
念彌陀提功案尋思不是，說出陽是生法不得安心。
口不動舌不動內念不是，四字佛六字佛引進衆生。
提萬法要歸一無處下手，提功案追求性方便衆生。
說禪定解脫身又是二法，說三昧是虛氣地水火風。
說養寶都不是一包膿血，說三關臭皮囊不要談論。
知生死又拘心不得自在，定時刻說臨危不得縱橫。
這雜法不是實虛花境界，不入心擋不住再往前行。

在羅祖的心目中世間的一切修行法都是有爲法，有爲法不能解脫生死，且常墜輪迴，羅祖常批評說：「有爲法世間福猶如閃電，有爲法世間福一剎那間。有爲法箭射空終有墜落，有爲法世間福呼吸之間。有爲法世間福多爲閃賺，到臨終捨不得叫苦連天。」（正信除疑卷第十三品）有爲法本爲佛教的名相，與無爲法相對立，而羅祖的有爲法則非佛理的原意，泛指世間的一切修行法，以便抬高自己所悟心法的身價。羅祖所批評的當代修行法，依據前一引文，分成下列小項簡述之：

一、禪定法

重禪定修行法，大致上以禪宗爲主，强調我心本來清淨，無迷悟無煩惱，此心卽佛，不待外求。一般禪定法簡單可以分爲調身法與調心法二種；禪身法卽選擇淨室，節制飲食，從手足五官之姿勢以至呼吸長短等皆有一定的行法；調心法卽不思量的心境，超越一切心思識量，不思惡，不思善，脫却迷悟生死之念，達到安住不動之地，所謂言語道斷，心行處滅的境界（註一九）。

羅祖以爲坐禪是死物，守靜是拘心，似乎是批評當代有某些修行者未究竟的弊病，而非禪定法本身不好，如王源靜補註云：「若執四大，以坐爲禪定，未明大理，根塵未透者，名曰看屍鬼，故云死物。」又云：「今人守靜，未會守者何人，靜者何物。皆是無繩自縛，靜沉死水，甘守幽閑，靜功陰界，故曰拘心。」慧能在六祖壇經第二品曾以爲禪定解脫：「爲是二法，不是佛法，佛法是不二之法。」羅祖根據這句話大力地批評解脫未得究竟，事實上羅祖是斷章取義，未明六祖由見性以致禪定解脫的一貫之法。

羅祖批評禪定法，可能落在表相「執著」二字，如深根結果卷第十品云：「執修行，執禪定，執坐淨，執修善，牽連的不得自在，是個生死之路，不得解脫。」所以羅祖批評禪定法，在於民間執著坐禪的迷惑，其關鍵在於明道與否，故云：「不明道坐禪定有爲之法，大限到無出路永墮沉淪。」（破邪顯證卷第十九品）又云：「執著禪定生死路，認得自己是天堂。」（破邪顯證卷第五品）足見羅祖對禪定法的本身仍是贊許的。

羅祖引用禪宗經卷與語錄爲數不少，在破邪顯證第六品「破禪定威儀白縺無想天品」集結了一些相關的資料。其中以六祖壇經最多，除了前所引：「禪定解脫是二法，不是佛法。」外，另引頓漸品第八與機緣品第七兩則偈語。第一則，破邪顯證卷的引文爲：

觀心靜坐，常坐不臥，拘心之法，於理何益：生來坐不臥，死去臥不坐，元是臭骨頭，何爲立功課。

這一段文字前一半，六祖壇經的本文爲：「住心觀淨，是病非禪，常坐拘心，於理何益。」後半段偈語則相同。這一事件是神秀派遣門人志誠前往六祖處參道，六祖回答的話語，强調要明心見性，不可執著自身的臭皮囊，苦下工夫，强定功課，不是禪定之法。

另一則是臥輪禪師的偈語與六祖修正的偈語，破邪顯證卷的引文爲：

有一僧擧臥輪禪師頌曰：「臥輪有伎倆，能斷百思想，對境心不起，菩提日月長。」祖師曰：「此偈未明心地，若依而行是枷繫縛。」祖云：「惠能無伎倆，不斷百思想，對境心數起，菩提怎麼長。」

這一段引文與六祖壇經的本文有點出入。這一些偈語，六祖是從心無住本，立一切法處，强調無生無滅，是如來清淨禪，這種修證法，對羅祖以後的思維，影響很深，但是羅祖仍舊要扣緊在超脫生死輪迴處來體會六祖的心法，如羅祖對六祖的偈語，重頌云：

有爲禪定是色相，色相臨危是虛妄。色卽是空空是色，凡所有相一場空。
可憐坐禪不明心，空卽是色色卽空，現今不得通天眼，死後何處去安身。

羅祖對禪定法的評論，完全是自說自話，按照自己的思維方式加以評斷，未進入到問題的核心。羅祖的思維方式很明顯地受到禪宗頓悟理念的影響，其反對禪定，只不過是企圖改變一般世俗大衆執著修行功夫。然而扣緊在解脫輪迴的功利思考，很難會有凡所有相一場空的澈底頓悟。

二、神通法

民間宗教大多重神通，强調神人相互溝通，與早期原始宗敎的巫術行爲大致類似，尙停留在神媒的階段。但是民間宗敎受到儒釋道三家敎化的影響下，其重神通的行爲往往又附會在一些修行法門中，奠定了理論基礎與修行進程。羅祖批評的神通法有出陽神、養寶、三關、知生死定時刻等幾種。另外在正信除疑卷第二十三品「行雜法疑病品」把當時一切修行法皆視爲雜法，又列引了一些神通法，玆將全文引錄於下：

說這些魔境雜法，聰明智慧菩薩仔細聽著，說鹿車羊車牛車，說三乘五敎本來無，臨危也用不著。說念經念佛燒香禮拜，臨危也用不著。說禪定解脫出陽神，臨危也用不著。說無上正眞威儀坐淨，臨危也用不著，說改惡向善，離假歸眞受戒，臨危也用不著，說出說入定時刻回，臨危也用不著。說出家相在家相二敎相，臨危也用不著。說八萬四千威儀相細行相，臨危也用不著。又有一等邪人，說喫眵喫臈息氣，臨危也用不著。說丹田泥丸宮，說三關前不胸後不穴，說性說命，說陰說陽，本是一包膿血爛肉，談論他怎麼臨危也用不著。又有一等邪人，受持神鬼習氣神通，坐火坐水鬼神相助，臨危墮地獄也用不著。

由這一則引文，得知羅祖時代民間流行的一些宗教現象，其中佛教的色彩較重，道教與民間原始巫術信仰次之，或者可以推論羅祖較偏重於當代的佛教信仰，而那時民間的佛教生存的環境經常必須面對著道教與傳統巫術信仰的相互侵襲，不得不對當代的信仰現象加以觀察與評論，企圖建立其獨特的修行法門，提高自我的身價。故一方面貶損佛教，一方面也壓抑民間重神通的宗教活動。

在深根結果卷中有兩個品節，討論到民間重神通的宗教現象，即第十九品「習神通障道品」與第二十四品「受持鬼神耳報知人好來歹來品」，破邪顯證卷第十四品「破出陽有爲法定時刻迴品」也討論到神通法，其一致的結論是：「修成神通苦輪迴」「一切都是心外法，生死輪廻苦無窮。」仍舊以解脫的功利思考，反對一般重神通的修行法。

羅祖詳加批評的神通法有下列幾種：第一、出陽神，羅祖評論說：「出陽神背了祖陰陽二氣，有陰陽挾著你不得脫身。」（歎世無爲卷第八品）所謂出陽神，據王源靜補註云：「出陽神出陰神者，攝身靜慮，頓息諸緣，結想凝神，作意出入，到於彼方，取其奇物，與彼方人相見問答，而爲陽神；此能見彼，彼不能見，爲之陰神；或經萬里，瞬息便回，雖然如是神通，由被陰陽管轄，故不縱橫。」（破邪顯證卷第十四品）出陽神大概就是靈魂出竅，在此地而能知彼地信息。有關這種神通法，蘭風批評說：「煉出陰陽習氣栽，只因邪見受塵埋，不知靜裏風光潤，執想其中躭鬼胎。」出陽神要有陰陽二氣來相扶持，但是陰陽二氣仍然有時盡，是無法超越生死輪迴，見於破邪顯證卷第十四品云：「四個小乘出陽神，有陰有陽墮沉淪。有朝一日陰陽盡，惱殺陰司十閻君。四個小乘有神通，神通起時出陽神，有朝一日神通盡，惱殺地府十閻君。有爲之法還有苦，執著陰陽不明心。」

第二、養寶三關，羅祖批評說：「說養寶都不是一包膿血，說三關臭皮囊不要談論。」養寶與三關的觀念出於道敎內丹修煉的功夫，王源靜補註云：「養寶者，保養元精元氣元神，運精而化氣，運氣而化神，精足則氣厚，氣厚則神清。」又云：「三關者，上關泥在宮，中關尾間穴，下關湧泉是也。存心調氣運轉三關，使不番碍，骨節運透。總結養寶三關皆是却病延年之術。」（苦功悟道卷第六品）養寶卽養三寶，三寶卽精、氣、神，亦稱三花。道敎所謂內丹卽是煉三寶，所謂「煉精化氣，煉氣化神，煉神還虛，煉虛合道。」從道敎看人體的生理，有「三關」、「九竅」之說，三關者，尾關、夾脊、玉枕。九竅者，每關左右兩條白脈，三關共成九竅。羅祖說三關前不胸後不穴，是指丹田的大小周天的修煉，能夠含精養神，修性全眞之道（註二〇）。這種修行法也可視爲一種神通法，企求契合神仙，但是羅祖批評說：「成仙難免苦輪迴」，成仙仍不能解脫生死，王源靜補註云：「仙者，人依山居，虛寂閑靜，自在無拘，塵欲絕遺保命固元，而得延年之術，饒經八萬刼，終是落空。」（破邪顯證卷第十四品）

第三、知生死定時刻，羅祖批評說：「知生死又拘心不得自在，定時刻說臨危不得縱橫。」什麼是知生死定時刻呢？在歎世無爲卷第八品云：「子時回午時回時刻挾著，定時刻說臨危不得縱橫。十二時挾著你不得自在，色是空空是色勞而無功。」知生死定時刻與白蓮敎的修行有關，故羅祖在深根結果卷第十九品有進一步的陳述：

但有定時刻迴，跟日頭走，日頭在那裏，甚麼時。但跟著時刻走，牽連的不得自在。但有牽連，永刼墮生死輪迴苦。科儀云：超日月歸去來。把日月超過去，東西南北不用思量。日月卽是陰陽到，跟著陰陽小事走，天不能蓋，地不能載，陰陽不能轄。科儀云：明了自家這點靈光，如來一合相，三千大千世界，卽當微塵。三千大千世世界，自當微塵細雨，有甚麼時刻，時刻本來無，自在逍遙，任意縱橫。

王源靜補注以爲這一段，是羅祖破白蓮教拜日月邪法，認爲知生死定時刻的邪法，不能得到眞正的解脫。所謂知生死定時刻法的內容，王源靜曾補充說明：「有等迷人臘月年夜，拜燈影求知生死而定時刻。來年一歲十二月，限十二拜，第幾拜上無有燈影，卽知第幾月死。一月三十日，限三十拜，第幾拜無影卽知第幾日死。一日十二時，限十二拜，第幾拜無影，卽知那一時迴首。一時八刻，限定八拜，第幾拜無影卽知那一刻迴首。所以預識無常定下時刻，報衆送行收拾而去。」（苦功悟道卷第六品）

以上各種神通法，羅祖認爲都是有爲法，所以說：「你使神通不打緊，引的後人錯用心，神通障了無爲道，死後不免墮沉淪。」（破邪顯證卷第十四品）羅祖提出無爲法來對應一切修行法，有其思維的程序，須要再進一步追溯其思想的源頭。

第三節　羅祖對生命存在的進一步思惟

羅祖由萬相的有限性，推衍到輪迴的限制性，再透過其他修行法的思索，皆無法參透生死，解脫輪迴。因此撇開一切思慮，再由宇宙緣起的根本處，做深入精微的反覆探思，終於導出一個問題：「當初無天無地，是個甚麼光景？」把握住這個疑問，羅祖建立其思想體系。但是這個思想體系的完成，中間經過幾次思維的轉折，方能將生命的永恒價值安頓下來。

第一目　宇宙緣起於虛空

宇宙如何緣起，其實在的現象如何？羅祖忽然有了新的悟覺，但是未能完全解開迷津，見於第七參「達本尋源品」云：

忽然參透虛空，未曾有天有地，先有不動虛空。無邊無際不動不搖，是諸佛法身。乾坤有壞，虛空不壞，是諸佛法體。懼怕生死輪迴，不肯放參，再參一步。

未有宇宙，先有虛空，虛空的本質是不生不滅，不動不搖，無相無邊，故云：「乾坤有壞，虛空不壞。」但是未有宇宙之前，虛空如何存在呢？這裏牽涉到宗教信仰的根本問題，屬於究極義；但對於宇宙的緣起，推論到最原始的狀況，仍舊是一種假設，這個假設無法驗證也無須驗證。羅祖本身對於虛空不壞的這個假設，尚未能完全掌握，以致因爲懼破生死輪迴，再作進一步的參證。

宇宙緣起於虛空，是說明宇宙一切現象的源頭，無實體的存在，也無所謂存在，是本來就空無一物。這個觀念的形成，受到佛學性空與玄學本無的影響。或者說羅祖的虛空觀根本就是佛學與玄學教化下的一種見解，這種見解受到整個中國傳統文化所支配。羅祖在詮釋虛空這個理念，已經運用了其他學理的架構及其名相，如云：「虛空架住大千界，虛空本是諸佛身，諸佛法身在心中，本性諸佛一體同。」（破邪顯證卷第四品）虛空就是佛身，就是本性，本性與虛空相連一氣，已有點宋儒理學的影子（註二一）。到了正信除疑卷第十一品「捨身發願度人品」引用宋儒的一些名相：

虛空是無極，無極是虛空。大道是無極，無極是虛空。本性相連太虛空，本性就是無極身。四大分張，十方世界現全身。

深根結果卷第十七品「未曾初分無極太極雞子在先品」引用的更爲明顯：

未有天地先有一，一者本是無極身。太者本來是無極，太者本是太虛空……

大道無邊是太極，虛空本是無極身。未有天地先有道，大道本是無極身。

不管羅祖對宋明儒學體會多深，了解多少，其言論是否符合宋儒的理想。可以得知的是，宋儒的那一套哲理，尤其是周濂溪太極圖說提供了羅祖形上思想的依據。

未有天地先有一，未有天地先有道，一、道與虛空、無極同義，因此虛空不是空無一物，而是眞如妙有，故云：「萬物靈光無極生，立天立地立人根，未定五行及八卦，無秋無夏亦無春。」（正信除疑卷第十品）虛空不是眞的無有，它能顯神通，呈現萬有，是天地日月的根本，是恒沙諸佛的本源，大地男女的理性，法界含靈的大體。又云：「十方空不是空諸佛本體，十方空不是空無極法身。」（正信除疑卷第九品）所謂的空，是眞空妙有，故又云不是空，是諸佛本體的眞正顯用。

天地萬物如何由虛空衍生而出，深根結果卷第六品「先有本來面目後有天地品」敘述：

> 未曾初分天地，先有本來面目，從曠大無量刼，先有本來面目，永刼長存，後有諸佛三教，後有僧俗戒律善惡，後有天堂地獄，後有無當萬物，後有古今。

虛空又稱本來面目，即人的本性。本來面目的說法又見於歎世無爲卷第一品云：

> 無邊的虛空是無極身，大千世界總是虛空安住，大千世界總是無極化體，人人本來面目眞無極圓身，裏外相連太虛空，虛空原是無極身，認的本來面目，東西南北不可思量。

羅祖的「虛空」一詞極爲複雜，依據前面所列的引文，大致上可以歸類如下：虛空卽無極、大道、一等，是從形上的理論推衍而出，亦卽虛空就是宇宙本源的代名詞，類似於道家的「道」、佛家的「眞如」；另一方面虛空又等於諸佛法身、諸佛法體、無極身、諸佛本體、無極法身、本來面目等，是以人的本性印證虛空，使人與宇宙合一，奠立人存在的價值。

本來面目係指人的本性，而此本性與虛空同存，先於宇宙一切萬物，故云：「未有天地先有性」、「未有善惡先有性」、「未有生死先有性」、「未有地獄先有性」、「未有陰陽先有性」、「未有千佛先有性」、「未有經書先有性」、「未有三敎先有性」（深根結果卷第六品）。此時本性就是虛空，也就是諸佛法身，破邪顯證卷第三品云：「本性就是諸佛法身，諸佛菩薩，原歸一體。本性就是諸佛法身，到臨危，諸佛神通廣大，本性就是諸佛神通。明徹本性，臨危休要怕佈，臨危自有諸佛神通顯現。」這一段話說明唯有徹透本性，方能解脫生死輪迴，但是如何徹透本性呢？來使自己能夠安身立命與虛空常存呢？這個疑問的解答，有待進一步地再參證、再思維。

第二目　虛空如何於安身

宇宙緣起於虛空，但是在無邊的虛空裏，人如何來安身立命呢？在第八參「無處安身品」首先提出此疑問：

又參一步，知道虛空是諸佛法體，又不知安身立命，又不知縱橫自在。這無邊虛空，怎麼安身立命？懼怕生死輪迴之苦，不肯放參，再參一步。

其十言韻文云：

這眞空進不去心中煩惱，這眞空無邊際怎麼安身？
往東歸又不是煩惱不住，往西歸又不是怎麼安身？
往南歸又不是心中煩惱，往北歸又不是怎麼安身？

虛空是無限存在的，如何安頓人的本性呢？蘭風在這一參的前頌云：「欲想安身第八參，根塵未透兩重關。法身非相高低見，心境和融內外圓。」認為知道宇宙本源是虛空，仍不得究竟，受到世俗塵根所迷惑。因為在此時羅祖雖打破了物相的有限性，仍拘泥有「我」的思考，因此「我」就是有限存在，有限存在是無法安頓於虛空的境界。

到了第九參「穿山透海品」羅祖將「我」的有限性去除，使虛空與人身裡外一體，自身就可印證虛空：

又參一步，忽然參透虛空，穿山透海，普覆人身，裡外原是一體，懼怕生死輪迴之苦，不肯放參，再參一步。

十言韻文云：

忽然間參一步心中大喜，這眞空穿山海普覆人身。
裡頭空外頭空原是一體，心糊膝不得省怎麼安身。

羅祖參悟了「我」的無限性，以爲裡外皆空，一體顯現，應該可以頓悟了，怎麼還懼怕生死輪迴，還要再參悟呢？那麼他進一步所參的主題，是什麼呢？

原來羅祖雖打破「我」的有限性，却仍未打破「心」的有限性，「心中大喜」正說明羅祖的「心」仍存在著「有無」的判斷，故有第十參「說破無心品」，其韻文云：

說有去又撲了頑空生死，說無去又不知怎麼安身。
不思想不掛絲歸空就是，執無爲無歸處不得安身。
說歸無又不是心中煩惱，請科儀作證盟說破無心。
說無爲云無心云就是道，執無爲說無心又隔一關。

有與無的思維，是與虛空同時存在，也就是探究虛空是有還是無，若是無如何化生萬物，若是有必定生滅。因此羅祖的「心」仍有辨識有無的認知成分存在，故王源靜補註云：「祖家安身猶恍惚，有無二見未能消。」足見有無的分辨，對羅祖來說極爲困擾。羅祖認爲執有，必墮輪迴，執無，又不得安身，因爲此時有一疑難，如何才算是歸空呢？不思想不牽掛可以算是空嗎？無爲無作，百無思想，又是一種執著，如何緣起萬相呢？最後的結論是：「執無爲說無心又隔一關」，有意的無爲，强說無心，仍然與「心」的無限性相離一大截。

第十一參「不執有無品」，是進一步去除「心」的有限性，使我與宇宙無限存在：

又參一步，不執有，不執無，當人就是眞空法性。不歸東，不歸西，靠定十方是一體。懼怕生死輪迴之苦，不肯放參，再參一步。

其十言韻文則云：

忽然間參一步心中大喜，不歸有不歸無我是眞空。
娘是我我是娘本來無二，裡頭空外頭空我是眞空。
受苦惱到這裏纔知是我，到這裡認得我我又拘心。
拘得我不自在心中煩惱，行一步掃一步不得縱橫。

不執著於有，不執著於無，人的本心就是眞空法性。我是眞空，是將我與眞空合爲一，我是無限存在的我，我是眞空的我，如此的頓悟，應該可以解脫輪迴了吧？爲何羅祖還要再參一步呢？這是進一步的再思維，原來「我」的無限存在，也是一種障礙，因爲企圖使自己無限存在，便落入一種拘心裏。也就是說：當了解我是眞空的當下，應該去除我的存在，即是去除我就是無限的念頭，如王源靜補註云：「纔知是我，雖知空性眞我，又被我之一字所拘，亦卽冰消未盡，滓汁猶存，心中還有一物，隱隱相似，故曰拘心，豈不煩惱。」

頓悟虛空的進程，存在著許多的障礙。其中最大的障礙是有無的超越，如何才能不受有無的干擾，而能眞正的心空，又無內外的差別相。在正信除疑卷第二十一品「不執有無心空品」專門討論到這個問題：

如何是心空，無生死無輪迴，無有一切相，無八苦無三關，無來無去，無有一物，便是心空。靠著主人無量壽，算來都勝別思量。但有思量，便有生死……人法雙忘萬事休，香爐無火冷颼颼，一聲崩出遼天月，照了乾坤四部州。道果雙忘，無諍第一，東西南北，不用思量。

羅祖下苦功修道，結果指出修道者要人法雙忘，不可執著於修道，苦用思量，是一無用處，苦心脫輪迴是無法超脫輪迴了生死。因此羅祖感歎：「認得我我又拘心」，花費如此多時間去思量人類存在的問題，到頭來是一種拘心。

如何人法雙忘，不去考慮存在的有無的問題呢？羅祖從十二參以後，建立其完整的虛空理論。也就是從十二參以後，羅祖不再參究生死輪迴的問題，羅祖另建立其獨特的思維方式。

第三目　頓悟虛空的助力

羅祖對生命存在的澈底頓悟，來自外在的助力，才突破有無的障礙，彰顯縱橫自在的生命本眞，見第十二參「孤光獨耀品」云：

我今參到這裏認得我是眞空法性，又不知縱橫自在，又不知臨危怎麼歸落。生死事大，不肯放參，生死無常呼吸之間，沉淪之苦，如何躲避。晝夜煩惱夢中哭痛，驚動虛空老眞空，發大慈悲光，從西南放道白光，攝照我身，夢中攝省、省過來煩惱未止。朝西南端然坐定，忽然間心花發朗，心地開通，洞明本地風光，纔得縱橫自在，纔得自在安穩。

這一段文字是羅祖十三年苦功悟道中，最重要的記錄，表達其頓悟的狀況與悟道的現象，也是最難解釋的一段文字，若未能掌握其中字意的眞象，恐怕會有歧出的誤解。其中較重要的名相有三：

一、虛空老眞空

羅祖謂夢中哭痛驚動「虛空老眞空」，照句型分析，虛空老眞空應該是個實象，是實象才能被驚動。但是王源靜補註則不認爲是實象，其解釋爲：「驚醒觸動安靜虛空，是爲踏翻寂滅場，打破虛空窟。虛空既破，方顯空而不空，名曰：老眞空。所謂聖賢出世，悟道證眞，起教有端，事必有理，權實相應。言其不空之眞空者，不出悲智行也。」虛空無邊無際，何來「打破」一詞，又如何云：「虛空既破，方顯空而不空」虛空破了，怎會出現空而不空的老眞空呢？

「虛空老眞空」應該是一個擬人化的名稱，將哲理化的名相如道、虛空等詞加以具體落實，如在正信除疑卷第十二品曾引太上清淨經云：「大道無形，生育天地；大道無情，運行日月；大道無名，長養萬物。吾不知其名，强名曰道。」但是到了羅祖以自己的語言表達時，已稍有走樣，見破邪顯證十五品云：

古者長生他爲主，運行天地一氣生。運行四季一氣發，三千大千一氣行。
運行天地無暫息，如雞抱卵養衆生。天地乾坤道執掌，十方萬物道孳生。
大道無形生天地，運行日月佛神通。

這一段韻文中，道的意念已逐漸被形象化，「他爲主」、「道執掌」、「佛神通」蘊含著一個超能力的主宰觀念。

在正信除疑卷出現「無極聖祖」一詞，將無極的觀念擴大，塑造出權威萬能的神祇形象，較具體的說法，見第五品「無極化現度衆生品」云：

無極聖祖大慈大悲，恐怕衆生，作下業障，又轉四生六道，不得翻身，故化現昭陽寶蓮宮主，太子歎退浮雲，一切雜心，顯出眞心參道，究這本來面目，出離輪迴生死苦海。

無極聖祖據王源靜補註，以爲是諸佛的本源，衆生的慈父，於是相當於虛空，或者具體說明，相當於諸佛法身或無極法身。虛空轉化爲無極聖祖，有羅祖的教義推理基礎，在下一章再詳述之，本節僅說明由虛空落實到無極聖祖或虛空老眞空，是其頓悟的最大助力，亦卽頓悟，須由權威萬能的主宰，加以協助，才能眞正解脫。

二、西南放道白光

「從西南放道白光」、「朝西南端然坐定」，「西南」這個方向代表了何等意義呢？據王源靜補註，有二種說法，一爲西南代表一種智境，因爲西方兌宮屬金，表乎實性，南方離宮屬火，虛而但明。

另一爲西南代表人的本性，因爲西南位本屬坤，坤者地也，羅祖夢醒頓悟自己本地風光，非有一西南外境。

「白光」的意義又如何呢？王源靜補註也有二種說法，一指白爲衆色之正，人性爲萬善之宗，光能爍破諸暗，斷惑證眞。一指此光非外在光芒，而是廓然夢見光現，見上見人，親見自己，也就是說白光是如來心的顯現。

王源靜在解釋羅祖字詞時，加上許多抽象的哲學理念，不一定是羅祖的原意，可由該參的十字韻文得到信息：

老眞空發慈悲夢中光見，夢中裡放白光攝省己身。
正哭著光攝省煩惱不住，省過來止不住眼淚紛紛。
不由得朝西南端然坐定，忽然見心花現體透玲瓏。

羅祖的體透玲瓏，是借白光的助力而達成，而且說明此一白光，若無自己端坐心靜，相互配合，是無法頓悟，來消除一切存在的障礙，故蘭風頌曰：「超然起處見元人，端坐西南莫認眞，夢裏見光光是境，心中頓悟悟無生。」以外在的助力導引內心的頓悟，是羅祖體會虛空的方式。

三、洞明本地風光

前一節「西南放道白光」是說明助力的方式，這一節繼續說明助力的效果。什麼是本地風光，羅祖在深根結果卷第二十四品云：「忽然頓悟本地風光，本來無有一物，都知過這些本來無有。」又云：

「我今已得安身處，萬法皆空獨爲尊。我今已得安身處，本無一物獨爲尊。」本地風光是指生命安身立命的處所，而這個處所又是萬法皆空，心無一物，萬境光中，獨自爲尊，故該參的十字韻文云：

渾身上透玲玲無有遮擋，行與坐坐與臥自在縱橫。

心頭空無一物無有遮擋，六座門常出入放大光明。

本地風光就是指惑業消盡，煩惱頓除，無明俱破的生命本性，而這個本性的特質是無物無遮的眞空狀況。

羅祖經由虛空老眞空的助力，達到人法雙忘的境界，洞明本地的風光，是羅祖思維進程中，最重要的一環，若忽視此一過程，直接接觸羅祖的虛空思維，就會格格不入了。因爲羅祖的虛空觀念，並不完全是哲理冥思，其中大部分是宗教信仰，信仰的現象，往往必須先肯定一些基本假設，透過此一假說，再拓展其教義體系。

第四目　虛空境界的妙用

自第十三參起，羅祖十三年的苦功才算完成，羅祖自云：「我今參到這一步地，纔得自在縱橫，裡外透徹打成一片。」最大的效果則是超越生死輪迴，見十字韻文云：

有一日大限到離了四相，又不來又不去靠定眞空。

有一日四大散縱橫自在，又不來又不去遍滿十方。

有一日四大散眞人不動，又不來又不去顯大光明。

有一日四大散不是佛祖，不是佛不是人都是虛名。

第十三參的十字韻文僅此八句，說明參悟到此一境界，可以遠離四相，無生無滅，縱橫自在，其中最大妙用就是又不來又不去，不必再為生死輪迴苦著急。最後二句為何說「不是佛祖」、「不是佛不是人」呢？據王源靜補註云：「修行之人，都要成佛作祖，如何又說不是佛不是祖。師曰：父母未生以前，元無一物，原無佛祖，原無我人，只因生斷間，權且立假名，若有成佛位，生死依然在。」卽羅祖認為修行的目的，不在於成佛位，只求生命的逍遙自在。

第十四參「威音已前品」進一步從本無成佛位，本是自在無名處，說明虛空的妙用，見十字韻文云：

想當初無天地無有名號，本無成亦無壞不減不增。

太虛空無名號神通廣大，太虛空生男女能治乾坤。

太虛空不動搖包天裹地，太虛空變春秋五穀能生。

太虛空穿山海泉水常湧，誰知道太虛空好個能人。

化菩薩廣無邊虛空能變，有陰陽和日月虛空能通。

誰知道太虛空神通廣大，他是我我是他一體虛空。

又無修不是仙不是佛祖，除虛名一步地自在縱橫。

這一段話的重點，在說明虛空的神通廣大，領悟到虛空化作萬物的道理，故云：「太虛空好個能人」，能由無有化生萬有，創造宇宙萬物。但是羅祖的太虛空不是基督教創生萬物的上帝，因爲他的結論是：「他是我我是他一體虛空」，虛空不是離開我們高高在上，虛空就是人的本性，虛空是向生命本眞探求，不必向外求覓，不必爲了成仙成佛去修行，一切都是自我本眞的逍遙自在。

由虛空印證人性本眞，於是有「眞身」一詞的建立，眞身代替虛空，也成爲宇宙萬物的本源，見於第十五參「道無修證品」云：

行也參坐也參不肯放捨，纔認得男與女不壞金身。
這眞身男女根諸佛身體，這眞身天地根本來無踪……
這眞身無男女能生男女，這眞身無天地能有乾坤……
這眞身地動搖神通廣大，誰知道天地動佛得神通。

有關眞身的解釋，王源靜認爲眞身就是道的本體，所以無物不稟道生，無物不稟道化。事實上，眞身是與人的假身相對，又不是靈魂，靈魂有生滅，而眞身不生不滅直接證應虛空，也可說是神通廣大，與宇宙萬物合爲一體，故蘭風頌曰：「眞空大道卽眞身，變化無窮萬物根，萬象森羅同一體，四生六道共元神。」

眞身卽是虛空，化生萬物，所以第十六參爲「混元一體品」進一步說明森羅萬象都是一體，乾坤裏外都是一家，唯有證得眞空法，就可以直入虛空，求得本性：

有人曉得眞空法，十八地獄化天堂……有人曉得眞空法，本性就是法中王。

眞空法又稱爲無爲法，是羅祖教義的主要部分，於下一章再詳細說明。

第十七參「樂道酬恩品」卽順著眞空法，說明了先天一氣的妙用，先天一氣卽是本來面目，也卽虛空，但是由於迷失了先天一氣，才有生死輪廻：

無量刼迷失了先天一氣，四生裡受苦惱直到如今。
想起來離家鄉萬萬生死，思量起生死苦膽戰心驚。
只今番纔認得先天一氣，來處來去處去葉落歸根。

「家鄉」也是羅祖的主要教義之一，家鄉是眞身的歸宿，宇宙萬化的源頭，認得先天一氣，就要回家鄉常住，永脫輪廻。回家鄉就是悟得眞身的主要目的，故云：

離家鄉在苦海萬萬生死，我如今到家鄉永不輪廻。
到家鄉極樂國長生不老，不强如在苦海九死十生。
到家鄉極樂國縱橫自在，不强如入輪廻偶死偶生。
到安養極樂國眞人聚會，不强如在苦海件死骷髏。

虛空無邊無際，那來家鄉的存在，這種思惟似乎不合邏輯，所以到了第十八參「唱演眞乘品」，又把家鄉的觀念寄托在靈光本性。

羅祖强調人類本性的靈光，就是家鄉，故云：

這點光就便是西方淨土，這點光就便是極樂安養。
這點光就便是華嚴世界，這點光就便是古佛家鄉。
這點光就便是諸佛聚會，這點光就便是不壞金身。

虛空境界的妙用，不僅在生化萬物，神通廣大，解脫生命輪廻罷了。虛空境界是人性證眞的本源，透過靈光的自覺，便能照見西方淨土、古佛家鄉與生命的不壞眞身。

體會生命靈光的自在自足，卽是虛空最大妙用，故云：「這點靈光四大分張，不生不滅照徹十方。這點靈光四大分張，神通廣大不分思量。」肯定本性的靈明自覺，是一切生命的本源，因此唯有透過自性的修養，才能默契道妙，由天道以立人極，所以虛空也好，無極也好，最後經由眞身、先天一氣的思考，回歸到人類本性靈光的自覺。但是値得注意的是，在羅祖的思惟過程中，似乎未提到生命的本眞的道德意義，亦卽本性的存在，是冥冥存在的，所謂自性的修養，只是悟道的解脫，未落實到人性道德的實踐，由這一點可以了解到羅祖的思想與宋明儒學完全不相契，亦卽是羅祖只是借用當代形上思考的名相，建立其宗敎的信仰內涵。同理，羅祖的思想與佛敎、道敎等敎義的形上理論也不相契合，與佛敎的「眞如」，道敎的「道」，表面似是，實質則非。其最大差異處在於羅祖重虛空的妙用強調生死的解脫，使得本性的靈光隱晦而不顯。

從羅祖十八參的思惟進路中，顯示羅祖對生命解脫的渴望，表達出民間百姓契求永生與逍遙自在的一種心靈夢想，以及亙古以來百姓的宗敎情懷。

【附註】

註一　李守孔的「明代白蓮教考略」（文史哲學報第四期）第一五四—一六二頁。

註二　如至正二十六年（西元一三六六年）明太祖討張士誠檄文云：「不幸小民，誤中妖術，不解其言之妄誕，酷信彌勒之眞有，冀其治世以蘇困苦，聚爲燒香之黨，根據汝潁，蔓延河洛，妖言既行，凶謀逆逞，焚燒城郭，殺戮大夫，荼毒生靈，無端萬狀。」（明朝小史）

註三　大明律禮律祭祀篇對於告天拜斗、師巫邪術、造妖書妖言等多受限制，也波及一般宗教信仰，如云：「若有官及軍民之家，縱令妻女於寺觀神廟燒香者，笞四十，罪坐夫男，無夫男者，罪坐本婦。其寺觀神廟住持及守門之人，不爲禁止者與罪同。」

註四　楊啓樵的「明代諸帝之崇尚方術及其影響」（收入「明代宗教」）頁二一七—二五〇頁。

註五　參閱本書第五章第二節。

註六　參閱李劍農的「宋元明經濟史稿」，全漢昇的「中國經濟史研究」，鄭合成「中國經濟史研究」。

註七　酒井忠夫的「中國善書の研究」第二章第八十五—九十三頁。

註八　朱倓的「明季杭州讀書社考」（收入明史研究論叢）第三四七—三七二頁。

註九　胡應麟的「經籍會通」云：「今海內書凡聚之地有四：燕市也、金陵也、閶闔也、臨安也……」俞樾的「茶香室續鈔」云：「今算妖書八百餘字，與工銀費相同，按此知明時刻書價値至廉。」

註一〇　續通考云：「洪武八年正月詔天下立社學，詔曰：今京師及郡縣皆有學，而鄉社之民未睹教化，有司其更置社學，延師儒以教民間子弟，導民善俗，稱朕意焉。於是鄉社皆置學，令民間子弟兼讀御製大誥及本朝律令……弘治十七年令各府州縣訪保明師，民間幼童年十五以下者，送社讀書，講習冠婚喪祭之法。」

註一一　民間善書思想是道德觀念與功利結合的產物，參閱唐君毅的「事勢之理在中國思想史之地位及三百年來之中國哲學」（收入中國哲學原論原教篇）第六九〇頁。

註一二　宗教有三個功能：生存的功能、整合的功能、認知的功能，詳見李亦園的「信仰與文化」第三十三頁。

註一三　參閱本書第七章。

註一四　莊吉發的「四海之內皆兄弟─歷代的祕密社會」（收入中國文化新論社會篇）第三〇八頁。

註一五　參閱本書第四章第一節。

註一六　宇宙的緣起，是形上學的問題，大致上可分成「有」與「無」兩種判斷，詳見唐君毅的「哲學概論」第三部天道論─形而上學，第六九五頁。

註一七　有關金剛科儀一書成立的年代，據吉岡義豐在「銷釋金剛科儀の成立について」（收入宮崎圓遵二博士華甲記念特集）一文中，認爲金剛科儀是在南宋理宗淳祐年間（西元一二四一─一二五二年）的作品。

註一八　此一段引文見於六祖壇經機緣品第七，但並非全文引出，是擇要的加以連貫在一起。

註一九　有關禪定法的詮釋，根據蔣維喬的「佛學概論」第七十三頁。

註二〇　黃公偉的「道教與修道祕義指要」第六八八─七一一頁。

註二一　宋代理學的發展，人性論逐漸與宇宙論相配合，其中以周敦頤最爲明顯，其「太極圖說」透過無極來含融人性，如通書誠幾德第三云：「誠無爲，幾善惡。德愛曰仁，宜曰義，理曰禮，通曰智，守曰性。性焉安焉之謂聖，復焉執焉之謂賢。發微不可見，充周不可窮之謂神。」

第四章　羅祖的思想體系

由前一章羅祖思維進路的追溯中，發覺羅祖雜揉了傳統的文化理念，發展出民間的宗教信仰，就教義廣度與深度來說，經不起嚴格的邏輯辯證與義理的審核，似乎不太嚴謹而又錯漏百出。因此有人懷疑：羅祖的五部六册稱得上是思想的作品嗎？羅祖的言論足以構成一完整的思想體系嗎？

由哲理的角度評定羅祖思想，必因其功利思考形態，降低其自主性與思想的完整。但若由文化的層級性（註一）加以反省，俗思想的觀念與理論有待建立，以別於理想性的哲理思想。所謂俗思想即民間的通俗思想，屬於社會具體運作下，與大多數人生活關連在一起的價值意念，它是實然的存在。猶如俗文學與文人文學的差別，俗文學必然不符合文人文學的標準，但是俗文學表達了社會中某種層次的藝術表現，有其特定的功能與價值；同理，俗思想必然不符合哲理思想的標準，但是表達了部分社會大衆的共同心聲，有其存在的時空意義，在時間上表達當代民衆意識的共同傾向與人生觀念，在空間上是某一地區在某種教化下的關連產物，透過這一類的產物可以了解民族文化的本質及其發展的趨勢。

俗思想的價值是基於社會文化的反省，企圖探究非知識分子所表達出一種通俗理念，以及這一種通俗理念在其生活習俗之中所具有的影響力與流行性。羅祖的教義體系雖可稱爲羅祖個人經過思維的創作，但是牽連到當時通俗文化的流行走向，有其特定的時空關係，絕非是毫無歷史淵源的個人作品。因此釐清羅祖的思想，爲他架構思想體系，是基於社會文化研究上的需求，非在於建立完善的哲理與嚴謹的結構。

本章將羅祖的思想與教義作系統性的分析，分成四節，第一節探討羅祖功利思想的意識型態，分成三小目：三教合一觀、宇宙緣起觀、生命自性觀。第二節探討羅教至上神無極聖祖的內容。第三節探討羅教的宗教樂園及信仰的目的。第四節探討羅祖修行的無爲法。以上四節是羅祖的教義思想與無生老母信仰的基本內容。

第一節　功利主義的思想型態

就社會結構而言，文化有其必然的層級性，傳統社會中士的文化理念與其他農工商的風俗習慣必然不同，就如今日的知識分子與其他社會大衆在觀念上與行動上有許多明顯的差異。僅由宗教現象分析，個人由原始生命衝動所發出的宗教性行爲，與由文化生命所發出的宗教性行爲是有很明顯的層級性存在。比如，在中國的教化思想上，早已將遠古的原始宗教信仰轉化成道德意識，經由儒學的傳播，成爲中國文化的特質；但是另一個層面的社會大衆依舊保持著一些古老的原始宗敎信仰，洋溢著巫術的神媒活動與精靈崇拜。當然還存在一些中間層級的人，企圖將理性的敎化散播進入廣大的社羣，因此基於現實的需要，文化生命又往往與原始生命混融，形成一種能被鄉土百姓所接受又似乎隱含著高度精神智慧的民間文化或民間思想。

所謂民間文化，係指代表文化生命的正統學術在社會上被消融與吸收，產生一套社會族羣的人生觀與文明表現，構成社會大衆的生活模式，決定社會文化的歷史走向。此民間文化的形成有一實在的基因，即扣緊在社會生活的眞實體驗，以如何因應實際的人事環境作爲思想的核心，開拓而出的文化現象。因此往往基於個人與社會的相關性，將理性文化扭轉爲適應現實生活體驗的功利思考途徑，使得文化的內涵，能具體有效的穩定民心與社會秩序，不僅不受到民間意識的排斥，反而能普遍的流傳與散播。

所謂功利思考，係指未深入體會先哲們透過深刻內省和實踐所證悟的高度精神智慧，基於實際利益的需求，移轉哲人智慧，利用其語言與觀念，擠壓出一種似是而非的文化理念與生活態度。也就是說高度的理性文明與民間生活體驗相互驗證混融而成的一種文化現象，這種文化現象可以撫慰百姓心靈的空虛，指點具體事象的共同行動標準，但已非是傳統理性文明的精神所在。

由羅祖的五部六册，透過前一章羅祖思維進路的探索，很明顯的指出羅祖思想有儒道佛敎化相互雜揉的色彩，廣泛運用當代宗敎的敎義與形上的思考，但是其所面臨的主題只是解脫生死的功利途徑，因此原本表現出中國思想特性的天人宇宙觀，失却了儒家的道德，道家的道體，佛教的眞如等超越無限的人性光輝，而被牽繫著人格神的想像，連鎖著解脫生死的功利酬報關係。但是表面卻在其文字語言上大量地引用三教名相，歌誦其崇高的價值意義，若未深入探求其思想背後的功利精神，往往迷惑於其文意的假象，容易僵化叩求存在眞理的心靈，又特別容易將人本精神移轉向對人格神的祈求。但是鄉土百姓，知識水準偏低，宗教性格濃厚，透過這一類的通俗教化，反而在他們勞力的苦楚中昇起了文明的榮耀，在平凡的人格中涵歛著修身養性的宗教情操。

在前一章裏，受到篇幅的影響，僅說明羅祖的思想有濃厚的功利色彩，未詳細說明羅祖思想與傳統教化之間的關係。羅祖如何由三教的思想精義中，導入功利主義的實際運作。爲本節探論的主題，分成下列幾個小項敍述之。

第一目　羅祖的三教合一觀

錢穆在「說良知四句與三教合一」（註二）一文對明代學者三教合一的言論，曾贊歎著說：「夫範圍三教，融通歸一，豈非學術界一大業，思想界一大事。惟其言思意境，必能卓乎有以超乎三家之上，乃始可以包絡乎三家之外，而後三家之異同乃可融會消攝於我範圍之內，而俱以爲我之用。否然者，隨順含糊，管攝不住，終必決裂以去。抑且自亂本宗，精微昧失，粗迹流傳，其害不可勝言矣。」錢氏的這一段話用來詮釋羅祖的三教合一觀恰到好處。首先羅祖在三教之上，建立一個超乎三家，且包容三家的宇宙大道。然而羅祖對此「道」的詮釋，又與三家不同，非融合而是混雜，失却三教的精微博通，只是世俗地拼湊而成，雖類似三家，卻又不能爲三家思想所含攝。

羅祖的三教合一觀與明代教化有關，尤其明太祖頒佈的「三教論」（御製文集）影響深刻，如「三教論」云：

爲前好仙佛者，假之若果必欲稱三教者，儒以仲尼，佛以釋迦，仙以赤松子輩，則可以爲教之名，稱無瑕疵。況乎三者之道，幽而靈，張而固，世人無不益其事，而行於世者，此天道也。

又云：

嘗聞，天下無二道，聖人無兩心，三教之立，雖持身榮儉之不同，其所濟給之理一，斯世之愚人，於斯三教，有何不可缺者。（註三）

明太祖的三教論，即是由「幽而靈張而固」的天道處加以滙通，故云：「天下無二道，聖人無兩心」三教皆是助天道教化，故道理同，可以混合爲一。

羅祖對三教思想的抉擇標準，類似「天下無二道，聖人無兩心」的觀念，以爲三教思想是同一源流，眞理是相互會通，如在破邪顯證卷第一品云：

一僧一道一儒緣，同入心空及第禪。似水源流滄溟瀇，日月星辰共一天。
本來大道原無二，奈緣偏執別談玄。了心更許何誰論，三教原來總一般。

有關僧道儒三教的關係，王源靜補註進一步引申說：「一僧者表禪流，一道者表玄化，一儒者表理性。

前以釋迦老子仲尼俱出周時，以扶國化，三聖雖無面會，則文異理同。近來敎化凌夷，風俗頹敗，僧有僧緣，道有道緣，儒有儒緣，各懷異見，各說因緣，不觀理性，互相是非也。同入心空及第禪者，道言心空，儒言及第，佛言禪那。大抵言及弟者，令人修身；言心空者，令人忘情；言禪那者，令人見性。若人身心情性，俱以潔白無礙，一相無二，猶如萬派同源，水性無異。」三教各顯眞理的一面，因此羅祖認爲了明心法，三敎同源又何必相互爭論呢？

「本來大道原無二」一句似乎說明，在三敎之前本來已有「道」的存在，三敎只是解釋「道」而已，如此的解釋雖然能把握道的主宰性，但是將「道」的內涵，賦予新的解釋，已非三敎的原本觀念，如深根結果卷第十一品云：

未有三敎先有道，大道原是主人翁……未有經書先有道，大道原是主人翁。

深根結果卷第六品云：

未有經書先有性，今朝如何不承當。未有三敎先有性，今朝如何不承當。

深根結果卷第八品云：

未有三敎先現成，今朝如何不承當。

破邪顯證卷第十八品云：

未曾初分先有德，無有三敎德在前。

破邪顯證卷第二十三品：

想當初無三教先有本體，想當初無經書先有吾身。

正信除疑卷第十七品：

未有天地先有此光，未有三教先有此光。

羅祖三教合一觀，事實上是指三教同源，以為三教有一共同來源，此來源有時稱「道」，有時稱「性」，有時稱「德」，或又稱「現成」、「本體」、「此光」，皆認為在三教之前已有大道存在，三教只是順著大道作理論的描述，因此羅祖云：「未明人妄分三教，了得的同悟一心。」（正信除疑卷第四品）認為三教的名相雖然互有差異，體悟的大道的本質是相同如一。

追溯到三教之前有一大道存在，再由此大道作悟道的推論時，已與三教無涉，因此羅祖反對執著於三教經書，應該直證本心，故云：「三教經書色相法，凡所有相皆虛妄，要見諸相無一物，覺照自己見如來。」（破邪顯證卷第八品）又云：「三教經書是萌芽，自知萌芽不知根。自知萌芽不知根，都是迷悶不知恩。」（深根結果卷第十七品）羅祖所見的三教本源是什麼呢？據破邪顯證卷第十六品云：

自己元是金剛眼，三教元是自家人，大道元是自家人，認得自己一體空。

三教之前有一大道，而這個大道又是無一物，又是一體空，是無是空，却又要照見自己見如來，牽涉到羅祖虛空的宇宙緣起觀。但是羅祖在正信除疑卷第十品云：「不是無極神通大，三教聖人那裏來？三教經書那裏來？」似乎在三教的源頭上樹立了一個人格化的至上神，將所有「道」的特性全部由此神所承當。人格化的至上神隱藏著人對神的企求，接近於功利主義的思想形態，與三教的宇宙理論有很大的區別。有關此一論點，於下列幾節再詳述之。

第二目　羅祖的宇宙緣起觀

前一章第三節第一目簡單介紹羅祖虛空的宇宙觀，僅提到此一虛空觀，受到佛學性空與玄學本無的影響，而未進一步作論證，故本節探討羅祖虛空觀與儒釋道三家的思想淵源，一方面補充前文論證的不足，一方面說明羅祖虛空觀的義理結構。

宇宙係指時空的存在，莊子庚桑楚篇云：「有實而無乎處者宇也，有長而無本剽者宙。」淮南子原道注文云：「往來古今謂之宙，四方上下謂之宇。」宇宙是指時空無限連續，因此宇宙如何緣起是哲學與宗教所面臨的課題。羅祖以虛空爲宇宙的緣起，虛空一詞，據中阿含經卷五十云：「此虛空，非色，不可見，無對。」是指無限存在的空間，類似希臘哲學家所謂「虛空」（Vacuum）與「盈滿」（Plenm）的空間相對觀念（註四）。羅祖所謂虛空，不單是無限空間義，實包含有道佛兩家的宇宙觀，來源相當的複雜。

儘管道佛兩家宇宙論各自有許多的論證系統，但是在宇宙本源上都認爲有某種事物是絕對的、形而上的，而且是永恒的、全能的和無所不在的完美無缺與圓滿自足的「道」，這個道，道家稱無，佛家稱空，以爲宇宙成因是無因的。羅祖將這個宇宙本源稱爲虛空，兼有道家的無與佛敎的空之內涵，實受當時中國本土宇宙論的影響，承續傳統文化的理念，建立屬於宗教信仰的神學理論。

羅祖的虛空觀，受到老子道德經、太上清靜經與太極圖說的影響，建立由無生有的創生理論。五部六册引上述三書的本文不多，茲條列於后，明其彼此間相互的關係：

引老子道德經雖有多處，只有一條見於老子書，即破邪顯證卷第十五品引老子第一章云：「無名天地之始，有名萬物之母。」引清靜經者有三小段，亦見於破邪顯證卷第十五品，詳列於后：

(一)大道無形，生育天地；大道無情，運行日月；大道無名，長養萬物。吾不知其名，強名曰道。

(二)既入眞道，名爲得道；雖名得道，實無所得；爲化衆生，名爲得道；能悟之者，可傳聖道。

(三)衆生所以不得眞道者，爲有妄心；既有妄心，即驚其神；既驚其神，即著萬物；既著萬物，即生貪求，既生貪求，即是煩惱；煩惱妄想，憂苦身心，便遭濁辱；流浪生死，常沉苦海，永失眞道。眞常之道，悟者自得，得悟道者，常清靜矣。

羅祖在深根結果卷第十七品，只云：「太極圖說」作證，未引全文，王源靜補註將周濂溪的太極圖說全文引出，並作疏講。今僅錄羅祖綜合前人之言論的一段文字作參考：

未有天地之時，混沌猶如雞子，溟涬始芽，鴻濛滋萌。太極源函萬物爲一，太極是生兩儀，兩儀生四象，四象生八卦，八卦爲乾坤。理即是道，道即是理。理即是善，善即是理。理即是太極，太極即是理。太極即是善，善即是太極。未有天地，先有太極。

由前幾段引文，可以了解大道是創造宇宙萬物的歷程。道是無形無相，寂然不動，又稱無極，無極是宇宙本源精神的潛能，其動就爲太極，是本源精神的力能表現，太極動則生陽，靜則生陰，分陰分陽，兩儀相立，二儀生四象，即太陽、少陽、太陰、少陰，四象生八卦，規劃出宇宙萬物生成的道理：陽施陰受，天地交泰，五行合運，氣化形生，萬物繁興。所以老子第四十二章亦云：「道生一，一生二，二生三，三生萬物。」萬物的形成是由無形質的道衍化而生，宇宙的緣起即由無形無象無限存在的道妙動而生。

太上清靜經是道教較爲重要的作品，在明代可能相當流行，所以羅祖才能大量引用，而且一字不差（註五），此現象在羅祖引書中爲較特殊的一個例子。這一部書將道教的道，導入宗教的形式，所謂得道、化衆生、傳聖道，建立了一個悟道的宗教體系，所以云：「流浪生死，常沉苦海，永失眞道。」吸收了部分佛教輪廻的觀念，但是在其信仰本質上，仍爲去妄心，保持心的虛無性，完成天人一體的頓悟，永保心靈的清靜。將虛無理論導入宗教信仰，對羅祖影響很大。如深根結果卷第十七品云：

大道無邊是太極，虛空本是無極身。未有天地先有道，大道本是無極身。
混沌爲一是太極，自知萌芽不知根。天地日月是萌芽，自知萌芽不知根。
自知萌芽不知根，都是迷悶不知恩。

前五句描述大道的虛空狀況，大致上還是道家的哲理範疇，後五句則有問題，尤其「都是迷悶不知恩」一句，與「無」的觀念大異其趣。宇宙的本源是無因超越心物之外，何來感恩圖報的庸俗理念。前引詩續云：「八卦乾坤是萌芽，自知萌芽不知根，自知萌芽不知根，都是忘恩背祖人。」原來在無極處有一推動宇宙的創生者，唯有悟道方能報恩於此一創生者。

無極與至靈神的配合，是相當弔詭的命題，在本質上相矛盾而又要相互統一。這種弔詭的存在，正表現鄉土百姓在兩難命題下的妥協性格：一方面企圖保持著原始宗教精靈神的崇拜，一方面又要吸收傳統文化中崇高的哲學理念，以提昇民間的文化水準。這種現象與宋代的「太上感應篇」相類似（註六），太上感應篇將力行各種善事的道德力量，與上天有善惡賞罰的神明力量相結合，使道德導入「功利」的途徑，也就是個人完成道德行爲，是基於善惡報應的考慮，或個人趨福避禍的心理。同理，羅祖要求悟道，了解虛無的主題，是基於了結生死的考慮，以求精靈神賦予神通，安頓靈魂永恒的存在。這種現象，是俗思想的特色，也是鄉土百姓安身立命，承續人文精神的一種方式。

羅祖的虛空觀主要還是受佛教教義的影響，而功利主義的考慮，是其轉化佛教思想的基因，舉深根結果卷第二十四品的一段文句來作說明：

四大假合，地水火風聚，喫著米穀，久後歸土，涕唾痰沫歸於水。動轉運行是風聚成四大，臨危歸於風，渾身煖氣原是火臨危散了歸於火。地水火風聚成四大，臨危地水火風，還歸地水火風。上太人丘乙巳，自己眞身，永劫不壞。山河有壞，這個安寧，無來無去，耀古騰今，古今也無，自己常存，這便就是上大人丘乙巳。

佛教虛空的主宰，是心性的定與慧，由「諸法緣生，緣生虛空」表現宇宙創生的原能。但是羅祖是爲了永劫不壞，才去叩求心性的常存，終究與佛理不相應。

另外在破邪顯證卷第十品，詳細說明虛空的妙用及其功利式的修行法：

> 道性如虛空，不增不減。不增有，不增工夫，虛空不沾有。虛空不沾土，虛空不沾業；虛空不沾天，虛空不沾地；虛空不沾垢，虛空不沾淨。虛空不沾地獄，虛空不沾僧俗，虛空不沾萬物。刀不能斫，箭不能穿，雨洒不濕，火燒不著。早晨得正法，不怕晚夕回，踏破鐵鞋無覓處，算來不索用工夫。

虛空妙用無窮，含有萬物無限的生機，因此其生化作用，無形可見，無跡可求。羅祖也本於此種意念，強調虛空，「無來無去」、「不增不減」以爲道的生化作用，非出於神明的意志，而是自然的發抒，無窮的創造。但是羅祖借用佛教「四大」的觀念，說明山河的有限性，以顯現自己的眞身永劫不壞，對照性的比較，彰明羅祖追求生命眞正解脫的機心。若爲了永劫不壞才去追求「自己常存」的道，明白本性的無窮，是功利心的表現，非虛空的精神，亦非佛理的精義。強調虛空的妙用，其心理也是如此，所謂「刀不能斫，箭不能穿，雨洒不濕，火燒不著」是功利式的引誘，特意地標明其萬能作用，也就減低了虛空的奧義。

無是絕對的無，不與「有」相對照，若標舉「無」，只是抨擊「有」的存在，此「無」僅是「有無」的無，而非絕對的無。老子四十章：「天下萬物生於有，有生於無。」無能生有，這個「無」，即是絕對的無，稱爲無極，是萬象的本源。無極生天地養衆生，是虛無的妙用，呈顯萬物的生滅變化。人秉無極化生而得有其「性」，這個性正如羅祖所說「道性如虛空」不沾有不沾空，超越存在而又靈明自覺，然而羅祖有了「山河有壞，這個安寧」的念頭，則已沾有沾空，如何超越存在呢？

第三目　羅祖的生命自性觀

前引文云：「踏破鐵鞋無覓處，算來不索用工夫。」肯定人性可以溝通宇宙的虛無，同爲生化的本源，因此人的本性也是永恒無限生發萬有的虛空。所以羅祖常云：「本性相連太虛空，本性就是無極身」（正信除疑卷第十一品）、「人人本來面目眞無極圓身，裏外相連太虛空」（歎世無爲卷第一品）、「本性就是諸佛法身，諸佛菩薩原歸一體」（破邪顯證卷第三品）、「不歸有不歸無我是眞空」，「裡頭空外頭空我是眞空」（苦功悟道卷第十一品）。因爲本性就是虛空，故不假外求，直指本心，即可相連太虛空，表現出圓融無礙天人合一的妙化世界。中國天人合一的人性觀由來已久，如易經乾卦即已表達如此思想：「大人者，與天地合其德，與日月合其明，與四時合其序，與鬼神合其吉凶，先天而天弗違，後天而奉天時。」立人極以契合天命，與造化同工，甚至以爲萬化由我而出，我性與虛空混然一體。

儒道佛三家在宇宙論上同是以無因爲因，在人性論上雖然方法各自不同，對於人性契合天命的源頭處則相類似，宋明儒學在宇宙論與人性論的闡述，發揮前人精義，敍述更爲完備。如邵雍云：「宇宙在乎手，萬化在乎心，萬化自我出，自餘復何言？」（觀物外篇）張載云：「由太虛，有天之名；由氣化，有道之名；合虛與氣，有性之名；合性與知覺，有心之名。」（正蒙誠明篇）程伊川云：「

在天爲命，在義爲理，在人爲性，主於身爲心，其實一也。」（程伊川遺書卷十八）陸象山云：「萬物森然於方寸之間，滿心而發，充塞宇宙。」（象山全集語錄）朱熹云：「性則心之所具之理，而天又是理之所從以出者也，人有是心，莫非全體。」（四書集註孟子盡心知性知天的注文）羅祖撇開前人的道德觀，純粹斷章於宇宙與人性的關係，取其人性無限開展之義，以爲本性就是虛空的化身，強調裏外皆空的頓悟工夫。

人性由虛空而生，是否復歸虛空而滅？老子第十六章云：「夫物芸芸，各歸其根，歸根曰靜，靜曰復命，復命曰常。」以爲萬物（包含人性）由無而有，是受天之命而生；由有反無，是復天之命而滅。這是常道，也是宇宙的規律。但是羅祖對老子這種眞常不變的包容性把握不夠準確，故有時云：「不生不滅自現成，自己靈光耀古今。不增不減是現成，古今田地自己人。不垢不淨自現成，自己實地放光明。」（深根結果卷第二十二品）有時又增添佛敎的輪廻觀，感歎云：「浮生四大水上泡，輙死不明墮輪廻。諸行無常此滅了，本無一物快樂多。發明心地無一物，阿耨多羅獨爲尊。三藐永斷生死路，菩提自在得縱橫。」（破邪顯證第十一品）心地無一物即是虛空的存在，「空」能生「有」，故云大放光明，但是「有」也歸「空」，何必強調永斷生死路呢？又何必自在縱橫呢？一切無生無滅，回歸自然，才是虛空的本意。可知，羅祖的「空」，是一種名曰「空」的「有」，亦即以「空」或「無」爲名的「有」，因爲有這種「有」的存在，才能化除人生輪廻的災難。

羅祖以「空」爲名的「有」，在五部六册裏處處可見，如歎世無爲卷第十一品云：

想當初無天地原是一體，無量劫失散了今朝相逢。

想生死輪廻苦心中煩惱，這眞身無量樂永無輪廻。

心性與虛空原是一體，不受時空限制，永恒常存的一種規律，是形而上無形無象的超越存在。但是羅祖認爲人性也有形而下，即是靈魂，在人間無量劫生死輪廻。因此羅祖的心性對象有二：一爲永恒常在的眞身，一爲無量輪廻的靈魂，眞身是「無」，靈魂是「有」，靈魂與萬物同，由本體化生以後不斷地在宇宙運轉不息，自始至終，如馳如驟，沒有片刻停留，時時都在變動之中。所謂變動即是生死輪廻，轉四生六道受苦受難，靈魂不斷地常有存在，是人類存在的最大遺憾。以老子的觀念來說，要停止存有的循環生滅，要歸根復命，復還於虛無，也就是體認眞身。這眞身當然是無，可是羅祖借用老子歸無的思想，建立一個名爲「無」的有，所以說：「這眞身無量樂永無輪廻」。企圖無輪廻無量樂，或者爲了心中煩惱，才歸根復命，是一種有爲的心，其歸返的眞身，也必定是有，才能安頓此一有爲的心，滿足人類追求永生的心願，去除輪廻的苦難。

人性怎麼會脫離眞身，在世上沉淪，不斷地生死輪廻呢？此一疑問牽涉到羅祖的創世神話，在破邪顯證卷第二十四品「破乾坤世界連環無盡窮子品」找到一則總共有八十四句的七言詩，詩的內容不僅建立羅祖的創世神話，也架構羅祖以「無」爲名的「有」之思想體系。節錄其中數句：

無極生下天和地，治下天地養衆生。大地衆生爲窮子，著你歸家不信心。

無極元是貼骨親，無極長者想兒孫。大地衆生爲窮子，多劫迷失不認親……

無邊快樂你不去，窮子苦海轉四生。窮子信心歸家去，滿了長者發願心。
大地衆生爲窮子，長者元是古佛身。佛在靈山元是我，識這無生出奈何。
無生便是眞如意，自己元是古彌陀。萬物靈光無極身，立天立地立人根。

所謂以「無」爲名的「有」，是指表面上號稱爲「無」，標擧「無」爲其內在精神，但就其本質而言，又與「無」不太相似，有一個實體的主宰存在。如這首詩云：「自己元是古彌陀，萬物靈光無極身。」說明幽渺本體勢用的無窮，以及個人生命與宇宙相通天地精神相往來的妙靈境界。無極即是此幽渺的本體，羅祖却云：「無極元是貼骨親，無極長者想兒孫。」造化者是不自以爲功的，自以爲功者，必爲一存在的實體。

爲何羅祖要建立一個以「無」爲名的實有宇宙觀呢？大致上與中國本土的思想及其宗教有關，在先秦時代，所謂宗教信仰的「天」已有二種走向，一爲知識分子將人格神的天轉化爲宇宙中生生不已的超越力量，人由體現自我內在的生命，可以完成安心立命的理想。另一方面鄉土百姓，仍將人格化的神成爲其代代相傳的風俗習慣，企圖由神媒的感應，化除生存的困頓（註七）。自唐宋以來，由於教化的逐漸普遍，民間傳統的宗教信仰慢慢轉變；到了明代，皇室教化政策的普遍推行，戲曲以及通俗小說的大量流通，佛道兩教的興盛，宋明理學的大放光采，在原來民間宗教信仰的生態環境裏，注入一股濃厚的人文思想力量，迫使鄉土百姓不得不採用此一思想來安頓原有的宗教理念。因此羅祖建立一個類似「無」的實有系統，是民間通俗思想的進一步突破。支持此一思想成立的動力，則是重視現實生活的功利思考，基於安頓生活的需求，實有的神仍具有無上的崇高意義。因此，羅祖的至上神名曰：「無極聖祖」或「無生老母」，人類的來源與歸宿名曰：「眞空家鄉」，此三個名詞，前二個字「無極」、「無生」、「眞空」即是空靈的「無」，後二個字「聖祖」、「老母」、「家鄉」則是實體的「有」。「有」與「無」兩個境界配合爲一詞，即代表羅祖混合人文精神與宗教信仰的一種溝通方式，這種現象給予一個專有的名稱：以「無」爲名的「有」，或名爲「無」的「有」，別於一般「有」、「無」的觀念系統。這種觀念系統正是下層民衆所表達的一種思維方式，將抽象的哲理趨向於「具象化」的詮釋與發展，透過具體的事物來理解高妙的玄理。

第二節　虛空變化的無極聖祖

前引詩云：「無極長者想兒孫」、「長者元是古佛身」，即無極中有一擬人化的長者，此長者是創生天地的古佛，也是大地衆生的貼骨親。有關此無極長者如何養活衆生，也見於該詩：

天地爲蛋養衆生，都是忘恩背祖人。如雞抱卵養活你，治下五穀你受用。
天爲陽來地爲陰，陰陽二氣養衆生。運行日月養活你，都是忘恩背祖人。
天爲公來地爲母，窮子離家多受苦。治下百味養活你，不信歸家背了祖。

萬物皆由陰陽二氣沖和而化生，故老子云：「萬物負陰而抱陽，沖氣以爲和。」（第四十二章）陰陽二氣在說明宇宙萬物的創生的過程，而羅祖認爲陰陽二氣，以及日月的運行，背後皆有一個主宰加以控制，此主宰爲了養活衆生，才賜下陰陽二氣與五穀百味，人類要感謝「祖」的恩德，必須回歸家鄉，皈依「祖」才得永生。此「祖」不僅養活衆生，也能折磨衆生，故云：「若把陰陽多收了，餓死窮子苦衆生。只爲不信三災起，三災折磨苦衆生……歸家永無三災苦，不信受苦永無窮。」如此，「祖」是權威萬能，也是人類幸福的泉源。

由無極化生萬物的觀念，衍生出造化宇宙萬物的主宰，是將無形無質的虛空，變化成人格神意味，象徵客觀宇宙秩序的統治者。有關此一主宰的形成演變的過程，牽涉到羅祖個人獨特的哲理架構，及其宗教信仰的精神體驗。又其名號主要有二：即無極聖祖與無生老母。試就其名號的形成，探究此一主宰的本質。

第一目　無極聖祖

「虛空老眞空」與「無極長者」二詞，雖在前列引文裏，被用來稱呼宇宙生化的本源，但是這二個詞彙，只是普通名詞，用來描述虛空主宰的狀況，非固定的專有名稱。虛空主宰的正式封號爲「無極聖祖」，首見於正信除疑卷第一品「諸惡趣受苦熬大劫無量品」前之序文：

有一等愚痴迷種，說迷人，飲酒吃肉不參道，也得歸家。迷人終日走著生死之路，又不知安身立命，又不知淨土家鄉，他怎麼便得歸家？無極聖祖見他不參道，臨命終時，著他下無間地獄永轉輪廻，四生受苦不得翻身。

無極聖祖是權威的主宰，可命迷人永下無間地獄生死輪廻不得翻身。同時，無極聖祖也是慈悲救世主的化身，因恐衆生萬劫沉淪，經常托化成各式各樣的人物，到世間化度衆生，見同卷第五品「無極化現度衆生品」云：

無極聖祖大慈大悲，恐怕衆生作下業障，又轉四生六道不得翻身，故化現昭陽寶蓮宮主，太子歎退浮雲一切雜心，顯出眞心參道究這本來面目，出離輪廻生死苦海。

由此二則引文可證無極聖祖是高高在上、宇宙眞理的裁判者，透過其萬能的權威，執行正義與公理，藉宗教信仰的力量，扶助人格心性的涵養，涵養差的人將接受生死輪廻的制裁，涵養好的人將能參究大道，脫離生死苦海。

無極聖祖爲了使衆生彰顯本心的靈明，體現大道的奧秘，去除邪惡的迷思，回歸生命的本眞，經常大發慈悲，化現爲各種人物，從事普渡的工作。昭陽寶蓮宮主的典故，是根據佛教通俗教化故事引申而來。所謂寶蓮者，是昭陽之后也；宮主名純陀，昭陽之女；太子名寶光，昭陽之子；昭陽者，是指旃檀舍利國國王，各爲生死事，不貪王位的富貴，入潭溪山修行辦道。聖祖的化身很多，如云：「又化現鹿王，善友惡友，金牛太子，勸化衆生。」此一化身也是引用佛教的典故，乃指釋迦牟尼，謂釋尊十世修行，九轉王宮的傳說，以爲初世生金波國中七寶林內，化爲鹿王捨身勸化，不爲自己，單爲衆生。六世生波羅奈國以爲太子，名善友，被弟惡友欺謀萬端，不念舊惡勸化衆生。七世生波利國中，爲西宮普滿王后之子，被東宮淨德二后妬害置於牛欄，被惡牛食之，轉生名爲金牛太子，要人信受，改惡向善，悟明大道（註八）。

「又化現目蓮淸提，地獄勸化衆生。」此一則事故引用目連地獄救母的佛教傳說。「又化現梵王太子，引化衆生。雪山靜處參道，明心見性，躲離生死輪廻苦海。來到家中，先度道伴耶輸宮主，又度父母爺娘，又度兒子羅侯羅太子，次後普度無量無邊衆生，自成正覺，躲離生死苦海。」這一則也可能借用當時民間佛教的通俗傳教故事。除了利用佛教典故外，也大量地利用民間勸化故事或戲曲小說中的人物，來說明無極聖祖隨緣度有情的慈悲心，見於第六品「化賢人勸衆生品」，人物有二十四孝的孟宗、郭巨、袁小、王祥，戲曲小說中的孟姜女、高釵女、蕉花女、孫榮妻等人（註九）。

由贊天地化育的虛空，轉化成各種賢人，以自我崇高的德性，啓廸衆生向善悟道，是深受傳統社會道德勸化的影響，使得此一萬能的主宰，是宇宙至善的化身，親切而又可愛，非作威作福無上權威的人格形象。中國民間的這種宗教現象，可能由來已久。如詩經大雅蒸民曰：「天生蒸民，有物有則。民之秉彝，好是懿德。」詩經大雅皇矣曰：「皇矣上帝，臨下有赫；監觀四方，求民之莫。」是否可以視爲周人的宗教觀念，而這種觀念再經由知識分子的宣揚，更無形中深根蒂固於百姓的心靈意識裏。

無極聖祖是宇宙造化的人格神，又見於該卷第十品「虛空架住大千界品」以爲：

不知天地誰人託，不知江海誰人治，不知天地誰人掌，不知春秋誰人發，不知五穀誰人治，不知日月誰人運，不知大千誰人掌，不知萬物誰人治，都是忘恩背祖人。

另外，有關人與無極聖祖溝通方式，見於該卷第九品：

大千界天和地無極執掌，五湖海大洋江無極變化，天和地森羅象無極神力，日月轉天河轉無極神力，我念得無極源一體眞身。

無極聖祖在思想的結構上，它即是道家天地之始與萬物之母，即是永恒而又周全絕對的道，這個道有著悲憫衆生與慈愛衆生的人本思想，由此人本思想擬構著「萬物皆備於我」的無上崇高的價值。因此人與無極聖祖的關係，不是絕對無條件地皈依，而無極聖祖對人也不是高高在上的權威主宰。人與無極聖祖建構在「知」與「不知」的個人人格的無限開拓，這個「知」不是知識層次的知，它含有人生境界的修養工夫，洞明自己心性生化精神。只是羅祖將這個修養工夫作有限的終極歸依，因爲宇宙生化萬物是無窮無盡，以有限生命來證悟，也只能得到抽象形式的了解，因此羅祖提前設立一個可以統合虛空又能統攝萬物的普遍法則，也就是在萬物的背後假設一個有形而又代表無限的人格神。此一人格神可以說是道的化身，祂是無窮無盡的，但不僅是陰陽運作之迹而已，也是宇宙萬化重要創生力量。人唯有肯定此創生力量，才能進一步地要求自己生命也印證宇宙，借此力量，提昇自己，得證存在的眞理。若未能了解此一創生力量，不懂得向內開拓自我的生命境界，即是忘恩背祖人，失去了自覺向上的永恒力量。

因此，人必須了解無極聖祖的神通廣大，將自我的主體性寄託於祂，藉祂來完成自性的靈光，如此仰賴他力的行爲，缺少自力的道德的覺醒，但是他力的主體，即是靈明自覺的生命本眞，是我內在自性的外在投射。這種弔詭式的思考雖然充滿了矛盾，然對自力修養功夫薄弱的人而言，卻是導向他接觸自性的純靜的一種方法，使他因有所畏懼與恐慌，而致力內心的寧靜，去除邪思附身，雖存有功利式報酬索求，但一旦悟見自己本性靈光，也能擺脫物性而無所住執。遺憾的是，自力修養薄弱的人，只沉迷於他力的無上神通，仍然無法體會其背後的超越意義，這就是爲什麼民間宗教部份信徒無法提昇其精神世界的主因，即牽就個人功利的意識型態，將無法注入自覺的超拔能力。

第二目　無生老母

雖然在五部六册裏，未有「無生老母」一詞，僅有「無生父母」，但是由其他相關章句考證，羅祖的「無生父母」已有「無生老母」的意念在。

「無生父母」一詞，屢見於苦功悟道卷，將彌陀佛與無生父母並稱，如云：「說與我，彌勒佛無生父母，這點光是嬰兒佛嫡兒孫。」（第三參）「叫一聲無生父母，恐怕我彌陀佛不得聽聞。」（第三參）「單唸四字阿彌陀佛，唸得慢了，又怕彼國天上無生父母，不得聽聞。」（第四參）苦功悟道卷是五部六册的第一部，是最早完成的著作，其彌勒佛就是無生父母，人性就是嬰兒的觀念，可能承襲當代民間宗教的信仰內涵，到了第四部正信除疑卷第十六品「本無嬰兒見娘品」否定阿彌陀佛就是無生父母的說法：

愚痴之人，說本性就是嬰兒，說阿彌陀佛是無生父母。阿彌陀佛小名號曰無諍念王，父親是轉輪王。阿彌陀佛也是男人，不是女人。他幾曾生下你來？阿彌陀佛生本性，本性是誰？爺爺生父親，父親生兒，兒生孩子，大道門中，本無此事。

這裏所謂的愚痴之人，大概是指民間的愚夫愚婦，「本性就是嬰兒，阿彌陀佛是無生父母。」是他們的信仰理念。羅祖以爲阿彌陀佛是男人，不是女人，所以不是無生父母，也不是本性的根本來源，但是並沒有反對無生父母化生本性的這個觀念，他所堅持的理由只是男人無法生育，以此理由肯定阿彌陀佛不是宇宙造化之主，也不是無生父母。

無極聖祖才是無生父母，王源靜以爲無極聖祖是諸佛的本源，衆生的慈父，「慈父」二字不是羅祖的本意，羅祖以爲無極聖祖是眞身，無男女相，是男也可爲女，是慈父也是慈母，故所謂無生父母，非父母二人，是指眞身的男女相。但是羅祖偏重於「母」相，以爲只有母才能生育子女。所以強調「母」的創生功能，見深根結果卷第四品「一字流出萬物的母品」：

那個是諸佛母？諸佛母、藏經母、三教母、無當母怎麼爲母？諸佛名號、藏經名號、萬物名號，這些名號從一字流出，認的這一字爲做母，母即是祖，祖即是母……一切萬物名號，都是本來面目變起名字，都是一字流出本來面目爲做母爲做祖。

稱「祖」稱「母」都是形容宇宙道體的本來面目，故無極聖祖也可稱爲無極聖母，無生父母的「父」字可以省略，成爲「無生母」或「無生聖母」、「無生老母」了。

「母」字在五部六册裏，代表了一股神秘超能的力量，宇宙的萬化流行，都由此字流出，一切經書教理也都由此演化而生，如正信除疑卷第八品「蓋古人錯答一字品」云：

> 五千四十八卷一覽大藏，從一字流出；三教經書，從一字流出；諸佛名號，從一字流出；諸菩薩名號，從一字流出；妙法不妙法，好法惡法，從一字流出。

又見於該卷第十七品「本無一物性在前品」云：

> 五千四十八卷一覽大藏，從此字流出；三教經書，一切字名，從此字流出。此字無佛名無人名，此字無俗面無僧面，此字無在家名無出家名。這一字海水爲墨，須彌山爲筆，書寫加點，不能寫這此字，筆尖蘸乾五湖四海水，不能寫此字。

「母」字實際上是「虛空」一詞的代稱，是宇宙萬化的本源，能起一切萬境百千名相的神通。無生父母或無生老母的「母」字，是虛空的代稱，有時也稱爲「本來面目」，是虛空與本性結合的眞體，因此欲了解無生老母信仰的本質，必須探究羅祖「本來面目」一詞的內涵。「本來面目」的內涵，見於深根結果卷第六品「先有本來面目後有天地品」：

> 未曾初分天地先有本來面目，本來面目從曠大無量劫，先有本來面目永劫常存，後有諸佛三教，後有僧俗戒律善惡，後有天堂地獄，後有無當萬物，後有古今。

正信除疑卷第十七品「本無一物性在前品」云：

> 本來面目，無相眞人，從無量劫。無量劫，永劫不壞，永劫長存。

本來面目是一個無相眞人，雖然歷經百劫，卻是永劫長存。「無相眞人」與「無生老母」的詞性結構相同，「無相」、「無生」皆說明本體的虛空性，而「眞人」與「老母」都是由無中生有擬人化的主宰，此一主宰即在彰顯歷經百劫永遠不壞的眞身，故該品的十字韻文頌云：「本來面不生滅長生不死，又不生又不滅耀古騰今。」「亮堂堂無一物通天徹地，無量劫不生滅自在天眞。」「臭皮囊有冷熱諸般病苦，本來面無一物快樂無窮」「到臨危本來面十方照徹，大千界不見了只是微塵。」「西方境無明暗比的不見，本來面是西方獨自爲尊。」以上數句說明本來面目是不生不滅自在天眞的本體，此一本體無相無物卻能快樂無窮，顯現神通獨自爲尊，而獨自爲尊已隱藏有人格神的宗教皈依。

無生老母是本來面目的形象化的神，其宗教本質，是希望大衆皈依無生老母，向生命自性探求本來面目，而非建立一個崇高權威的至上神。探求自性的靈光是該信仰的終極關懷，如深根結果卷第六品云：

> 這些萬物名號，都是自己發現自家靈光爲大爲尊。因何不信心？信心即功德道源。怎麼爲尊爲大爲母爲道？怎麼萬物爲虛自家爲實萬物爲虛自性爲實？

宇宙的創生來自於人生命的本心，所謂天生於心，由本心的靈明自覺可以參透宇宙無一息而不動、生生不已的功德道源，故要排除心性本有的執著，契合宇宙的虛空生德之本體。這種天人合一的人性論，是無生老母信仰的主要精神。羅祖將形而上的人性論注入具體的民間宗教信仰，雖含有了脫生死的功利色彩，卻將千年來人本思想的文明智慧，移轉進入廣大的民間社會群體，使博大精深的哲理變爲平易近人淺顯易知的做人道理，透過宗教信仰的大力傳播，更能緜延流傳，在民間廣泛的展開，這中間雖有逆出不合理的現象，但在中國文化的涵蓋下，也自有其社會意義與價值了。若能體會出民間文化形成的基因，了解其內在困頓，而能合理加以疏通，不正是知識分子發揚文化的歷史使命嗎？所以前一小節說明民間宗教無法提昇其精神世界的原因，這一小節說明它也有可以超昇的精神內涵，若經由這樣的深思，再運用客觀的處理方式，或許可以導引傳統社會，在知識分子的關注下，建立完善的現代化社會。

第三節　無災無難的眞空家鄉

羅祖的了脫生死，離苦得樂，是中國傳統社會追求長生不死、成神成仙的宗教信仰的變型，傳統神仙家偏重個人的長壽永生，與生活的逍遙自在，但是由人的實際經驗，想要保存形體變化成仙，不受世網的牽連幾乎無法實現，因此稍後道教有尸解成仙的變化理論，亦即生命要經過變化律則才能永恒常存。但是佛教輪廻觀傳入以後，又使現世間不能長生的遺憾，無法經過變化律則永恒長存，人一旦生存就要不斷地接受四生六道的生死輪廻，因此長生幻夢集中在如何解脫生死輪廻的反省，不僅要以渺小的生命去抵抗死亡，還要有一股超自然的能力契合宇宙無限的創生，了結不斷生死輪廻的存在。前面所敍述的宇宙論與人性論即是基於此種願望，雜揉傳統純淨的心性修養，不斷地改良所形成滿足鄉民長生之夢的一套複雜宗教哲理，這一套哲理已不是當初生民追求永生的簡單想法，是在長遠的時間與遼遠的空間裏，綜合無數人的生命體驗，調配而成一種具體可行的應對方式。

生命可以得到永生，不再無量劫輪廻受苦，則應該有一個永遠無災無難的歸宿地方。在中國的神話裏如山海經有昆侖樂園，表現了集體潛意識的共同願望，嚮往一個可以得到無限長壽永生與社會和諧安樂的樂土世界。這種樂園的追尋是世界各民族普遍存在的宗教意識，在中國這種宗教意識一直未曾消退，隨著道教的瑤池仙境與佛教西方極樂世界的傳播，反而更普遍注入民族的心靈，駁雜而豐富地表達世人對於仙境的遂願心理。因此羅祖建立了無生老母之後，立即建立「眞空家鄉」的樂土世界，來安頓生命的本眞，不再下凡人間，歷經生死輪廻之苦。

第一目　家鄉與淨土

佛教的淨土宗較偏重於宗教信仰，其念佛法門與西方極樂世界的信仰內涵，自宋代念佛結社的興起，一直流傳下來，幾乎成爲民衆的主要宗教活動，進入庶民的行爲意識，融合成世俗生活的一部分。羅祖的「家鄉」觀念，揚溢著濃厚的佛教情操，淨土、西方、極樂等三詞幾乎與家鄉同義，廣泛地使用。羅祖的家鄉雖借用淨土的概念，亦自有其信仰的特色。

「西方」代表一極樂世界，屢見於佛經，如阿彌陀經云：「從是西方過十萬億佛土，有世界名曰極樂。」無量壽經云：「現在西方安樂世界，其國七寶奇麗，超十方界。」華嚴經云：「如此娑婆世界一劫，於西方安樂世界若一日一夜。」大悲經云：「北天竺國有比丘，名祈婆伽，修習最勝善根，已而命終，生於西方，過百千億世界無量壽佛國。」西方代表莊嚴神聖的理想國土，是一個無災無難的樂園世界。羅祖五部六册屢用「西方」一詞，有其特定的宗教意義，試分爲下列幾類說明之：

一、西方是極樂世界

1.靜想西方地灌成，金街金道坦然平。黃金世界黃金布，步步金光耀眼明。靜思浮光世陰短，老覺從前用處非，極省家鄉歸去好……西方不比人間世，到者方知快樂多。極樂家鄉甚妙哉，無諸憂苦樂常諧。（嘆世無爲卷第十一品）

2.西方不比人間世，到者方知快樂多。大乘正教無相家風，這般受用，處處圓通，頭頭步步西方道。獨露堂堂照大千，西方快樂人難到，一步歸家續祖燈。（正信除疑卷第十四品）

3.我今認的安身地，西方路上唱囉哩……我今已得安身地，歡歡笑笑唱囉哩。我今已得安身地，佛國淨土唱囉哩。（深根結果卷第二十四品）

西方是一切衆生最方便、最直接的眞實歸處，是安樂清泰的理想國土。第一則即說明西方「無諸憂苦樂常諧」的極樂世界，此一世界又名爲家鄉，或極樂家鄉，或云淨土家鄉，是人間無法比擬的仙境。第二則說明此一西方世界，是大乘正教所追求的無相家風，唯有立志歸家鄉，方能享受快樂的西方淨土。第三則進一步說明西方是生命的安身地，唯有回歸家鄉，方能歡樂無窮。

二、西方能解脫生死

回歸家鄉不僅爲了享受無窮的快樂，最重要的是，能讓生命永恒常存，解脫生死，了斷輪廻。解脫生死是羅祖悟道的心願，因此對於生命永生的西方，經常讚頌：

1.有病有危終退墮，不生不滅不輪廻。西方淨土長安樂，無苦無憂歸去來。（破邪顯證卷第一品）

2.救度大衆西方去，休入陰司受悽惶……有來有去陰司路，無來無去是西方。（破邪顯證卷第五品）

3.法施度人功德大，總報四恩往西方。拔濟三有生天去，無來無去放神光。（破邪顯證卷第八品）

4.信者就是西方路，不信地獄不翻身。信心諸佛來保佑，不信惡鬼緊隨跟。（破邪顯證卷第十七品）

5.苦口勸你歸家去，永無八難和三災……西方淨土常安樂，無苦無憂歸去來。（破邪顯證卷第二十二品）

6.西方勝境無明暗，不比人間夜半深，淨土永無三惡道，寶方寂靜不輪廻。（正信除疑卷第十四品）

7.想起大地實難過，永在家鄉再不來……膿血布袋通身苦，永在西方再不來。（深根結果卷第二十四品）

由前列七則詩頌，得知西方代表了不生不滅不輪廻的家鄉，可以使生命無來無去且大放神光。人類之所以在地獄轉四生輪廻，就是不信西方的存在，不知回歸家鄉，因此惡鬼緊跟隨，在人世間遭受八難與三災，通身是苦。所以「永在西方再不來」正代表著人類解脫現實苦楚的共同願望，也是信仰宗教的目的所在。在佛教往生西方，非專修稱念不爲功，但是在羅祖的思想裏，似乎只是信與不信的分別，未見修行的工夫。

三、西方是吾心本性

人間的極樂世界一定在西方嗎？維摩經云：「隨其心淨，則佛土淨。」淸靜的佛土唯住心取境，不離方寸。如此的觀念是羅祖「西方」一詞的主要內涵：

1.這點光就便是西方淨土，這點光就便是極樂安養。這點光就便是華嚴世界，這點光就便是古佛家鄉。（苦功悟道卷第十八品）

2.說破明心無生話，決定無碍是西方。本性彌勒佛國土，永劫不壞般若香。（破邪顯證卷序文）

3.金剛本體露堂堂，本性就是法中王…西方淨土人人有，高山平地總西方。（破邪顯證卷第一品）

4.執著功夫陰司路，認得自己是天堂。執著工夫生死路，認得自己是西方。（破邪顯證卷第五品）

5.道個羅漢最高強，手把寶塔鎭西方。大地魔軍無一箇，獨占須彌做法王。（破邪顯證卷第十四品）

6.自己光是西方無處下口，自己光眞淨土永無去來……自己光眞家鄉再無傳說，自己光法中王永無三災。（破邪顯證卷第十七品）

7.自性西方，不從外得，彈指便登極樂國。一聲喚醒歸家去，不移一步到西方。（正信除疑卷第十四品）

8.自有靈光耀古今，步步頭頭皆是道，高山平地總是個西方。（深根結果卷第二十二品）

此八則引文，無外乎說明唯心就是淨土，本性就是西方。這種思想，已非純粹偏重儀式唸佛信仰的淨土法門，類似於禪淨雙修，將禪淨的本質加以一元化，以爲「心佛及衆生，是三無差別」心即是佛，佛即是衆生，而產生自性彌陀與唯心淨土的禪悟色彩。也受到宋明儒學的影響，尤其陸象山心學的發展，強調心即理，心是大本大源，萬物萬事之所以發，莫不由心，因此西方不在心外，而存在人的自性本心，故謂「西方淨土人人有」，或云「自性西方不從外得」皆認爲本心發用，就是西方淨土。如何達成本心的圓滿自證呢？羅祖不重視外在有形的修養工夫，而類似禪宗的頓悟，強調體悟即屬先驗而又普遍的本心，又如陸象山所云：「宇宙便是吾心，吾心即是宇宙。」（象山全集卷二十二雜說）著重本心的自證自發的主宰妙能，故云「決定無碍是西方」，「不移一步到西方」。

四、西方是創生本體

西方是吾心本性，頓悟本性靈光，可以回歸家鄉，家鄉似有若無，生而無生，它是靈明自在，由無妙有的生化世界：

1.心空眞戒原無二，體透玲瓏八面通。自己眞戒無生死，自己眞戒是西方。（破邪顯證卷第四品）

2.西方淨土是本源，未有天地元在前。諸上善人見本性，釋迦彌陀便同肩。（破邪顯證卷第十七品）

3.自性西方路豁開，目前相徹絕塵埃。普天明月皆含攝，南北東西任往來。（正信除疑卷第二十品）

4.慧劍當心刺，心忘法亦忘，心忘極樂國，法忘即西方。（正信除疑卷第二十四品）

5.是個現成眞西方，是個無來無去不動天尊，未有天地，是個現成的。（深根結果卷第八品）

西方是本性，本性又與造化主宰相通，因此西方也是宇宙生化的主體，故云「西方淨土是本源」、「是個現成眞西方」。本體的創化是冥冥中自成的，絲毫沒有人爲造作，故云：「心忘法亦忘，心忘極樂國，法忘即西方。」西方的創生是由虛無而來，仍歸虛無而去，由致虛無爲中，明月普遍照攝，萬物自生自化。

羅祖「西方」一詞含義相當的廣泛，大致上來說是人類自性的家鄉，是萬有的歸宿，是本無的存在，然而企圖解脫生死，極樂自在，就似乎必有一實體存在。因此，家鄉若有若無，故名之曰：「眞空家鄉」，亦即家鄉是人類的歸宿，但是這個歸宿，不是實有，而是虛空。

第二目　歸家與神通

本性就是西方，就是家鄉，但不是每個人都能悟得本性，回歸家鄉。羅祖將此一現象稱為「流浪家鄉」，原因是不能悟得本性，就不能得到解脫，因此在人世間不斷的生死輪廻。見深根結果卷第二十三品：

這裏死那裏生，那裏死這裏生，叫做流浪家鄉。生死受苦無盡，既得高登本分鄉，永無生死。

同品的韻文云：

流浪家鄉好悽惶，浮生家鄉不久長。撚指無常離別苦，流浪家鄉夢一場。流浪家鄉不久長，呆痴小人都爭強，肥豬眼看刀尖死，流浪家鄉夢一場。

流浪家鄉的觀念來自於靈魂的不斷生滅，是生命存在的永遠遺憾。人類為何會在人世間受苦無處棲身呢？原來是人類迷失本性，鈍根無智逞強胡說，不知自性妙用，以致永劫常存。

為了不再流浪家鄉，在外生死輪廻受苦無盡，只有悟得本性歸家去，才是解脫的根本辦法，因此羅祖強調「歸家」，如云：「有智前劫歸家去，無智末劫好難熬。」（深根結果卷第一品）又云：「我勸大衆歸家去，靈山會上願相逢。」（深根結果卷第十七品）如何歸家呢？羅祖強調要有信心，信心是歸家的動力：

1.上等人信得急歸家去了，下等人不信心永墮輪廻。上等人信得急歸家去了，下等人不信心永

不翻身。（正信除疑卷第一品）

2.言說罷一念心歸家去了，見西方蓮花朵大如車輪。病女子一念心得生淨土，況今生不信佛永墮沉淪。（正信除疑卷第三品）

3.這等物領佛法成尊正覺，成正覺尚成尊亦得還源。這等物領佛法歸家去了，空爲人不信佛永不翻身。（正信除疑卷第四品）

4.信心依我歸家去，不信受苦轉四生。信心無極緊擁護，不信輪廻墮沉淪。（正信除疑卷第十一品）

5.只爲不信王法起，王法折磨苦衆生。歸家永無三災苦，不信受苦永無窮。（破邪顯證卷第二十四品）

宗教的原動力在於信仰與皈依，信仰來自於信心的定力堅固，產生虔誠的皈依，並且相信唯有此種修行法，方能滿足人類企求永生的夢想與願望，脫離永無止境的輪廻與三災的苦海，在家鄉裏永遠平安寧靜。所謂：「這便是來處來安身立命，這便是不動搖自己家風。再無生再無死再無苦海，無三災無八難快樂無處。」（深根結果卷第五品）

前第二則、第三則引文分別錄自正信除疑卷第三品「往生淨土品」與第四品「尚衆類得正法歸家品」，舉例說明有那些人與動物因虔誠皈依的信心歸回家鄉。人物有：靜文妻、張善和、張鍾旭、金太公、波羅國殺羊人（廣額）、神亮等人，動物有：蟻子蟲、蝙蝠蟲、鸚鴿兒、雉雞、蛤兒蟲、野狐蟲、螺螄蟲、十千魚、蟒蛇、龍等動物。在人物方面大多以殺生爲業作孽之人，因有信心帶孽往生，如云：「張善和殺牛一生，臨命終見牛頭追命，怕地獄，告妻兒作急救我，妻聽說，長街請一明師到家，師傅說往生淨土。十聲未了帶孽往生歸家。」帶孽往生的觀念，取自淨土思想。在動物方面大多取自佛教經論，與聞說佛法有關，如云：「南海岸有五百蝙蝠蟲類，聽法音得證了菩薩之身。蝙蝠蟲一念心即成聖道，況今生不信佛永墮沉淪。」此一典故出自「慈心功德錄」，舉動物爲例，以說明人類不信佛的淺薄無知。

在深根結果卷第二十一品「豈無好事帝王宰相歸家品」也引了一些人物如張善和、張仲達等人，除此之外，重點擺在帝王，以爲帝王是人間尊貴的象徵，但是帝王爲了歸回家鄉，有部分帝王捨棄浮生假象，追求永恒的生命。在相互的比較下，家鄉是比人間富貴更吸引人，定有無邊的快樂好事在，如云：

唐肅宗在家人歸家去了，豈爭你重毀謗在家之人。
梁武帝在家人歸家去了，豈爭你重毀謗在家之人。
阿育王在家人歸家去了，豈爭你重毀謗在家之人。
眞武帝在家人歸家去了，豈爭你重毀謗在家之人。

這些帝王如何歸家呢？在深根結果卷第一品「劫量退道苦不可說品」提出回歸家鄉的方式：

釋迦佛，求四句，歸家去了。

轉輪王，求二句，歸家去了。
多寶王，求四句，歸家去了。
妙善公主，一句也無求，歸家去了。
　龐居士四口，一句也無求，歸家去了。

由這一段文句得知，歸家有三個方式：㈠求四句㈡求二字㈢一句也無求。所謂「四句」、「二句」，據王源靜補註，以爲四句是：「諸行無常，是生滅法，生滅滅已，寂滅爲樂。」（註十）二句是：「浮生輒死，此滅爲樂。」羅祖認爲前人四句二句歸家是妙法，但不可以執著，因此建立一句也無，或萬萬句歸家的道理，如續云：

　我這五部經卷，跟不上兩句，跟不上四句。我這五部經卷，有萬萬句妙法，自兩句四句歸家去了。我這五部經卷，有萬萬句歸家，不難現成不費力，不費功夫，伶人聽一遍心徹大悟永不失腳。

兩句、四句、萬萬句都是方便法句，羅祖回歸家鄉的妙法是「無爲法」，其內容於下一小節專述之。家鄉代表宇宙生命的根本源頭，無名相，亦有萬萬名相，這些名相只是方便稱呼，希望人悟得本性當下即是，故深根結果卷第四品「一字流出萬物的母品」云：

　有一個安養國誰人知道，有一個佛國土那個知聞。
　有一個天堂路誰人知道，有一個西方境那個知聞。

類似這樣的句子共有四十四個，除了以上四個名稱：安養國、佛國土、天堂路、西方境外，尚有下列名稱：淨土天、古觀音、古彌陀、舊家鄉、龍華會、法中王、長安國、大藏經、金剛經、無字經、諸佛祖、諸佛母、藏經母、三教母、諸佛體、諸佛境、諸字母、無當母、男女根、天地根、五穀根、日月根、陰陽根、萬物根、三界根、大千根、世界根、通天眼、不壞身、安身命、無價寶、大摩訶、摩尼寶、波羅密、眞實僧、眞禪定、活菩薩、活神仙、大羅仙、長生路等。其結論是：「自爲你不明白重重細說，又重徵又重說自在縱橫。」王源靜補註云：「此品共有四十四個，個個直指心宗，言言純談實相。事跡千差，個中無別，皆是轉功就位，借路還宗，獨顯無上菩提，單究元初本體。」

家鄉有許多的代稱，這些代稱，有部分是形容家鄉的妙用與神通，見同卷第十二品「歸家人不知在何處細說便知品」的散文部分：

> 說這無極大道，天地日月也是無極變化，春夏秋冬四季，五穀男女萬物，都是一根發現。未曾無有萬物原是一氣，明了本來面目原是一氣，到臨危原是一氣同發春秋四季，年年春秋變化冷熱變化，運行星斗運行日月運行風雨，乾坤世界一體同觀，這便是歸家神通覿面神通。終日變化，纔知家鄉人受用，長生不滅一體無極。原是一還是一，纔知家鄉人受用，纔知過去人覿面相逢。

所謂家鄉就是無極大道，也是天地萬物的根源，因此家鄉有無窮的神通，足以變化大千。人類體會虛空的家鄉，亦可與天地造化混成一體，倚仗虛空同顯神通，故該品韻文部分云：

道中人與虛空混源一體，星斗轉地動搖同顯神通。
道中人歸家去混源一氣，大千界一體身同顯神通。
原一氣大千界原無二氣，道中人歸源去同顯神通。
到臨危無來去十方普覆，本來面諸佛會同顯神通。

家鄉就是虛空，無所謂來去，當下即是十分普覆。因此，所謂歸家不是奔向一個理想國度，而是體驗虛空，混源一體，如無極普攝大地，也有萬能神通，了脫三災八難之苦，永得逍遙與解脫，共悟造化的奧秘。

第四節　閻王懼怕的無爲妙法

宇宙的森羅萬象，都是由知性所起的妙用，所謂性即是道，隨緣應物，物來則應，物去不留，無分別也無執著，是寂然不動卻又感而遂通，如易經繫辭上傳第十章云：「易無思也，無爲也，寂然不動，感而遂通。」說明契合宇宙造化來自於無思無爲的感通方式，達到天下同歸而殊途，一致而百慮的生命境界。老子契合宇宙本體也是如此，強調無爲的妙用，如三十八章云：「上德無爲無以爲」，四十八章云：「爲學日益，爲道日損，損之又損，以至於無爲。」欲完成生命的自在素樸，必須致虛守靜，以心的虛明靜觀萬物歸根復命的常理，因此不可執著外在的成心，陷入「有爲」的困境。

在佛學裏「有爲」與「無爲」是二種重要的修行法，有爲法是針對現象的法相而言；無爲法是指超現實法性的存在。在俱舍論裏，有爲法是指生滅變化無窮的現象，無爲法則指捨離因果無生滅的常住法，二者共分爲五位七十五法，但是在詮釋上有爲與無爲是一體的兩面，相輔相成，相互爲用，與老子的「有之以爲利，無之以爲用」（第十一章）的體用一如相類似，如大般若經云：「不得離有爲說無爲，不得離無爲說有爲。」華嚴經云：「於有爲示無爲之理，不滅有爲之相；於無爲界示有爲之法，不壞無爲之性。」摩訶般若經云：「離有爲法，無爲法不可得；離無爲法，有爲法不可得。」持世經云：「有爲中無有爲，無爲中無無爲。但爲顚倒相應衆生，令知見有爲性故，分別說是有爲法，是無爲法。」

羅祖也標擧無爲法，以爲宇宙本體原無一物，本性是圓滿自足當下頓悟，契入本體立成佛道，如云：「佛在靈山莫遠求，如來即在我心頭。照見自己見佛祖，認得自己莫遠求。」（破邪顯證卷第十三品）所謂無爲法即反身自省，契合亘古不動的自在靈心，故強調無爲是玄妙的法門，萬法的泉源，常云：「無爲法門在玄中，掃除萬典覓無生。一法包含無量法，一門劈破萬般門。」（歎世無爲卷第十品）又云：「這個無爲，諸佛不識。能了虛空，閻王皆懼。」（破邪顯證卷第十三品）由於強調無爲的妙用，以致造成無爲與有爲的價值批判，進一步否定一切有爲法的謬誤，與儒道佛三家的「無爲」觀有所差異，是由於過度強調無爲的妙用，如常云：「有爲法神通起還有生死，無爲的神通法不滅不生。」（破邪顯證卷第五品）除了有爲與無爲的價值判斷外，什麼是無爲的神通法值得我們作進一步探討。

第一目　有爲法與無爲法

在佛教的經典裏，法相是指一切有爲法的各種體相與形狀而言，亦是泛指六根所能觸及的一切物相。森羅萬象因緣而生，有生住異滅等性，故有爲法亦稱生滅法，專指現象而言。羅祖所謂的「有爲法」大致上沿襲了佛教色相法與生滅法的觀念，再進一步引申到當時一切的修行法。特別強調其無爲法的妙用，貶抑其他法門，則是由佛教的「有爲法」中斷章取義，只取生滅對待的外在義，未明其因緣變化的眞如妙用的精神。

羅祖的有爲法專指色相法而言，只思考到：凡所有相皆虛幻的全般否定，詳見下列幾則引文：

1. 無始無明幻色迷，自爲色相迷了你。凡所有相生死路，執著相法墮輪廻。（破邪顯證卷第四品）
2. 十種仙人是色相，凡所有相皆虛空。幻色迷了輪廻苦，迷了自己不見光。（破邪顯證卷第六品）
3. 一切有相都是色相，執著色相修行，到臨危散了色相，勞而無功撲了頑空。（正信除疑卷第九品）
4. 有萬般是色相空即是色，凡所相皆虛妄撲了頑空。諸行相是無常生死之法，把相法都滅了快

樂無窮。（深根結果卷第九品）

外在色相經常生住異滅不能長久，迷著色相或執著色相修行，都不是究竟，將撲了頑空。相法即是有爲法，執著相法不能解脫輪廻，不能寂滅爲樂，契合眞道。

相法又爲生滅法，如破邪顯證卷第四品云：「諸行相法生滅法，生相寂滅快樂多，執著相法輪廻苦，爲人在世水上泡。」寂滅之法即是無爲法。因此有爲法與無爲法，即是生滅法與寂滅法的分別，羅祖引小涅槃經對生滅法與寂滅法有進一步說明，亦見於破邪顯證卷第四品：

小涅槃經云：諸行無常，是生滅法，生滅滅已，寂滅爲樂。如來證涅槃，永斷於生死，若能志心聽，常得無量樂。三十三天天上天下諸行相，都是生滅之法；六欲諸天三千大千諸行相，都是生滅之法；佛相人相出家相在家相聖相凡相諸行相，都是生滅之法；禪相定相威儀相陽神相神仙相三教相菩薩相經卷相諸行相都是生滅之法；臨危生死相時刻相諸行相，都是生滅之法；善惡相天堂地獄相修行功夫相一切名山相一切諸行相，都是生滅之法。生滅滅已，寂滅爲樂。

世間萬物有形相者皆不能永久長存，必定生滅不已，因此唯有不生不滅永久長住的法身，才能解脫生滅的苦楚，然而一切諸行相都仍是生滅之法，不能應證無無生滅的長住法身，頓見自性如來。

前引文羅祖列出許多修行法門，而這些修行法都是生滅法，亦是有爲法。所謂有爲法，是心外求法，不知一切諸法唯是一心，而此心又無生無滅本無一物，若有執著，又落外道，不得究竟，如破邪顯證卷第二十三品云：

本無一物，執著受戒破戒，心外求法又墜沉淪。本無一物，執著夫子老君佛執著三教，心外求法又墜沉淪。執著遊方拜五台歸名山，心外求法無有是處。執著臨危定時刻廻，心外求法又墜沉淪。執著禪定解脫修入神通，有爲之法終不成就……

羅祖對世間修行法極力抨擊，有其個人的主觀因素，其主要理論的根據，來自於這些有爲法不能解脫生死的功利思考，雖然這些修行法有部分的神通與福報，但是羅祖認爲「有爲法世間福猶如閃電，有爲法世間福一刹那間。」（正信除疑卷第十三品）一切法都有窒碍，唯有離捨一切個別相與變化相，在寂滅處方能彰顯眞空妙有。亦即捨棄有相，追求無相，羅祖進一步建立無相佛與無極佛的觀念，說明無爲的妙用，見正信除疑卷第九品云：

有相佛引迷人不是眞像，無相佛是眞佛永劫長存。
有相佛不是佛虛花景界，無相佛是眞佛掌立乾坤。
你念的色相佛泥土假象，我念的無極佛普覆十方。
你念的是銅鐵木頭假像，我念的無極佛執掌乾坤。

有相佛與無相佛相對立，色相佛與無極佛相對立。所謂無相佛與無極佛是針對宇宙本體的形容語詞，敍述其無極無相的形上內涵。無極無相的本體，是宇宙的本源，一般佛教的名相，是以無爲法爲體，以有爲法爲用，體用並重，達到解行相應的證悟境界。但是羅祖則降低有爲法的層次，單擧本體，且突出本體的妙用，強調執掌乾坤普遍十方的虛空眞如。

羅祖將現象與本體完全分開爲二，貶低經驗存在的客體，強調空無自性的道體，以爲現實一切事物是虛妄不實，多是生滅的有爲法，唯有仍歸空無的無爲法，方能一心即體，萬有皆用。羅祖將有爲法與無爲法相對照，突顯無爲的價值，詳見下列各章：

1. 有爲法不堅牢多有閃賺，無爲法無量壽永無輪廻。修成了神通起有成有壞，無爲法無修證本自現成。（破邪顯證卷第五品）

2. 有爲之法還有苦，執著陰陽不明心。有爲之法還有盡，無爲妙法永無窮。（破邪顯證卷第十四品）

3. 無爲法福又勝自己是我，吃飯食如泰山不足爲多。有爲法轉輪廻生死受苦，穿衣服錢來大也難消磨。（破邪顯證卷第十八品）

羅祖對無爲的體會，事實上已脫離了老子無爲無不爲，由無爲還歸至有爲的主體性無的體用論（註十一），也不相應佛教的「有爲中無有爲，無爲中無無爲」的般若智，而是一種純粹功利式的通俗思考，已不是圓融的哲理體系，而是日常生活中最通俗的價值判斷，在「有成有壞」與「無成無壞」的選擇下，挑選最有利的一面，來解脫存在的困頓，企求永恒的寧靜。

第二目　無爲的神通法

如何才能脫離輪廻永無生死呢？在傳統社會裏神通的靈驗有相當的魅力，由早期長生不老的神仙信仰，加入佛教的神異超感力量，便成爲民間通俗的神通信仰，相信透過不可思議的言辭與行爲，可以獲得奇異的能力與超卓的智慧。然而隨著哲理的發展，無心而任物的宇宙觀逐漸完成，表現於外在的有形神通，爲道家虛靜的無與佛教般若的空所取代。直接由現象言神通，失却人的主體價值，只有從現實「有」束縛中解脫出來的境界，才是生命的究竟。

羅祖尊「無」，將一切萬相歸回形而上的「無」，強調「無」字的妙用，如破邪顯證卷第二十一品云：

> 這無字無一物又無修證，又無生又無死又無輪廻。
> 這無字無禪定又無時刻，又無僧又無俗自在縱橫……
> 這無字掃萬法無有一物，無出家無在家自在縱橫。

王源靜詮釋爲：「這無字乃是天地之根，萬物之母。」足見「無」是羅祖思想的核心，強調虛空妙有的宇宙本源，是唯一生命皈依的玄通法術，故云：「這無字掃萬法無有一物」萬法皆假，只有「無」法爲眞，方能脫離輪廻自在縱橫。因此生命的修眞不能向有形的法相追尋，建立無一法的觀念，如云：「算來無一法，淨處娑婆訶。」（破邪顯證卷第二十一品）「能掃萬法無一法，只爲不明添病根。」（正信除疑卷第二十四品）「掃萬法無一物通天徹地，到臨危大千界普現全身。」（正信除疑卷第二十五品）「掃萬法本來無只是一法，本來面是一法萬法皆空。」（深根結果卷第十四品）「曠劫本來無欠少，萬法皆空自爲尊。」（深根結果卷第二十二品）萬法皆空，彰顯「萬物自虛」的生化力能。

羅祖「無」的觀念，常用「無生」、「無身」、「無名」、「無爲」、「無極」、「無影寺」等詞彙替代。無生一詞說明不自生滅的本性，如破邪顯證卷第七卷云：「這無生無量劫本無修證，這無生無量劫本自圓成。」無身一詞說明虛空淸淨的法身，如破邪顯證卷第二十三品云：「這無身無一物又無修證，無出家無在家好個無身。」無名則描述無名無號無形無相的眞空狀態，如破邪顯證卷第十四品云：「尋著無名一個身，永無輪廻放光明。」無爲一詞是前列數詞的綜合，表現空寂而又至靈的境界，如正信除疑卷第十六品云：「無佛無名是無爲，無爲福勝是自己。」又如破邪顯證卷第八品云：「無爲福勝無窮盡，無邊快樂在其中。」無極一詞亦指心性的虛空本體，如破邪顯證卷第二十四品云：「本來面目眞無極，本性相連太虛空。」無影寺是一個比較具體的代稱詞，如破邪顯證卷第四品云：「千變萬化誰得知，亮亮堂堂透玄機。無影寺裏常說話，這個便是好消息。」同卷第五品云：「未曾初分先有殿，無影寺是主人翁。」

如何契求「無」的本性，其方法如何？在五部六册裏，可以找到下列修道方式的稱呼，以「法」爲名的有：眞空法、微妙法、玄妙法、普傳法等詞，稱「道」的有：大道、無生大道、長生道、正道、悟道等詞，只有「無爲」二字又稱道又稱法，即無爲道或無爲法。

稱「眞空法」首見於苦功悟道卷第十六品云：

有人曉得眞空法，十八地獄化天堂。有人曉得眞空法，南北東西無遮擋。

有人曉得眞空法，娘就是我我是娘。有人曉得眞空法，本性就是法中王。

眞空法一詞，可能是羅祖最早使用以稱呼其妙法的代稱詞，取義於「妙色非色，眞空不空」的妙有思想，以爲唯有眞空，方能了妄全眞，呈現佛性，使內外一致含藏顯機。玄妙法與微妙法是形容此一眞空法的玄妙，非當專有名詞來使用，如苦功悟道卷第十八品云：「受了本師玄妙法，至今淸潔出娑婆。」深根結果卷第三品云：「無上甚深微妙法，百千萬劫難遭遇。有福千里入妙法，無福地獄悔後遲。」普傳法是形容此法普遍流行普渡衆生的宗教現象，如破邪顯證卷第二十四品云：「萬人得了普傳法，普度諸佛出苦輪。」

羅祖的「無生大道」相當於前所謂眞空法，其重點在「無生」二字，如破邪顯證卷第十三品云：「口頭三昧虛勞力，一句無生最上乘。」強調「無生」的妙能，又如同卷第七品云：「慈悲忍辱得三摩，識者無生出奈何。」無生大道一詞亦見於此品云：「執苦行爲背了無生大道，執出家爲背了現成無生。」大道、正道、長生道等詞是形容此道的狀況，如深根結果卷第十一品云：「本來面目是個無極大道。十方世界都無遮擋，纔是個大道，到臨危放光動地。」無極大道與無生大道同義。正道是與邪道相對的詞彙，如深根結果卷第二十四品云：「休歸邪氣歸正道，正道終日放光明。」長生道則形容此道長生的功效，如破邪顯證卷第八品云：「無漏之果長生道，永無生死證菩提。」悟道又稱悟道法，如深根結果卷第九品云：「這便是悟道法十三年載，要信心超生死快樂無窮。」

所謂悟道，羅祖強調不修不證，如云：「有修有證生死路，無成無修絕輪廻。」「不修不證神仙路，不增不減是神仙。」（破邪顯證卷第七品）不修不證則如何悟道呢？羅祖所謂的「眞空法」、「

無生大道」其本質如何呢？羅祖標擧「無爲法」或「無爲道」來取代以上幾個名稱，強調不修不證的無爲悟道方式。破邪顯證卷第八品云：「無爲法福有勝世閒難比。」破邪顯證卷第十三品云：「閻王懼怕無爲道。」無爲法或無爲道是世上獨一無二的妙法。如何才能不修不證契合無爲妙法呢？同卷第八品云：「欲入無爲海，須乘般若船。」以爲無爲法雖然無成無修，卻必須喚醒般若智，來體悟「有無不住空色融通」的造化本體。

有關「無爲法」的內涵，王源靜補註有詳細的詮釋，載錄如下：「無爲法者，即是無住，無住即無相，無相即是無起，無起即無滅，蕩然空寂，照用齊皈，鑒覺無碍，乃是眞正解脫佛性。佛即是覺，覺即是觀照，觀照即是智慧，智慧即是般若波羅密多。」（破邪顯證卷第十八品）無爲法是一種觀照而來的智慧，頓悟本心，契入眞性，不必假借有形的修證，當下即是，自證自成。無爲法如何自證自成呢？羅祖建立一套獨特的修證儀式，即爲「通天眼」「透玄關」的宗敎儀式，首見於歎世無爲卷第八品「祖歎出家品」云：「豁開透地通天眼，大道分明不用參。垠涵玉軸總包含，打開寶藏通玄關。」所謂通天眼亦云金剛眼，亦見於同品云：「等閑點出金剛眼，照破魔王八萬程。」

「點開」二字極爲重要，誰來點開？如何點開？點開的儀式如何？在正信除疑卷第二十三品，不用「點開」二字，改爲「劈破」，如云「一段生涯六不收，從前萬法盡非儔，輕輕劈破三千界，直得恒河水逆流。」如何輕輕劈破三千界呢？所謂三千界大致與通天眼意涵相同，如該卷二十二品云：「豁開透地通天眼，眼目就是本來人。」又云：「本來面目金剛眼，勝似修了八萬程。」通天眼、金剛眼、三千界都是造化的本體。在深根結果卷第十九品則用「挑破」二字，又明白指出是由何人來挑破：

冷心不動一孤舟，大道分明不用修。無量劫來是現成，本無絲毫得自由。
遇着叢林放光明，今日有緣遇高人。明師法語親挑破，願救大衆安了心。

高人、明師是「點開通天眼」的傳法者。而重點在於親挑破，挑破以後與一般迷人不同，如同品續云：

「雜法不說直指君，明白不消一步程。不知白日清天裡，開眼許多迷路人。」

所謂迷路人，就是未遇無爲法，沒有點開通天眼。在正信除疑卷第十二品「先天大道本性就是品」，羅祖對無爲法的描述更爲清晰，詳錄於后：

一段無生淨土天，娑婆迷了莫外觀。回頭點開通天眼，覩面相逢不用參。
原來自在一剎那，在在處處有眞佛。忽然識得娘生面，覩面親觀笑呵呵。
古性彌陀歷歷明，迷人不識向外尋。有緣若遇親指點，不勞彈指見金容。

又云：

有等迷人不得知，終朝對面不曾離。虧了老僧親打破，脫却塵埃獨自歸。
月舟和尙觀了空，識得無爲不用功。自己元是光爍爍，不離方寸在玄中。
大地衆生一剎那，識得自己活彌陀。即今常在三界外，絕盡無爲沒娑婆。

「點開通天眼」、「親指點」、「親打破」皆說明無爲法的實施方式，在王源靜補註裏如此詮釋：「舉僧問云：通天眼如何點？師豎指云：會麼？」點開通天眼，是宗教行爲，未記錄在寶卷裏，可能類似當今民間宗教部分教派點玄關的儀式，或者說民間宗教點玄關的儀式實導源於此（註十二）透過此一指點以後，可以剎那自在，處處眞佛，識得自己本來面目。這種修行，迅速了當，可以省掉許多無謂的功夫，故謂「無爲不用功」、「彈指見金容」、「相逢不用參」。無爲法是由眞空本性處，引申而出的簡易修行法，自有其符合中國宇宙論的精神在，又能滿足鄉民求解脫的功利心態。

羅祖「彈指見金容」的無爲法，大致上是由禪宗的剎那頓悟衍生而來，其「無生」與「彈指」二詞，在破邪顯證卷第七品找到直接的證據，證明羅祖是由禪宗的話頭中體悟轉化而成，有其思想的淵源以及變動的軌跡。羅祖引用法眼禪師的一段話，與其無爲法的形成，關係相當密切，茲將羅祖的引文與法眼禪師的原文並列於后，引文云：

> 燃燈十卷云：無想天修得經八萬大劫，一朝退墮諸趣，蓋爲不知根本。次第修行，三生六十劫，四生一百劫，如此直到三祇果滿。古人又道：「不如一念無生，超彼三乘權學等見。古人道：彈指圓成八萬門，剎那滅却三祇劫，若如此，用多少氣力。

法眼禪師的原文是如此云：

> 古人道：離聲色，著聲色；離名相，著名相。所以無想天修得經八萬大劫，一朝退墮，諸事儼然，蓋爲不知根本。眞實次第修行，三生六十劫，四生一百劫，如是直到三祇果滿。它古人猶道：不如一念緣起無生，超彼三乘權學等見。又道：彈指圓成八萬門，剎那滅却三祇劫，也須體究。若如此，用多少氣力。（註十三）

羅祖引文與法眼禪師原文雖然出入不多，但是在意義上有段距離，羅祖引文主要說明「無生大道」的妙用，是簡單易行的妙法，所以歌誦云：「慈悲忍辱得三摩，識者無生出奈何。無生便是眞如意，自己原是古彌陀。六欲諸天俱五衰，三禪尚自有風災。直饒修到非非想，也則不如歸去來。」羅祖否定了一切修行法，強調無修無證的無爲妙法，所以在引文中故意省略「也須體究」四字，而將禪宗的頓悟也加以否定，只強調「彈指圓成八萬門，刹那滅却三祇劫。」如云：「彈指醒悟，勝修八萬大劫。刹那明道，勝修三祇劫。」王源靜補註詮釋云：「彈指分明大事週，涅槃果海任君遊。唯超菩薩三祇證，更越禪天八萬修。」「彈指」二字逐漸由副詞—「不久」的概念而具體化，成爲「無爲法」的具體作爲，即如王源靜云：「無生大道者，無物不沾，衆生本具，直下打破黑漆桶底，便見無生大道。」如何直下打破黑漆桶底呢？只賴明師一指點，經由指點就能頓悟，比禪宗參公案來得具體有效，更爲經濟，不必花費任何修證工夫。羅祖有時也用「末後一著」來暗喻無爲法，如破邪顯證卷第三品云：「向上三玄著力參，參透玄關見青天。末後一著原是無，我者本是大覺仙。」玄關與末後一著並稱，似乎說明「末後一著」是一種宗教儀式（註十四）。又云：「末後一著萬法空，本無生死放光明。」末後一著的妙用超越了萬法，正是無爲法的代稱，也進一步將無爲法落實到「一著」的具體行爲。

【附註】

註一　社會文化傳統的層級性在早期的人類學家如雷菲德（Robert Redfield 1897-1957）即已建立大傳統與小傳統的區分，日本學者務合理作就歷史哲學的觀點，將傳統分或低次元的傳統與高次元的傳統，低次元的傳統即指民間的風俗習慣。徐復觀在「中國文化的層級性」一文（徐復觀文錄）以爲不了解中國文化的層級性，也就很難接觸到中國的文化。所謂層級性，是指同一文化，在社會生活中，却表現許多不同的橫斷面。在橫斷面之間，却表現有很大的距離，在很大的距離中，有的是背反的性質，有的又帶著微妙的貫通關係。

註二　此文收入錢穆「中國學術思想史論叢第七册」

註三　引自中國佛寺志第三册金陵梵刹志，第十二－十三頁。

註四　黎建球的「人生哲學」第五章宇宙與時間，第三十八－四十四頁。

註五　羅祖引書往往與原文有所出入，甚至僅錄其意，文字完全不同，參見本書第七章羅祖五部六册的引書情形之論述。

註六　太上感應篇的年代問題，參閱吉岡義豐的「現代中國の諸宗教」第三章民衆宗教と經典，有關該篇的內容，參閱李正治的「民間處世思想探論」（文風第三十二期）第四十三頁。

註七　自先秦以來中國文明即存在人文與宗教二種走向，參閱王治心的「中國宗教思想史大綱」或徐復觀的「中國人性論史」。

註八　五部六册所引的佛教故事，大多出於報恩經等佛經，每一則大多有其出處，本文採王源靜補註的通俗說法，未每一則詳細比對其原來的出處。

註九　羅祖引用民間勸化故事或戲曲小說中人物，參見本書第六章第一節第二目。

註一〇　求四句的觀念，可能取自金剛經與金剛科儀，參閱本書第七章第三節。

註一一　所謂「主體性無的體用論」，採自柳田聖山的「無之探求」一書，見吳汝鈞譯本「中國禪思想史」第五章討論中國無的思維方式。

註一二　指點、打破、挑破本禪宗功案的用語，羅祖的通天眼是否與今民間的點玄關相同，也僅猜測而已。當今民間點玄關的心法內容，參閱林萬傳的「先天道研究」第五二－五八頁，拙著「台灣民間宗教論集」第一八七頁。

註一三　法眼禪師諱文益，號淨慧，唐僖宗光啓元年（西元八八五年）生，爲禪宗法眼宗的始祖，此引文錄自其語錄。

註一四　「末後一著」一詞亦爲禪宗話語，此一詞彙的意義，羅祖可能引自金剛科儀，參閱本書第七章第三節。

第五章　羅祖的信仰心態

在思想上，「有」與「無」的相互對立，屬於形上論的「無」常與知識論的「有」並論，造成羅祖獨特「名爲無的有」的弔詭理論。在方法上，「有爲」與「無爲」也相互對立，屬於現象界的「有爲」又拿來與本體的「無爲」並論，造成正法與雜法的相互排斥，挺出羅祖獨自爲尊的宗教心態，強調本體的無爲才是正法才是大道。

現象界的有爲法本就不能與本體的無爲法相提並論，二者關注的對象也各有異，二者互相爲用，有如老子所謂：「有之以爲利，無之以爲用。」即以虛空爲本體，以萬有爲妙用，表現出眞空妙有的宇宙生化之機。可是，羅祖以本體來否定現象，造成本體與現象的孤立。著重本體的無爲，肯定超越的知見，是傳統宇宙論的慧識，然而空其所有，空亦不立，因爲立有會墮於常見，同理立空也會墮於斷見。在佛理上以爲般若遣有而不著空，遣空而不著有，如大智度論云：「有爲無爲法相待而有。若除有爲，則無無爲。若除無爲，則無有爲。是二法攝一切法，行者觀有爲法無常、苦、空等過，知無爲法，所益處廣，是故二事合說。」

由有爲法中呈顯無爲法的廣益，是東土宇宙論的精義，然而羅祖卻採本體與現象對立的思辯方法，對有爲法的極力駁斥。如苦功悟道卷第六品云：「這雜法不是實虛花境界：這雜法到臨危都無用處。」歎世無爲卷第八品云：「四禪定顯神通有爲之法，尋不著出身苦勞而無功。」現象界的有爲法不能解脫生死，在功利心的要求下，轉向對本體無爲法的崇拜。二者在功利效率上相互比較，更加深了現象與本體的具體距離，因而造成羅祖獨自爲尊的信仰心態，毫無忌憚地批評駁斥其他宗教。

任何一個創教者，都是以救世爲己任，自信其宗教可以解救世人，安撫人生，因此獨自爲尊的心態普遍存在。羅祖在這方面的表現，主要有三，推崇正法、批判通俗佛教與民衆信仰。在其正法觀方面分成正法與邪法、明法與隨法、傳法與護法來探述，批判通俗佛教則分爲制度、教義、修行三方面，批判民間信仰，則分析其對彌勒教、玄皷教、白蓮教的看法。

第一節　獨爲尊的正法觀

羅祖的正法即是本體的無爲法，與現象的有爲法即雜法相對照，更加彰顯愈寂而愈動的無爲妙法，以爲無爲則是萬法俱備，寂靜自得，有爲則虛妄分別，益增邪見。因此無爲是正法，是獨爲尊的宇宙眞理：

1.成就金剛不壞身，西天東土獨爲尊。此身衆苦不堅久，識破泥團往西方。（歎世無爲卷第十

二品）

2.應無所住無生死，應無所住得縱橫。應無所住西方穩，應無所住獨爲尊。（破邪顯證卷第四品）

3.槃是珠珠是槃縱橫現成，到臨危現光明快樂無邊。自爲你不承當重重細說，又重說又重徵獨自爲尊。（深根結果卷第九品）

中論曾云：「定有則著常，定無則著斷。」用來形容羅祖獨爲尊的宗教心態，恰到好處。強調無爲的妙處，必起判斷心，有了判斷就產生了是非眞假，扣緊在是非眞假，必生執著，產生偏頗的感情。「到臨危現光明快樂無邊」即是由是非心而生的抉擇，近於避禍趨福的功利心，則獨自爲尊停留在個人自了漢的滿足與斷見罷了。

羅祖獨爲尊的正法觀也受到東土空有互相爲用的影響，雖然將本體界與現象界混合爲一，但是在理論的敍述上，仍保有著對法的尊崇，以及無所得一切諸法性相的法空觀念，故云：「應無所住無生死」強調無一法，則可建立萬法的空無碍的觀念，以爲一無所得是最上乘的妙法。但是羅祖對「一無所得」的體會，似乎只停留在知識的層面，因此常流露出獨自爲尊，對正法的崇拜。但是若將此行爲認定爲宗教行爲，視之爲其自我肯定的假設因，不從哲理的角度來批判它，也自有存在的價値（註一）。

第一目　正法與邪法

羅祖的「正法」一詞實取自佛教，見破邪顯證卷第一品引金剛經及圓覺經云：「供養三四五佛遇不著正法，供養恒沙諸佛得聞正法。」羅祖引此經文著重在「不著正法」與「得聞正法」二者的價值判斷，引起一個極爲關切的問題：如何才能得聞正法？在該卷第二十三品羅祖也是借佛教經論，進一步引述：

金剛論云：文殊菩薩問佛：如何是好心二字，爲弟子解說。佛言：好心二字，須是參求明師、口訣、正法，方便得好心也。若不參求明師，不得正法，亦是入輪廻，作四生六道牛馬豬羊禽獸，亦是心不好也。

羅祖引佛經，大多自說自話，是自己的意見，而非佛書的原本文字。這一段話列舉出修養心性必有的三件東西，即爲：明師、口訣與正法，此三樣東西，該教信徒或稱爲三寶，就是要遇明師指點，傳授口訣與正法，方爲眞正的悟道（註二）。

悟道須由明師指點傳授正法才行，如苦功悟道卷第十七品云：「歷代帝古帝王還怕生死，訪明師求正法躲離四生。」破邪顯證卷第二品云：「想古人懼怕生死，各訪明師參道歸家，躲離四生六道。」訪明師求正法，是羅祖無爲教修行的最佳方式，其功效則爲：「早晨得正法，不怕晚夕回，踏破鐵鞋無覓處，算來不索用工夫。」（破邪顯證卷第十品）此功效大致上採取孔子所謂：「朝聞道，夕死可矣。」的觀念，強調一經明師指點，就可以在彈指之間了脫生死，悟人間無上妙法，故云：「彈指一超生死海，彈指明白自家，永無生死苦海。」（深根結果卷第十九品）

有正法就相對有邪法的存在，邪法的存在大致有二種原因，一爲邪人遇正法而亂自傳法，一爲正人不遇正法而亂傳邪法，見於深根結果卷第二十四品云：

有邪人運正法自要邪說，有正人說邪法說做正宗。

上等人提防著邪魔言語，遇正法無一物永無沉淪。

邪人遇正法的情形相當的嚴重，羅祖深以爲苦，於是極力的抨擊，也反映出這一種簡易修行法的內在困頓，人絕非純然成聖了，因此一遇指點就逢正法，是對人性的挑戰，最後還是因爲人性的貪念，迫使羅祖不得不如此反省：

又有一等人，成年守著祖家，不著心聽法，不當重意，不怕生死。我朝不眠夜不睡，受苦整參十三年，你不虔心參道，後人把法不當重意。

又有一等人，永不在祖家跟前，稱是師傅徒弟，外邊胡說亂傳邪法，迷人眼目永下地獄。

又有一等人，喫酒喫肉，指稱師傅外邊哄人，假稱師傅徒弟說法度人，嗔得錢物買酒買肉吃，有朝一日拏住你，休怪休怪。（正信除疑卷第二十二品）

得到三寶，若不能虔誠向上，仍舊墮入輪廻。因此羅祖的悟道，表面上談無修無證契合本心，事實上仍須有成就人格的道德行爲與修養。否則，光靠指點就悟得正道，到最後羣魔並生，妨礙正道。王源靜在解釋破邪顯證鑰匙卷的題旨時，就指出自古以來，西天有九十六種，外道三千六百旁門，都是羊質虎皮，魚目混珠，混亂正法。邪法如此之多，何者才是正法呢？這也是羅祖強調正邪之分，所造成了無可避免的矛盾與衝突。

羅祖雖然強調正邪之分，如云：「休歸邪氣歸正道，正道元是主人公。休歸邪氣歸正道，正道終日現金身。」（深根結果卷第二十四品）重點仍在悟道明心，開拓自己靈潔的金身，而一切邪法只是雜法，不得眞道，無法解脫生死，如云：

1.這雜法不是實虛花境界，不入心擋不住再往前行。這雜法到臨危都無用處，識破了不是實無處投奔。（苦功悟道卷第六品）

2.生死長生苦海苦，永失眞道再難逢。眞常之道無老死，心開解悟得縱橫。（破邪顯證卷第十五品）

3.行雜法到臨危無有倚靠，尋不著安身命永墮沉淪。（破邪顯證卷第十九品）

雜法之所以不爲正法，在於未能參大道明眞性，悟出自身本來面目，因此而有正人遇邪法的現象產生，此邪法導致人們錯用心，而生法相的執著。故羅祖強調能否遇明師指點得正法，完全來自於個人的福分，如深根結果卷第三品即爲「這個妙法不著無量大福遇不著品」，內云：

這箇妙法不著無量大福，不得遇著妙法。有緣千里來相會，無緣對面不相逢。薄福小人遇著也不參道，地獄三塗悔後遲。

遇正法靠緣分，受個人福報的影響，完全是宗教性的行爲，適合傳教，迎合一般民衆的信仰心理（註三）。卻與其教義「照見自己見如來」的自覺功夫，產生相乖違的現象，存在執一偏之見的法執。所謂法執，即強調己法的妙用，未透悟金剛經所云：「若見諸相非相，即見如來。」有見皆妄，能去得一分妄見，即是去一分執著。然而羅祖一方面強調性無自性，一方面又不能自性隨緣，設立「福分」的條件，限制無自性的自由發展。摩詰經云：「行少欲知足，而不捨世法，不毀威儀而能隨俗。」羅祖正法與邪法的辯證，正是缺乏「不捨世法」的積極意義。

第二目　明法與隨法

羅祖對於「法」的詮釋，自有其一套理論系統，雖然偶有矛盾現象，與先聖明言，仍多能契合。唯有進一步探衍出其基本概念，方能體會民間對法的了解及其演化的歷程。

羅祖反對執著法相，引優曇語錄云：「念不是佛，坐不是禪，當面蹉過，執法成顛。打牛即是，打車即是，識破何曾直半錢。」（歎世無爲卷第十一品）執法成顛，即云不著正念，偏執相法，迷了自性。重視空即是色，主張不著空，不著色，方是明道人，如正信除疑卷第九品云：

> 心經作證：空即是色，色即是空。一切有相，都是色相。執著色相修行，到臨危散了色相，勞而無功撲了頑空。空即是色，地水火風，到臨危四大散了，無處安身立命，撲了頑空，色即是空。這便是空即是色，色即是空，執著色相，撲了頑空，到臨危無處安身立命。

羅祖表面上借心經的話頭，指出空即是色，色即是空的心融萬有體用一源之合一思想，但是在字面上很明顯可以看出羅祖是否定色相，肯定空相，空相與色相之間有了一道很明顯的鴻溝，所以再三地聲明：「執著色相，撲了頑空。」

羅祖強調空相，以空遣有的觀念相當濃厚，如歎世無爲卷第十一品云：

天也空地也空空即是色，佛也空法也空色即是空。
銅佛空鐵相空空即是色，僧也空俗也空色即是空。
出家空在家空空即是色，坐禪空禪定空色即是空。

類似這樣的句子，還有十幾句，羅祖認爲世間一切名相，背後都是空法，所以云：「這些法掃不了撲了頑空。」唯有洞徹空相，才能不執著顯自身。

羅祖重視「空」，基源於衆生執著色相，不知是空，迷己迷物隨物流轉，故以空來破執有，其目的仍在「原始返終」，欲人復得生命本眞，證悟宇宙亙存眞理。去除執著，才能表現平等如一不爲物累的眞性，見下列各章：

1執著在家生死路，執著出家有輪廻。都不執來都不掛，自己眞人難描畫。（破邪顯證卷第五品）

2色即空空即色不明大道，執相修苦修行撲了頑空。這無生超修行八萬大劫，這無生一超過一切修行。（破邪顯證卷第七品）

3.執受戒牽連的不得自在，執破戒牽連的不得自在。都不執本來無縱橫自在，又不增又不減本來現成。（深根結果卷第十品）

世間相多兩兩相對，徒生煩惱，煩惱源於我執，欲破除我執，必先去除相執，故云：「都不執本來無縱橫自在。」到最後連「都不執」的心也要去除，才算眞正的明道，如神會五更轉云：「迷則眞如是妄想，悟則妄想是眞如。」但是羅祖在這一方面似乎用力不多，才會有「都不執來都不掛，自己眞人難描畫。」的對比句型，彰明其功利獨尊的心態。

不明大道是因爲執著色相，又見歎世無爲卷第八品云：「說因果當佛法不明大道，引迷人望想心撲了頑空。」破邪顯證卷第十九品則云：「不明道千死了永墮沉淪。」此引文王源靜的補註值得注意：「以爲得道，若不明自性，心中不實，即是餓法，甘墮地獄，永不翻身。」得道必須明白自性，才算是明道之人，否則仍是邪道。何謂明道之人，正信除疑卷第二十一品云：「明道之人便不思量，自可忘，不可思，人法雙忘萬事休。」人法雙忘是明道的本質，其根本則在體證虛空，在正信除疑卷第二十五品說明：

有也了無也了人法都了，聖也了凡也了了了修證。

佛也了人也了因果都了，有相法無相法了了虛空。

羅祖從虛空本源處，去除有相與無相的衝突矛盾，極能契合其敎義思想。可惜又往往被其傳敎性的語言所泯沒。

明道亦即明法，如何才能明法呢？羅祖認爲「心外休取法」：

> 正信希有，一念無差，心外休取法。心若取法，凡聖皆差。心若無念，却被雲霞，圓明一點，春來樹樹花。（苦功悟道卷第十八品又見於破邪顯證卷第八品）

所謂心外取法，就是迷著色相，如破邪顯證卷第二十三品云：「執著夫子老君佛，執著三教，心外求法，又墮沉淪。」靈明玄妙的本心即明法的呈顯，亦是明法的妙用，故心外無法，一切色相法皆是心外法，如破邪顯證卷第十品云：「一切都是心外法，道果雙忘無輪廻。」破邪顯證卷第十四品云：「一切都是心外法，生死輪廻苦無窮。」

明法也可稱悟道，悟道不是件容易的事，如云：「師傅慈悲包含你，悟道菩薩有幾人。」（破邪顯證卷第十三品）足見所謂得道，只是悟道的方便法門，離悟道仍有段距離，故羅祖自云：「下苦功十三年纔得省悟，纔認得釋迦佛不壞眞身。」（苦功悟道卷第十五品）羅祖強調無爲法，以爲一經指點即可得妙法，在其自身是相當矛盾的，一方面承認人性皆善，一方面又承認人的習性有善惡，法不可亂傳，故要擇人傳法，才能明法的妙用。這種矛盾，在羅祖牽就世俗功利，企圖建立一個簡易修法的法門時，即已存在。羅祖爲了沖淡此一矛盾，只好再加強明法的意念，以爲明法即是明自性清淨離相之法，加速自我心性提昇的力量，如破邪顯證卷第十八品云：

> 希有世尊，善說法界，自性清淨離相之法，我今得悟，罪業性空，不生怖畏得大快樂，聞佛所說清淨之法離相之教，而不復生恐怖之想得大快樂。

又破邪顯證卷第十二品也強調「自悟本性」的重要性：

忽然自悟自見本性，超過諸佛位，便是超佛越祖之功，若不自悟，終不成道。

無法悟得自性清淨的本體，就不能成道，用此一方式來限制正法的普遍性，正法人人得聞，也人人可以了脫生死，但是其前提：必須聞正法的當下，獲得自性的頓悟，否則必須不斷地參大道明眞性，來提昇自我的心靈，如歎世無爲卷第三品云：「參大道明眞性十方照徹，永無生永無死永無輪廻。」

「明法」的另一層次表現，就是「隨法」，所謂隨法的精神，見正信除疑卷第十一品引報恩經云：

善男子善女子知恩報恩：一者隨法不隨人；二者隨議不隨字；三者隨智不隨識；四者隨了義經不隨不了義經。

此四者在五部六册裏，對第一點隨法不隨人的闡敍最多，將「人」字解釋爲人情，據王源靜詮釋可得羅祖對此句的體悟方式：「一切諸佛諸祖，出生利物，惟依正法心宗，不依人情而談雜法。有等假充知識度人，不依正法濟物，專以雜法邪宗，引後學誑惑世人閃賺人，萬劫無有出路，故遵依正法，莫順人情。」隨法不隨人，即爲隨正法不隨人情，依羅祖自己的話頭則爲「不把佛法順人情」。

不把佛法順人情，即是擇人授正法的引申，以補救正法過於氾濫，所造成的弊端，故該品云：「有心待要順人情，大地衆生無投奔。」同卷第二十四品云：「我順人情不打緊，大地衆生無投奔。能著凡身當時壞，不把妙法順人情。」所謂順人情，是順著人的習染私心，而衆生多貪嗔癡，順著其人情，必然是非顚倒，邪法叢生，有如智儼大師華嚴五十要問答：「邪貪者於一切順情之處，純見其善；

無善見善，小善見多善，以善攝惡，俱作善解，故名顛倒。邪嗔者於違情之處，純見其惡；無惡見惡，小惡見多惡，皆作惡解，故名顛倒。邪癡者善內得惡不覺，惡內失善不知，故名顛倒。」

佛法與人類私情恰好表現二種極端，佛法是自性向上超越，人情是自性向下墮落，一個彰顯自性的明潔，一個增添自性的迷妄，因此順著人情，一切修行也多雜法，迷失眞性，故正信除疑卷第十一品總結說：

我順人情不打緊，一切脩行無投奔。我順人情救了我，一概修行無投奔。能著凡身當時壞，不把佛法順人情。當時凡身化膿血，不把妙法順人情。

隨人者欲生邪念，不信自心墮入邪道。因此不可順著人情亂傳佛法，否則佛法也無處皈依，必須有悟道明心的智慧，方能傳予正法，啓廸其內在的智慧。

第三目　傳法與護法

不可隨人情亂傳授正法的另一個原因，來自於羅祖因傳法時所遭遇到的挫折，特別感覺到無緣無慧無福之人，終與正法無緣，見於歎世無爲卷第四品：

我參出這一句義，千辛萬苦，十三年晝夜不放參，苦中下苦參出來。你現成得法，粉骨碎身，實難酧報。愚癡大膽，怎敢呼人天之師……我今與你無修無證現成，不增不減永無四生六道苦惱，與諸佛齊肩。永無生死，永無三災八難，拆骨碎身，難報祖恩，怎敢呼人天之師，我不著你擔著。現成傳法，實不虧你，實不虧你。

羅祖花用了十三年悟得無爲妙法，此法不修不證經明師指點，故稱「現成得法」。可是此「現成得法」隱藏著二種現象：一爲無福之人難著妙法，一爲妄人道聽途說妄傳正法，造成法統混亂，正邪並生。人人都可以傳法，也人人都自認爲自己所傳之法才是正法，正法何其多？故知「現成得法」是根本不可行，將因人類的私心導致宗教信仰的一場大混亂。

前一段引文，據王源靜補註，認爲是羅祖警策法師，在傳法上應具有二種態度，上求大智高流，遮相究竟；下化隨順一切衆生，觀機應教，不可妄爲師長，強作人天模範。因此傳法者要心似大海，不可心存邪念，故云：

我勸你傳法人心似大海，天下水歸大海海納百川。

我勸你傳法人心似大海，有善人有惡人天地包容。

心似大海是指心海清淨永離垢業，如海的寬容，唯有寬容的氣度，方能排除邪惡的意念，長智功德，增加悟道的信心，故又云：「我勸你傳法人心似大海，但信心肯來參與師同肩。」與師同肩才能得正法，才能傳正法。

傳法者是散播正法的人，必須悟得眞道，返照迴光，現眞身顯神通大徹大悟的人，否則，其傳法必爲雜法，只是妄爲師長罷了，不能度化衆生脫離生死苦海。一般信徒不能作傳法人，但必須作「護法人」，所謂護法人就是護持正法，推廣正法，幫助傳法人散佈正法，如歎世無爲卷第一品云：

苦勸你一切人都要護法，肯護法成佛位福祿無邊。
苦勸你一切人都要護法，肯護法成佛位功德無邊。
我勸你好君子都要護法，肯護教成佛位福祿無邊。
我勸你一切人都要護法，到臨危諸佛護亦得生天。

羅祖對信徒的護法，完全是功利式的引誘動機。就其實效而言，極能掌握百姓趨福避禍的心理，以實質的福報吸取百姓虔誠的護法行爲。又如同品云：

護法人福祿大諸佛保佑，勝似你捨金銀積滿乾坤。
護法人功德大閻王歡喜，勝似你捨布施積滿乾坤。
護法人功德大無有地獄，到臨危諸佛護顯大神通。
護法人福無邊諸佛保佑，到臨危閻王護顯大神通。

爲什麼要護持正法呢？因爲護持正法可以得到神佛的保佑，也能得到閻王的歡心，以致出離苦海，福祿無邊，又能受神佛護持，回歸家鄉。

護法人的消極作爲，就是休謗正法。護持正法，是正面的行爲，羅祖採用鼓勵誘導的方式；休謗正法，是負面的行爲，羅祖採用心理威脅的方式，如歎世無爲卷第二品云：

謗法罪無邊際實難解救，謗法罪無邊際永不翻身。
謗法罪無邊際實難解救，謗法罪地獄裡罪業無邊。

誇法罪無邊際實難解救，謗法罪失落了永不翻身。
謗法罪無邊際實難解救，謗法罪轉四生不得人身。

羅祖以下地獄爲手段，促使信徒產生恐懼的心理，而不敢誹謗正法，如云：「毀謗正法正是苦，久後受苦好恓惶。」（正信除疑卷第七品）

羅祖對毀謗正法的結論是：「毀謗正法，下無間地獄。不信就是毀謗。」（歎世無爲卷第二品）不信就是毀謗，其語氣似乎太強硬，有一股獨自爲尊的氣勢。但是這種氣勢來自於其至上神無上權威與神通，如同品云：

苦勸你一切人休謗正法，天和地誰托著誰人安排。
苦勸你一切人休謗正法，你躧地誰托著誰人安排。

又云：

我勸諸人休謗法，生老病死誰安排？我勸諸人休謗法，臨危生死誰安排？我勸諸人休謗法，三教經書誰安排？我勸諸人休謗法，山河大地誰安排？

休謗正法的原因，就是對至上神無條件地皈依，進一步自我要求，參大道明眞性，解脫生死輪廻。

羅祖對正法與佛法之間的區分，經常混淆不清，如歎世無爲卷第十品云：

苦勸你謗佛法休謗正法，罪過大無邊際雪上加霜。
自己罪受不盡又自攬業，謗佛法難解救永不翻身。

你謗法不打緊背了佛願，苦衆生無人度誰轉法輪。
發弘誓替諸佛受苦傳法，老唐僧取眞經只爲衆生。

正法有時可以稱爲佛法，有時又與佛法並稱爲二，其中「謗佛法休謗正法」是將正法提昇在佛法之上，然而云：「謗佛法難解救」佛法又是正法的代稱。很明顯，羅祖的正法觀是由佛法改變而成，但是又要標榜其正法是唯一至上的佛法，於是對佛教經常加以抨擊，卻反過來要求出家人休謗正法，如破邪顯證卷第三品云：

勸比丘比丘尼休謗正法，優婆塞優婆夷休謗眞經。
四衆人佛弟子都要領受，無出家無在家一體虛空。

很明顯羅祖自認爲其正法在佛法之上，所以無在家出家之別，這種分別只限於要求佛弟子必須有如此觀，自己卻常批判佛教，如云：「在家人出家人個個都有，男和女女和男個個圓成。自爲你有分別不明大道，但分別心有二永墮沉淪。」（破邪顯證卷第一品）這種話語是對佛教僧衆說的，在羅祖的觀念裏，正法是高出佛法的，佛教徒無權利批評正法，但是羅祖却可以反過來批評不成大器的通俗佛教，這正是羅祖獨自爲尊的宗教心態（註四）。

第二節　羅祖眼中的佛教

佛教自宋代念佛結社的興盛，進入百姓的習俗生活，成爲庶民文化的一部分，因其宗教儀式與教義對民間教化影響甚鉅，而引起知識分子如沈榜的「宛署雜記」（萬曆廿一年）、謝在杭的「五雜俎（萬曆年間）等作品的出現，對民間社會的佛教信仰的實態有極深的透視，但是本著儒家理性的人本主義，極力地抨擊非難。除了知識分子的專門性著作外，明代小說也出現若干佛教信仰的寫實描述，其中以「金瓶梅」一書曾出現多次當時的佛事，其中有一節敍述佛教替人幫喪事行法會的記錄，足見佛教與民間習俗已打成一片，雖然文中對佛教徒衆極爲不敬，比如在潘金蓮替亡夫武大郎擧行百日法會時，僧侶們覷其豔恣，心慌意亂，不是行錯禮，就是念錯經；另外又敍述僧侶居高堂佛殿，自不耕作卻無所事事滿腦子色慾。這雖是文人筆下的人物，但也反映出當時民衆對佛教僧衆的一種成見。這種成見，隨著佛教的庶民化與普遍化以後，由於僧衆的良莠不齊，加上此時大衆化的佛教已遠離了佛教的本質，增添了許多習俗的色彩，加深知識分子對他們歧視與誤解，所以到了雍正二年（西元一七二四年）雍正皇帝講述康熙九年（西元一六七〇年）頒佈的「聖諭」十六條，製定了「聖諭廣訓」。其中第七條「黜異端以崇正學」對大衆化佛教，曾如此批評：「如吐妄說而謂一子出家九族昇天；說地獄、輪廻、報應等之虛談以惑人；設龍華會、蘭盂會、救孤會，男女混淆，不分晝夜，講經說法以計利；甚而至於立黨結盟，逆於大義名分，惑世誣民。」

雍正皇帝輕視佛教其來有自，除了反映知識分子對民間通俗文化的排斥外，也反映部分民衆對佛教的態度，如中國地方俚俗諺語對佛教極爲諷刺與不敬，如云：「和尚思婚，尼姑思春。」、「交官窮、交客富，交和尚得緣薄。」、「和尚見錢經也賣」、「十個姑子九個娼，餘下一個也瘋狂。」這些諺語雖然未必是事實的寫照，卻反映了部份百姓對佛教的歧視。羅祖的時代正是民間通俗佛教盛行的時期，雖然比以上敍述的書籍年代早，但也可以由五部六册中，羅祖對佛教的抨擊，看出當時民間通俗佛教的一些端倪。

羅祖的悟道，首先是念阿彌陀佛，企圖往生西方極樂世界，後因鄰居的老母身亡，請了僧衆開法會念經，因無意中聽到念經的聲音，在「宣科儀念得好入耳堪聽」下，從此下苦功勤讀經書。在五部六册中，羅祖屢次引用佛經來印證其教義，可以說羅祖的智慧來自於佛教，但是羅祖感受當時通俗佛教的墮落下墜的現象，亟欲以其體悟的教義來挽救通俗佛教的弊病（註五）。因此，其所抨擊的宗教現象，未必是佛教本身，只是他個人對當時佛教自以為是的看法罷了。茲將羅祖眼中的通俗佛教概述於后：

第一目　批判通俗佛教的制度

佛教制度原無正統與通俗之分，然而羅祖所觀察的只是當時庶民佛教的樣態，其制度與教義或許與佛教大異其趣。通俗佛教與正統佛教的差異，謝在杭的「五雜俎」（筆記小說第八編第六册）卷八，有一段評論值得參考，以明白明代所流行的庶民佛教：

今之釋教，殆遍天下，琳宇梵宮，盛於黌舍，唪誦咒唄，囂於絃歌。上自王公貴人，下至婦人

> 女子，每談禪拜佛，無不灑然色喜者。然大段有二端：血氣已衰，死生念重，平生造作罪業，自知無所逃竄，而藉手苦空之教，冀爲異日輪廻之地，此一惑也。其上焉者，行本好奇，知足索隱，讀聖賢之書，未能躬行實踐，厭棄以爲平常，而虛無寂滅之教，聞明心見性之論，離合恍惚，不著實地，以爲生平未有之奇，亘代不傳之秘。及一厠足，不能自返，而故爲不可捉摸之言以掩之，本淺也而深言之，本下也而高言之，本近也而遠譬之，本有也而無索之，如中間一條大路不行，却尋野徑，崎嶇百里之外，測景觀星，而後得道，自以爲奇。此又一惑也。先之所惑，什常七八，後之所惑，百有二三，其於釋氏宗旨，尚未得其門，況敢窺其堂奧哉！至於庸愚俗子，貪生畏死，妄想求福，又不足言矣。

謝在杭是以儒家的立場批評當時學佛的幾種發展趨勢，雖然堅守儒家教化的治世風範，但是表露出其深刻的觀察力與嚴謹的說理態度，反映出當時民衆與知識分子的一些特異的學佛心態。一般百姓念佛禮佛，大部分只是貪生畏死，妄意求福罷了；而一些知識分子則迷惑於佛教的外在名相，捨近求遠，故弄玄虛。如此信佛拜佛的風氣，謝在杭總評爲：「其於釋氏宗旨，尚未得其門，況敢窺其堂奧哉！」

羅祖的宗教信仰，完全來自於社會基層，代表鄉土百姓的基本宗教理念，因此其宗教心態，也無外乎排除造業罪孽，解脫生死輪廻，偏重於社會大衆共同信佛的態度。庶民對佛教的眞正要求，不在於高深的哲理體系，而是莊嚴的儀式足以滿足其延年益壽，消罪趨福的心理。儘管正統的佛教鄙視其爲現世利益而排斥在佛教教團之外，但是不可否認佛教僧衆爲了生存以滿足社會大衆，以致地方性的僧衆也有強烈庶民宗教性格的傾向。羅祖可以說完全順著此種庶民宗教性格的佛教內涵，改革而成，使其宗教更能滿足鄉土百姓的心理需求。等到羅祖羽翼長成，理論大備，反過來排除這種依附於百姓宗教性格的佛教，開拓其獨自爲尊的民間宗教。

因此，羅祖批判佛教勢在必行，首先指向佛教的僧團制度，反對出家修行，詳見歎世無爲卷第八品「祖歎出家品」云：

我讚歎出家人心裡痛切，撇爺娘抛親戚躲離鄉村。
到東家化碗飯低聲下氣，到西家化碗飯衆狗纏身。
這家狗送出來那家狗接，有親戚和爺娘那箇知聞。
善人家化碗飯便著坐的，惡人家化碗飯疾趕出門。
每日間爲碗飯終日掛碍，肚裡饑忍不過終日操心。
在家人有病患親戚看望，出家人有病患那箇來問。

羅祖反對出家修行，主要是針對僧衆不耕而食、不織而衣的經濟生活，所謂「不耕不蠶，空以徒食」是一般人謗斥佛敎的主要論點，而羅祖將這種經濟生活具體的描寫，活生生呈現出僧衆爲了生活托鉢的遭遇。不耕不織主要是爲了修道，但是羅祖亦有懷疑如云：

到陰司十閻王他便問你，我問你出家人倚何修行？
指佛食指佛穿賴佛食飯，我問你掌教佛何處安身？

賴佛食飯又未必能頓悟眞道，是羅祖對佛教僧衆不滿的主因。在當時佛教僧衆有的不是爲了修道而是逃避賦役，如弘治年間（西元一四八八年——一五〇五年）尚書馬文什的奏章云：「其軍民壯丁私自披鬀而隱於寺觀者，又不知幾何？創修寺觀遍於天下，妄造經典多於儒書，敗化滅倫，蠹財惑衆。在京師達四方，公私之財耗於僧道者過半。若不嚴禁，將來遊食者何有紀極？」佛教僧衆不是爲了修道而出家，則其世俗性格必然依舊，也就擾亂了佛門淸規，造成鄉土百姓對這些僧衆的嘲諷。

羅祖認爲在家也好，出家也好都必須嚴守紀律，誠心修道，如破邪顯證卷第一品云：

休別在家出家，不拘僧俗，而只要辨心，本無男女，而何須著相。未明人妄分三教，了得的同一心，若能返照廻光，個個圓成。

在家若能居紅塵而不染習性，處愛慾而未放縱，何必要脫離人間披緇出家呢？出家若心念紅塵，未能明心見性，又與凡人何異？在家出家如何廻光返照，悟得本心，羅祖依佛教皈依的儀式，以爲必須嚴守三寶，在破邪顯證卷第五品載錄三寶的要義：「自皈依佛等，當願衆生，體解大道，紹隆佛種。自皈依法，當願衆生，深入經藏，智慧如海。自皈依僧，當願衆生，統理大衆，一切無碍。」

對於三寶的詮釋，羅祖較近於禪宗，如引蘆山寶鑑云：「三寶者，自性開覺，名爲佛寶；自性眞正，名爲法寶；自性淸淨，名爲僧寶。離此心，別說三寶，無有是處。」又常云：「佛在靈山莫遠求，靈山就是本性人。本來面目眞淨土，臨危之時顯光明。佛法僧寶在人心，三寶就是主人公，本性就是眞三寶，臨危之時顯金身。」但是羅祖認爲，不可執著於皈依三寶這個假象，雖然在儀式中發下弘願，若未能體悟本心，此儀式也就無意義了，故續云：

此身不是眞三寶，當時身化血光願。此法若要誑哄你，當時身化血光願。

此心不是眞三寶，誰敢捨身發弘願。問你本性何處去，著你歸家不信心。

羅祖對三寶的詮釋又與佛教不同，將三寶當成妙法，以爲人人承當自性三寶，就可頓悟本性，回歸家鄉了。

羅祖對三寶表達自己的意見，對於受戒此儀式的意義，羅祖也重新詮釋。羅祖先依智度論闡明受戒持戒的要義，見破邪顯證卷第十八品云：

若菩薩觀持戒破戒受戒三事俱不可得，是名智慧……觀持戒破戒皆從因緣生，從因緣生故無自性，無自性故畢竟空，畢竟空故不著，是名般若波羅蜜。

以爲修行人有三種：第一爲下等人，即破戒之人；第二爲中等人，即著戒之人；第三爲上等人，即不著戒之人。王源靜補註進一步說明云：「若乃破戒者，著在有心破戒，知而故犯，不信因果。這等行持，乃是帶罪犯人，豈無地獄？若是了悟之人，戒本清淨，在人所爲。若乃有心受戒持戒，圖其來世，人天福報受其快樂，延年益壽妄想希求，但起一念有心，即生煩惱繫縛，不能解脫。」

很明顯羅祖反對有形的持戒，也就降低僧衆出家受戒的意義，此觀念大致受禪宗影響，如同品引藥山公案云：

藥山問高沙彌：「甚處去！」曰：「江陵府受戒去。」曰：「受戒圖個什麼？」沙彌曰：「圖免生死。」山曰：「有一人不受戒，亦無生死可免。」高沙彌因悟本心，更不受戒。不受戒而悟道即爲羅祖強調的所謂眞佛法，在今日仍有身著袈裟而不受佛戒的僧衆團體，即是羅祖的遺裔別支，與正統佛教大不相同；但就表面形態而言，卻自稱爲佛教，混同於佛教，若未深入其內涵，很難作判教的分別。或可云羅祖爲通俗佛教的改革派，根據其所吸收的佛理，進一步的鄉土化與大衆化的宗教（註六）。

羅祖也反對通俗佛教的木偶像崇拜，以爲印經造像，只是外在的傀儡，未能明白自身眞性，如破邪顯證卷第十品云：

> 爲僧爲俗，坐禪受戒，誦經食齋，拜五台、遊方、修寺、建塔、塑佛像、拜佛、戳火、煉魔、印經造像，這便是美傀儡斷了氣一時休，尋不著出身之路。

一切佛教的外在形式，羅祖皆以悟道與否的標準加以反對，若不能明白眞性，一切作爲都是美麗的傀儡罷了。佛像在佛教是神聖莊嚴的象徵，是佛的法身，羅祖則加以批評，見破邪顯證卷第十二品云：

> 大顚云：引迷衆生，泥龕塑像，黃卷赤軸，說因說果，天堂地獄，諸佛地位，三賢十聖，緣覺聲聞，四聖六凡，次第接引，迷人向外馳求，終不成就。

又云：

> 無垢註解心經云：方便引迷人，泥塑木雕，黃卷赤軸，說因說果，都是假名。天堂地獄，改惡向善，緣覺聲聞，十聖三賢，諸佛地位，引進迷人，都是虛境。

這二段話意義相近，前半段批評佛教的外在形態，後半段批評佛教的教義內涵。羅祖反對佛像，也是就其內涵而言，如云：「釋迦佛想當初本無佛像，釋迦佛無佛像倚誰修行，釋迦佛無佛像無有倚靠，釋迦佛無倚靠獨自爲尊。」（正信除疑卷第十六品）釋迦佛獨自爲尊，表示佛像並不能取代修行，迷著佛像，只是向外馳求，不能頓悟本性。

同理經書也不可執迷，如續云：「孔聖人想當初無有師傅，無師傅無字脚本無書文。」經書不可執迷，同理念經也就無意義了，故常云：「念經念佛生死路，執著念頭是邪宗，聲色求佛邪迷路，念佛不得見如來。」（破邪顯證卷第十三品）反對念佛，不只是針對佛教的外在形式，也扣及內在教義的批判。

第二目　批判通俗佛教的教義

羅祖屢用佛經來參證己見，然而羅祖對佛教教義並非全盤吸收，是用自己的思想模式套用佛教經義，一有分歧產生，則全力抨擊，如釋迦牟尼都免不掉被批評的噩運，見正信除疑卷第二十四品云：

> 當初掌教不做主，衆人亂傳到如今。亂做雜語迷人眼，後代衆生無投奔。
> 當初掌教不做主，亂傳邪法到如今。亂傳邪法爭名利，不想久後墮沉淪。

釋迦牟尼佛的因緣說教，被指責爲「不做主」，以致正法不明，邪法亂傳，衆法紛紜，莫衷一是。後代衆生爭名奪利，使佛陀的教義隱晦而不明，未能解脫生死之道。

佛教經典雜陳，羅祖有褒有貶，羅祖肯定的經典有四，見深根結果卷第二十四品云：「大乘卷是寶卷纔是正道，圓覺經是正道都要明心。金剛經是正道能掃萬法，說心經是一本都得明心。」大乘卷是民間通俗佛教的宣卷，不算是佛經，眞正爲佛經的是：圓覺經、金剛經、心經。其中以金剛經評價最高，見正信除疑卷第八品云：

夫金剛經者，自性堅固，萬劫不壞，況金性堅剛也。般若者智慧也，波羅密者，登彼岸義也。見性得度，即登彼岸，未得度者，即是此岸。

又詩云：

此經佛說數千年，無量人天得受傳。憶得古人曾解道，更須會取未聞前。

羅祖獨崇金剛般若波羅密多經，取其登彼岸悟眞性之義，更進一步認爲人人本有一卷眞經即金剛經，莫向外求，直取本性，使句句冥合眞經，莫執著文義，墮入外道，如贊歎心經云：「心經本來無修證，心是佛來佛是經。一切萬物心變化，劈撥覽草是此經。」經典的奧秘在於契合眞性，而非文字本身。

由於強調言語冥合眞心，所以反對執著文字，詳見破邪顯證卷第二品云：

或有執著文字經義，多失人身，多爲邪見。執著文字經義，背明投暗，飛蛾投火，談玄說妙，畫餅充饑。登山須到頂，入海須到底。參道要到佛祖不到處，若不到佛祖不到處，盡是一草精靈。超佛越祖之功，豈有文字之義。

又詩云：

執文字自家病不知不覺，大衆聞聽字脚成了病根。
執文字久已後成了大病，久以後病重了退了道心。
執著文跟文字飛蛾投火，執字文談玄妙成了病根。
也無字也無妙縱横自在，顚來倒倒來顚自在縱横。

王源靜對文字經義有一段很好的詮釋：「文字以爲道之用，道乃文字之體，經義者乃是度人之舟筏。古德云：過河須用筏，到岸不須舟。行人執著文字經義，向外鑽研，不悟自心，故云：背明投暗。」羅祖反對執著文字，實受傳統哲理——得意忘言——的影響，也承續了禪宗不立文字的精神，以爲直指本心，即能縱横自在。在正信除疑卷第二十一品亦有一段類似的言論：「但不曉的妙意，跟著文字字義走，文字往東跟著往東，文字往西跟著往西，但跟文義牽連，飛蛾投火。」

羅祖從反對執著文字，進一步站在未受教育的民衆立場，強調不識字又何妨，同樣可以悟本性成正覺，反而那些知識分子苦於文字所迷，不能成正覺。這種論調是將禪宗的「不立文字」作澈底的通俗詮釋，見深根結果卷第十四品云：

苦修行深識字不能成道，豈爭你學兩字迷悶別人。
爲僧道深識字不能成道，豈爭你學兩字論武論文。
在學堂深識字不能成道，初學字能幾個去悶別人。
都秀才深識字不能成道，初學字能幾個勉強悶人。

在傳統社會，士人的地位相當的崇高，尤其在明代科擧制度下，進學堂中秀才有其特殊的名與利，在地方上享有名望與聲勢。但是羅祖爲百姓說話，以爲多識字有何了不起，明道才是究竟，不要迷戀名利，唯有了脫生死，通天徹地，就比員生秀才高明百倍，這種鼓吹，自然深得民心，爲百姓開拓另一個層面的精神生活。羅祖爲了讓民衆心悅誠服，擧例說明：「達磨祖不立字成了正覺，釋迦佛一字無亦得成尊。說六祖一字無成了正覺，張善和一字無亦得成尊。」

羅祖不是反對經書，其讀經的態度如下：「讀經須解義，解義始修行。讀經不解義，多見不如盲。」（破邪顯證卷第十九品）讀經須明瞭經義，不可一味信服。羅祖對涅槃經及其他經典往往取一、二句而添入自己的意見，此其解經明義的妙法，如同上品云：

涅槃經說雜法無有利益，行雜法下地獄永墮沉淪。
食淡飯不食鹽即是邪法，這點鹽了不的怎敢爲尊。
食糠汁不食飯即是邪法，這碗飯不敢食怎敢爲尊。
豬和狗不食鹽即是豬狗，涅槃經比豬狗勞而無功。

這四句都有出處，一、四句襲用涅槃經的話頭如：「比豬狗勞而無功」等，進一步說明行雜法永墮沉淪的現象。二、三句，據王源靜補註以爲引自「大明三藏經」，據其引文原爲：「吃糠汁，不吃飯者，乃是外道。」「不食鹽，食淡飯者，乃是外道。」羅祖隨意引用佛書而申論己意，不受佛理限制，即是其自以爲是，明瞭經義的作風。

羅祖引用佛書名相，有時只是爲了加以抨擊，並未深究其義，如正信除疑卷第二十三品云：「說鹿車羊車牛車，說三乘五教，本來無臨危也用不著。」羊車是指小乘，鹿車是指中乘，牛車是指大乘，五教是小教、始教、終教、頓教、圓教。羅祖未說明三乘五教的意義，只以己意加以否定，以爲此種教義不能解脫生死，不是根本之道。羅祖如此斷章取義的論理方式，是其宣教的主要方法，對知識程度低的百姓頗有說服力，又舉正信除疑卷第一品爲例：

> 覽集十善品：天人生滅福，生死如車輪。大涅槃經一十八卷作證：迷人不知虛空，諸佛境界，永在苦海，不見佛性。常爲煩惱繫縛，流轉生死，永劫不得翻身。我要誑語，當時身化血光，不過二日。

引用佛經文字，作通俗性的詮釋，在文雅之中透露通俗的民衆意識，再由此種意識吸引百姓信奉此種信仰。

通俗佛教傳教的內容，無外乎強調因果與業報的觀念，羅祖針對這兩種教義，大加批判，先敍述其對因果的看法，見於深根結果卷第十四品云：

> 說字脚說因果跟人討飯，說因果是誑語成了病根。
> 一分實十分虛本來無有，說茶飯不得見勞而無功。
> 說因果哄迷人多有閃賺，說因果是誑語亂了人心。
> 踏實地本來無本無因果，又不生又不滅自在神通。

增不上減不下難描難畫，無量劫無欠少自在神通。

小兒人不惺悟自說因果，說因果是誑語自是虛言。

羅祖認爲僧衆大談因果，只是討飯吃，賣弄玄虛，無中生有罷了。說因說果都是誑語，是巧語花言哄騙人，羅祖認爲萬法本來無，無中如何生因果，不生不滅自在神通，方是究竟佛法，大談因果變化是賣弄是非，增添語言的罪障，王源靜補註云：「正是口頭三昧，豈能明道？」

業報是佛教勸人止惡爲善的主要教理，羅祖引用大藏一覽集第五卷懺悔品未曾有經的一段話來批評通俗佛教過於強調業報，是錯誤的作法，見破邪顯證第十八品云：

妙吉祥菩薩，因見一人悲泣，發言我造殺業，決墮地獄，菩薩慈悲，即化一人。亦復啼哭，發言我造殺業，決墮地獄，如是二人，同往問佛。化人白佛：「我造殺業，求佛懺悔。」佛言：「汝造殺業爲過去耶？未來耶？現在耶？若起過去心者，過去已滅，若起未來心者，未來未至。若起現在心者，現在不住。三心俱不可得，即無起作，於其罪福何所見耶？

羅祖作十言韻文讚誦云：

有一人殺生業心中煩惱，我殺業墮地獄膽戰心驚。

望佛所求懺悔我造殺業，佛世尊開言曰轉大法輪。

你殺業渾身上業在何處？本無業強生業體是虛空。

因果、業報、輪廻的相互作用，構成佛教獨特的人生觀與宇宙觀。佛教業力報應的觀念早在佛陀之前，文獻可徵者始於「四吠陀」梵書，常見於奧義書，佛教則將業力轉化成爲宇宙緣起的原動力，如中阿含鸚鵡經云：「衆生因自行業，因業得報，緣業依業，業處衆生，隨其高下處妙不妙。」業力由因果而生，善行者得善果，惡行者此惡果，善惡配合業力因果，形成佛教的倫理觀，與中國儒家的道德思想不謀而合，成爲通俗佛教的宣教主題。但是佛教的十二因緣通現在、未來、過去三世之說，有其獨特的哲理系統不是簡單的善惡觀念可以含攝。羅祖洞悉鄉土百姓對哲理有簡化的趨勢，乾脆擺脫一切佛教名相，去除業力的觀念，強調虛空的萬能變化及立地成佛的簡單易解的頓悟妙法。

第三目　批判通俗佛教的修行

前二章曾提及羅祖針對當時修行法，加以駁斥，提出無爲法的修行方式。本節則選擇明代通俗佛教較流行的修行法，比較對照羅祖提出無爲法的宗教信仰心態。

明代佛教的特色，是宗派意識的淡薄，在明初仍分禪、講、教三派：所謂禪是指修行坐禪公案的禪宗；所謂講是指天台、華嚴、法相、唯識等宗派，以講說經典爲主；所謂教是指執行法事儀式的瑜伽教寺，是由律寺演變，爲明代佛教的特色（註七）。明洪武十五年規定各類僧侶應穿的法衣有不同的服色：禪僧服茶褐色衣及紅條玉色袈裟，講僧服玉色衣及紅條淺紅袈裟，教僧服白衣及黑條淺紅袈裟。但是稍後三派的服色漸趨同一，三派也相互合流，高揭禪教律三學一源，且日漸與庶民文化合流，司掌死者葬儀、年忌法要、祈福禳災的僧衆漸成佛教的主流，爲了滿足百姓驅災求福的心態，簡易修行而又立刻成效的「禪淨合流」，成爲這些通俗僧的宣化內容（註八）。禪淨合流的方式，見於破邪顯證卷第十品引淨土指歸集永明智覺禪師的偈云：

有禪無淨土，十人九錯路。無禪有淨土，萬行萬人去。

羅祖所謂永明智覺禪師，係指五代蓮宗六祖延壽法師，引自其「四料簡」，全文爲：

有禪無淨土，十人九蹉路。陰境若現前，瞥爾隨他去。
無禪有淨土，萬修萬人去。但得見彌陀，何愁不開悟。
有禪有淨土，猶如戴角虎，現世爲人師，來生作佛祖。
無禪無淨土，鐵牀并銅柱，萬劫與千生，沒箇人依怙。

五代吳越的永明延壽法師主張禪淨融合，在修行上念禪一致，調合了禪淨教理的衝突。開拓了「萬善同歸」的簡易信仰（註九）。

羅祖引用永明的四料簡，不是主張禪淨融合，是借此批評佛法零亂不得究竟，故續云：「不增不減天生淨，執著坐禪誤了人。」除此之外，羅祖對講、教二門也曾批評，見同卷第九品云：

十二部經兼戒律，執相依文常受持。生生獲得有爲果，墮在三界無出期。若能離相直入理，理中無念亦無斯。

十二部經是指釋迦牟尼說法四十九年所留下來的經典，據王源靜補註所謂十二部經大致如下：第一部修多羅（法本），第二部祇夜（重頌），第三部和伽羅那（授記），第四部伽陀（孤起），第五部優陀那（無間自說），第六部尼陀那（因緣），第七部阿波陀那（譬喩），第八部伊帝目多伽（本事），第九部闍陀伽（本生），第十部毘佛略（方廣），第十一部阿浮陀達摩（未曾有），第十二部優波提舍（論議）。佛教徒依經文讀誦，是弘揚世尊聖法，爲講門的重要修行活動，尤其天台、華嚴皆重視教理的闡釋，注意佛教思想的推廣，以玄妙的佛理境界，開拓其高明圓融自成系統的修證工夫。然而羅祖指出當時部份僧衆二種不究竟的現象，一爲依文讀誦而不解語，一爲解語而不奉持。這二種現象，原本就不爲佛教所容，羅祖企圖擴大這種弊端，進而否認講門的宗教功效，如此以偏蓋全的態度，正彰顯出羅祖的民間性格。羅祖只是借用佛教來發揚其心目中的宗教，絲毫不受佛教教理所牽累，故隨意附會，自圓其說。所謂戒律，是奉持佛理積極實踐，包括優婆塞、優婆夷的五戒與八戒，沙彌、沙彌尼的十戒，比丘的二百五十戒，比丘尼的三百四十八戒，由戒生定慧，是持戒的目的，也是教門的主要修持方式，但是羅祖認爲受戒而不悟實相，不能解脫，也只是看到教門的若干僧衆墮落的情形，以一竿子打翻一條船的方式，把這些罪過都記在佛教上，以便推行其無爲妙道。

教門除了嚴守戒律外，就是執行法事儀式，其中「布施」是僧衆與信徒間的法理與財物的溝通，也是僧衆賴以維生的方式，羅祖爲了使其宗教能生根漫延，必先取代佛教的地位，將「布施」的活動，轉化成爲該信仰的主要修行活動，信徒經由布施獲得其永生的企求，其教也因信徒的財施，得以擴張。在破邪顯證卷第八品列舉佛經詳述法施與財施的分別，是所有章節中引用佛經較多的一品，茲列舉重要的引文，以說明羅祖重視布施的心態：

1.覽集布施品未曾有經云：布施飲食濟一日之命，施珍寶財物濟一世之乏，增益繫縛說法教化，名爲法施，能令衆生出世間道。

2.大丈夫論云：財施者爲愚人所愛，法施者爲智者所愛。財施者能與現樂，法施者能與涅槃之樂。

3.法苑云：比丘、比丘尼、優婆塞、優婆夷教化人，若以紙墨令人書寫如來正典，然後施人，令得讀誦，是名法施，過於財布施。

從以上三則，可知在佛教教理上，法施重於財施，傳教的目的是要信徒奉行，協助推展佛法，而不是企求信徒奉獻財物，羅祖引這些篇章，目的在說明佛教僧衆似乎偏重信徒的財施，而在法施上用力不多，進而標榜該教重視信徒的法施，幫助信徒解脫生死輪廻。以法施作宣傳，進一步獲得信徒的財施，此仍利用百姓趨福的心理，以獲得百姓衷心的誠服，再誠心誠意的財施。如下列引文云：

1.無影樹頭花爛漫，從他採獻法中王。財施有廻非解脫，法檀出世永逍遙。

2.若論無相施，功德極難量。欲知檀狀貌，如空徧十方。百千世界中，滿中眞金施，不如一法施。

3.有爲布施人天福，百年光景刹那間。修福猶如過山嶽，受福好似眼前花。

4.布施人天有漏果，有漏之果墮輪廻。無漏之果長生道，永無生死證菩提。

5.太虛無邊法無盡，法施度人無窮盡。法施度人功德大，總報四恩往西方。

6.布施心法福眞常，福等虛空不可量。無影樹頭眞人現，自己原是法中王。

布施也稱爲一種心法，足見羅祖將布施與無爲法合而爲一，成爲其傳敎的重大本錢，一方面獲得信徒的財物布施，一方面又可以組織成強有力的宗敎團體，藉信徒法施的熱忱，四出傳敎，擴大其宗敎勢力。這種宗敎作爲，又因其民間性格，幾乎壓凌敎門，與敎門互爭信徒，逼使部分敎門更進一步通俗化與庶民化，與正統佛敎距離更遠，最後甚至混同於民間宗敎，或藉其生態環境，賴以爲生。

羅祖受禪宗影響甚深，經常引用禪宗的話頭來比喻其無爲的境界，如常引用「佛在靈山莫遠求，靈山就是本性人」等說明「明心見性」的工夫，但是羅祖對禪門的修禪方式抨擊最力，如破邪顯證卷第六品云：

有爲禪定是色相，色相臨危是虛妄。色即是空空是色，凡所有相一場空。可憐坐禪不明心，空即是色色即空。現今不得通天眼，死後何處去安身？

又云：

可憐坐禪好悶昏，無繩自縛酒醉人。拘心自縛不自在，坐到天明一場空。豁開透地通天眼，大道分明不用參。裡面見了如來意，何消苦苦又參禪。

羅祖強調無修無證，實際上契合禪宗的精神，故羅祖反對修禪也只是針對通俗佛敎僧衆而言。羅祖云：「道體本無修，不修自合道。若起修道心，此人不會道。」（破邪顯證卷第十品）借用道家的觀念，進一步說明悟道的究竟，深與禪宗的精神，相互會通。

羅祖受當代佛教禪、講、教三門的影響，由三門融合的趨勢，發展出庶民的信仰新結構，將佛教教理加以改變，使其更庶民化與普遍化。羅祖所批評的佛教，不是佛教的正常形態，只是一些通俗的現象，但是透過此，我們可以洞知百姓是以什麼樣的心態來接納佛教，甚至改變佛教來迎合其原有的宗教意識。羅祖則更積極地擴大庶民的宗教意識，發展出庶民文化的宗教形態。

第三節 羅祖駁斥其他民間信仰

在民間的生態環境裏，佛教只能算是外來的文化，民衆是以其固有文化與信仰，來消融佛教，接納佛教。中國社會的宗教信仰由來已久，夏商周三代的鬼神崇拜與自然崇拜都是庶民的宗教信仰與社會活動，含蘊著百姓的宗教意識，春秋思想勃興百家爭鳴，在學術上，轉化宗教意識爲人文意識，建立儒家、道家等完整的人生論與宇宙論。在社會上，庶民生活雖然或多或少接納了哲人的人生智慧，但在其日常生活中仍保有大部分宗教意識，透過這種意識，導致漢代讖緯災異等天命意識的抬頭，及張陵五斗米教的勃興，佛教初傳中國也是經由民間宗教意識，隱藏在百姓的習俗中，暗中拓展開來。

佛教對中國基層社會的宗教信仰的影響，有下列幾個特殊現象，第一：導致道教的集結與完成。第二：造成若干不爲佛教接納的教團如彌勒教、白蓮教等。第三：促成宗教意識與人文意識的再結合，造成儒釋道三家在思想上與宗教上的結合。這三種現象都與百姓固有宗教意識有關。羅祖的宗教大致上誕生於民間宗教意識，與前列三種現象息息相關，透過羅祖對其他民間信仰的駁斥，或許可以整理出羅祖個人的宗教心態及當時的宗教意識。

第一目　批判彌勒教、玄鼓教與白蓮教

彌勒信仰屬於佛教的一支，在魏晉南北朝時甚爲流行，故敦煌石窟裏有許多彌勒菩薩或彌勒佛的石雕像。在當時彌勒信仰有二個特色，一爲兜爾天的上生信仰（根據彌勒上生經），一爲翅頭末（或譯爲雞頭摩）的下生信仰（根據彌勒下生經）。兜爾天的上生信仰與阿彌陀佛的淨土天類似，都是一種持名念佛的易行道，根據彌勒上生經以爲彌勒菩薩今居兜率內院，爲一生補處菩薩，待五十六億年後，將下生人間。如有比丘及一切衆生，想生兜率天上，做彌勒弟子，必須持五戒、八齋戒、足足戒，修十善法，稱念彌勒，專心思惟兜率天的妙樂，則於亡後，得往生兜爾天，面謁彌勒菩薩。

翅頭末的下生信仰，是指彌勒滅度後五十六億年，將下生閻浮提，生於翅頭末，時翅頭末的衆生都是善業轉生，福報很大，豐衣足食，乃一人間樂土，彌勒在龍華樹下得道成佛，彌勒成道後，將在龍華樹下舉行三次法會（即龍華三會）以化渡衆生（註一〇）。

這二種信仰是一致的，信徒雖企求往生兜率天，其目的仍在五十六億年後，再與彌勒下生，在龍華會上聽他說法，得以化渡成佛。彌勒上生信仰後因阿彌陀佛淨土信仰的盛行，逐漸衰退，彌勒下生信仰因南北朝的混亂，彌勒下生的太平盛世，足以滿足百姓的需求，曾盛極一時，隨後野心家利用彌

勒救世思想，假托自己是彌勒出世，蠱惑群衆，從事叛亂，遂爲歷代帝王所嚴禁，然而民間的彌勒信仰，卻暗中流傳，成爲民間信仰的一支。彌勒信仰的演變相當的複雜，本文只敍述羅祖對當時彌勒教的批評，見正信除疑卷第十九品「彌勒教邪氣品」云：

書佛呪彌勒教躲離邪法，入城中躲災難正是邪氣。
書佛呪彌勒院正是誑語，凡所相皆虛妄永下無間。
彌勒教是色相空即是色，彌勒院是色相色即是空。
彌勒教是色相空即是色，凡所相皆虛妄撲了頑空。
你行邪不打緊你下地獄，閃賺了好男女勞而無功。
你說城是誑語邪魔外祟，你誑語是妖言永下無間。

彌勒教、彌勒院是彌勒信仰的代稱，其間的關係，據王源靜補註云：「善男信女，投體脩者，生彌勒院，進入銀城，躲大小三災苦難，隨彌勒下生，龍華三會成佛。」由此可知當時的彌勒信仰，仍保持著下生信仰，在內容上出入不大。「佛書呪」係指書符呪術，類似道教的符籙祈禳法術，混雜了民間巫覡的神媒方術，有濃厚的民間信仰的色彩。彌勒下生思想加上民間的巫術信仰，即爲彌勒教的內涵。羅祖對彌勒教的批評，直接稱爲「躲離邪法」，「躲離」二字意指彌勒下生翅頭末城，是一種消極的作爲，企圖躲離大小三災苦難，正是邪氣的表現，也是一種虛相，人間那來翅頭末的「彌勒院」呢？彌勒院若眞實存在，定是色相，也是邪魔外祟的妖言。

除了彌勒教外，羅祖也批評玄鼓教，玄鼓教是怎樣的宗教，一般文獻未曾記載，先看羅祖如何批評，亦見於正信除疑卷第十九品云：

玄鼓教指日月為是父母，凡所相皆虛妄永下無間。
瞇日月眼花了正是地獄，牽連的不自在不得安穩。
瞇的你眼花了甘受辛苦，拜日月為父母撲了頑空。

玄鼓教的主要活動，就是拜日月，據王源靜補註以為此一信仰也是源自佛教，傳說西域王舍城阿闍世王，無辜橫加逆害，禁母韋提希於冷宮，韋提希想念世尊，救濟世尊方便所說十六妙觀，合修淨業，往生極樂淨土，第一妙觀名日落西山觀，觀日攝心，合心照境，以境現心，心境同顯，是謂塵勞暫息，惱苦不生，即濁世中，唯心若淨，是佛土淨。此法原是淨土阿彌陀佛信仰的一種修行法，有偈頌此法云：「日落西山似鼓圓，結跏趺坐體安然，身雖未到蓮台上，先送心歸極樂天。」專練此法的人，就稱為玄鼓教，其修行是以日月為父母，以眼靜觀，以求心靜，達往生極樂淨土為目的。羅祖則批評，觀日月必然眼花撩亂，妄見叢生，以為西方勝境佛陀親迎，只是一時假象，最後仍然撲了頑空。

拜日月不僅是玄鼓教的特徵，白蓮教也拜日月，白蓮教即白蓮教，是元末極為流行的民間教團，是由民間念佛結社白蓮菜演變而成，其宗教內涵，據正信除疑卷第十八品，羅祖批評云：

白蓮燒紙是邪宗，哄的大衆錯用心。邪水照著公侯伯，正是邪氣引迷人。
信邪燒紙不打緊，閃賺許多衆迷人。你行白蓮是邪氣，萬劫淩遲不趂心。

求拜日月是白縺，哄得男女都遭難。法水照著公侯伯，早晚拿住都受難。

白蓮教屬於民間宗教勢力較爲龐大的綜合性教團，在本質上揉合了佛教的彌勒信仰、淨土信仰，以及摩尼教的拜火信仰，也羼雜了道教與民間通俗信仰。其宗教活動，羅祖批評的有下列幾項。羅祖爲何將白蓮教書寫爲白縺，據王源靜補註云：「白縺者，叚絹之名也，有等邪人，用白叚絹疋，書寫表章，焚燒沉檀，夜拜星斗，求天榜上號，曰：仰望地府除名。哄惑男女，後有富貴功名，故曰：邪法也。」白蓮教用白布書寫表章，焚燒沉檀，是祭典中一項儀式，較接近於道教，至於插香燒紙，是民間祭拜祖先鬼神中的一項儀式，然而羅祖批評說：「了鬼神覷不破之機，不愛民錢只取人，信邪燒紙，做灰與誰人？」（破邪顯證卷第六品）又云：「燒檀紙信邪氣愚痴迷種，信邪師下地獄永不翻身。」（正信除疑卷第十八品）羅祖不僅在批判白蓮教，對民間傳統的宗教信仰，也有其改革的作風。「邪水照著公侯伯」一句是指用法水照面，可現出後世帝王的相貌，這種法術已不是單純的宗教儀式，具有神秘的信仰色彩，王源靜批評云：「愚痴貪著，即便信從，誑惑人家善男信女，同修邪業。」法水照未來王侯相，是否只是利用百姓貪痴的心理，一種騙人的把戲，缺乏直接的證據。夜拜星斗，可能取自摩尼教夜聚明散的教規。天榜上號，地獄除名，大致受彌勒上生信仰與淨土信仰的影響，所形成的往生意念。

白蓮教在明代嚴受律令的禁止，因此羅祖強調其不合法，故云：「白縺教引迷人衆人受苦，早晚來拿住你赴上殺場。」又云：「白縺教是邪氣休要求拜，犯了法拿住你閃賺多人。」「你哄人殺了你不打之緊，可憐見好男女赴上殺場。」羅祖又引了唐肅宗、多寶王、阿育王、梁武帝說明帝王不愛惜其王位名利，求生淨土，脫離苦海，來嘲笑白蓮教徒求王侯相的虛妄，云：

累代帝王不求浮生之位，愚痴之人，信邪燒紙，求白縺教，正是邪氣，永下地獄不得翻身。累代帝王，不求苦位，愚痴之人，信邪永受煩惱，永在苦海。白縺拜日月像、燒紙像、法水認相金剛經云：凡所有相皆是虛妄，臨命終時，下無間地獄，背了眞人，永下無間，不得翻身。

羅祖有意將白蓮教與政治事件牽在一起，認定白蓮教的政治叛亂，是自尋苦頭，君王侯相也只是一場苦夢，不如唐肅宗、梁武帝捨棄國位，進修淨土。

但是民間宗教，其目的仍只是在維持鞏固百姓宗教信仰，因其具有凝聚百姓的精神力量，較易爲野心分子所利用，就如羅祖的宗教，在明末以及整個清代也遭受到嚴禁的命運，已說明了民間宗教已不單純是信仰的正邪問題，而牽涉到政府的宗教政策。清代道光年間黃壬谷著破邪詳辯時，基於官方的立場，在第二卷曾對羅祖批評白蓮教的作風云：「以白蓮教爲邪教而深爲毁罵，是有良心也。繼白蓮爲邪教，而毁罵白蓮，以明己之非邪教，是昧良心也。亦思教名雖殊，而均一下地獄轉四生，均一哄人家犯王法。已是邪教，而又罵邪教者，掩飾之術也，正信除疑卷，不可信。」黃壬谷的官方立場，未能明白羅祖的宗教心態，任何宗教均以正統自居，批判他教爲邪，是肯定自己的宗教地位，與政府的政策關係不大，然而羅祖利用當代嚴禁白蓮教的法令攻擊白蓮教，在他自身的宗教理念裏，似乎是以正統的佛教自居。

對於民間宗教的日月光崇拜，羅祖不只是感情性的批評，在教義上曾作二者優劣對照，如正信除疑卷第十七品有下列幾點說明：

1.這點光超日月比的不見，把明暗一比過不見踪影。到臨危勝境界光明廣大，光明大大千界細雨微塵。

2.明超日月光，心明法中王，古今明如鏡，輝光照十方。

3.有相境界是草鞋，更無一物可開懷，靈明一點輝千古，超日月光歸去來。

4.吾心不比月，比月有欠缺。一盞無油燈，照得十方徹。

羅祖認爲人人本性，個個靈光，不必借日月之光，才能歸去解脫，故蘭風也頌云：「吾心智光不比日，日兮循環有波蝕。覺性常明不夜天，永劫團圞光皎潔。吾性靈明不比月，月兮昇沉有圓缺。一盞無油海底燈，能照天堂與地獄。」（正信除疑卷第十九品）

第二目　批判信徒與民衆的信仰態度

羅祖眼中的信徒與民衆，是有等級差別，首先將人分成三等，所謂「上品諸佛盡同行，中品疑惑有侄心，下品遲疑多進退，休怨彌勒願不平。」（正信除疑卷第二品）羅祖的三品說類似於老子四十一章所云：「上士聞道而勤行之，中士聞道若存若亡，下士聞道大笑之。」將人分成三等，完全針對其求道的表現，價值的批判成分較少，王源靜補註則有濃厚的價值區分：「上士心猛利，一聞便知妙。中士雖清淨，久勸方可効。下士全頑劣，實是難訓教。」

除了三品的區分外，羅祖將人分成上下二等，如云：「上等之人信無疑，下等之人不信心。」（深根結果卷第七品）「上等之人信無疑，下等之人不承當。上等之人直下信，下等之人不承當。」（深根結果卷第十三品）上等與下等的區別，王源靜解釋爲利根與鈍根：「利根之人直下承當，一聞千悟，一通百達，信心無疑，不向外求。鈍根之人不能省悟，半虛半實，待信不信。」有時將上下等人的觀念，賦予孔子所謂上智下愚的區分，而存在價值的批判，如深根結果卷第三品云：

好了聰明智慧男女，永不退還；無量好事不肯撒手，永超出苦海再不來，這叫做上等聰明智慧男女，叫做君子人悔前。

上等聰明智慧男女，又稱爲君子，則愚痴男女，又稱爲小人，羅祖對君子小人的區分，又見於該卷第二品：

君子人悔前，小兒人悔後。君子人想無量曠大劫來，轉四生六道，受苦無盡，早早回頭參道，出離生死苦海，爲君子人。小兒人不肯回頭，一失人身萬劫難，永轉四生不得翻身，下等小人，叫做小人悔後遲。

羅祖的君子與小人，是由悟道的高低來區分，與孔子由道德理性區分君子與小人，是彼此不相干的兩回事，亦即羅祖是由宗教參悟的根性，分別智慧與愚痴。

上下二等人，又稱爲聰明男女與呆痴男女，見深根結果卷第七品云：「呆痴男女他不信，輪廻受苦好悽惶。好了聰明男與女，聰明男女自承當。」有時也稱爲有智之人與愚痴之人。羅祖形容有智之人爲：

有智之人，好也不能障道，歹也不能障道，人惡是非不能障道，好也進道，惡也進道。人惡是非不退道，永超凡世再不來，無量壽限永受快樂。

羅祖形容愚痴之人爲：

愚痴之人，不知是個膿血之身，名利障了道。愚痴之人淸堂瓦舍，富貴榮華障了道。愚痴之人，受貧人惡是非障了道。愚痴之人詭詐障了道，爲官名利障了道，永受諸苦不得翻身。（正信除疑卷第二品）

有智與愚痴的區分，在於悟道的決心。造成愚痴之人不悟道的原因，在於貪圖名利，追求榮華富貴。在羅祖的心目中，社會大衆愚痴的多，有智慧的人少，在深根結果卷第二十四品，表達了羅祖對世人的哀歎：

胡說多正說少能有幾個，退道多堅固少幾個眞人。
是非多忍辱少能有幾個，小人多上人少幾個眞人。
欺人多眞實少能有幾個，稱強多好人少幾個眞人。
信邪多正說少世間少有，石頭多玉石少幾個眞人。
師傅說堅固人自願辦道，退道人墮落了各辦前程。

「胡說多正說少」是羅祖批評當時各式各樣的宗教信仰，原因是愚人不信道還好，信了道以後卻有許多人亂傳邪法，逼使羅祖火氣大，罵盡世人，其罵人的方式有下列幾種：⑴「有等迷人，心中不醒悟……」（正信除疑卷第二十三品）⑵「又有一等邪人，受持神鬼習氣……」（深根結果卷第十五品）⑶「有一等愚人，受持鬼神魍魎……」（深根結果卷第二十四品）⑷「有一等愚痴之人，不想無量曠大劫……」（正信除疑卷第二十二品）⑸「有一等愚痴呆種，胡說大三災起時……」（深根結果卷第二十四品）⑹「又有一等菩薩呆痴愚種，著人除了說話……」（同上）⑺「又有一等毀謗道中人，你了脫生死……」（深根結果卷第十九品）⑻「又有一等人，說我未到古人田地……」（深根結果卷第二十二品）。

羅祖責罵的對象有二，一爲當時其他宗教信仰，一爲行爲乖異的信徒。羅祖所謂的迷人，首先是指不明大道的修行者，這類修行者有專指佛教徒，如持念經念佛、威儀坐淨的人（正信除疑卷第二十三品），或專門說教的傳道人，如正信除疑卷第二十五品批評云：「說佛說衆生，說聖說凡，說修行說禪定，說解脫說來去，說心性說出入，說善惡說輪廻，說生死說時刻，說臨危，說妙法說不妙法，說文義說字脚，說工夫說戒律，說天堂地獄，說改惡向善，說離假歸眞，說入聖超凡，說性命，說有無，這些雜法。」深根結果卷第二十四品補充說明：「又有一等菩薩呆痴愚種，著人除了說話的。要除了說話，是個死物。就是死物，就是木頭，五部經卷，單救說話之人。」羅祖對那些說理傳教的人，一點好感都沒有，但是羅祖說「五部經卷單救說話之人」一句甚爲唐突，或許可以如此解釋，羅祖自認爲其五部經典，不僅是傳教說法，還教人悟道得法。羅祖也批評道教修行者，如專練息氣、丹田、泥丸宮、三關等人（正信除疑卷第二十三品）。羅祖對民間崇拜鬼神，迷信神通更爲不滿，如云：「又有一等邪人，受持神鬼，習氣神通，坐火坐水，鬼神相助，臨危墮地獄也用不著。」（同上品）

羅祖對信徒的要求，甚爲嚴格，不容許弟子不重意參道，不著心聽法，更不許弟子爲圖名利，胡說正法，亂自傳道。羅祖最瞧不起的是退道之人，辱罵爲下等無智之人，見正信除疑卷第二品云：「下等無智之人，得了道，不想無量劫生死受苦無盡，又不怕死後永不得翻身，開了葷酒，叫做下等之人。」其次是不專心修道的人，羅祖曾多次加以規勸，見下列各引文：

1.不當意參道，當有當無，參的少東缺西，自家又不得明白，又不得醒悟，亂傳邪法。

2.又有一等人，成年守著祖家，不著心聽法，不當重意，不怕生死。（正信除疑卷第二十二品）

3.又有一等人，跟祖家五年十年二十年三十年，祖家跟前不當重意怠慢佛法，不怕生死苦海。不當重意，踏不著實地，心裏不得省悟明白，圖其口熟不怕生死，圖其名利外邊傳法。（正信除疑卷第二十五品）

4.就是我當家之人，終日守著我三十年四十年五十年，說法不當重意，不著心聽，到外頭稱強胡說，生死疑病，闇闇退了道。（深根結果卷第一品）

羅祖對成年跟著他的信徒，若不專心修道，用心聽講，未能明心見性，仍然會受到羅祖的責罵，更何況那些學藝不精，又亂自傳法的人，羅祖責罵更嚴厲，王源靜曾引一首偈云：「賴教修行說此經，只圖學個嘴頭伶，貪謀世利無慚愧，地獄三塗自造成。」

在羅祖的弟子裏可能有自立門戶，與羅祖別苗頭的人，所以才引起羅祖對身邊弟子的不信任。也有假羅祖弟子的名義在外面傳法的人，見正信除疑卷第二十二品云：「又有一等人，永不在祖家跟前，稱是師傳徒弟，外邊胡說，亂傳邪法，迷人眼目，永下地獄。」羅祖對這些不肖弟子與冒牌弟子，感歎良深，在正信除疑卷第二十四品云：

拆骨碎身難酧報，欺師滅祖墮沉淪。自家心中不醒悟，亂造雜語悶殺人。

三十三祖不如你，不省祖意亂人心。悟道明心一齊了，採得雜語亂哄哄。

愚人聽得便說好，不想久後成病根。上根之人一齊了，雜言雜語亂人心。

亂了人心都受苦，可憐墜落世間人。

羅祖對這些「亂造雜語」、「不省祖意」的人，眞是哀歎萬分，其「可憐墜落世間人」一句，正表達其對世間人的失望與灰心。但是從羅祖教義的世俗化，這些教徒的自立門戶，不正是拓展了羅祖的宗教領域嗎？其實並不然，羅祖是以佛教的改革派自居，有濃厚獨自爲尊的宗教心態，以爲只有他才眞正能解救衆生。在深根結果卷第二十四品羅祖敍述其救世悲情，可以洞晰其獨尊的心態：

大地人受苦艱難難過，怎不煩惱恓惶。受天下魔王打攪，心中怎不煩惱恓惶。想天下僧尼道俗，苦行修行，無有出身之路，心中怎不煩惱恓惶。想眼看離世，抛撇我，一切眷屬無主，心中怎不煩惱恓惶。

面對著人生的種種苦難，羅祖以十三年的工夫證悟了人生大道，當然，他更肯定認爲只有他的五部經典才能滿足世人的需要，唯一離苦得樂，永遠超脫生死，快樂無邊的解脫法門。

【附註】

註一　宗教的立場，決定在宗教經驗的特性，是一種生命體驗的方式，雖然有理性哲理的存在，卻依存在純體驗的假設基因，來溝通人與神，人與人的心靈交感，因此獨自爲尊的心態，正是宗教經驗的表現方式。參閱瓦哈（Joachim Wach）的「比較宗教學」（包可華譯）第三十一—二一三頁。

註二　「三寶」一詞原出於佛教，但是民間宗教則用來指心法的代稱，其地位相當的崇高，民間宗教的三寶的觀念，最早的書面資料可能就是破邪顯證卷這一章的記載了，其後的發展，可以參閱林萬傳的「先天道研究」第五十七—五十九頁。

註三　學者認爲信仰宗教的動機是人類追求自我保存與自我完成，因此一般民衆信仰心理大多偏重在趨福避禍的功利心態，參閱「宗教的出生與長成」（江紹原譯）第三—二十三頁。

註四　羅祖的這種心態可能是當時通俗佛教的一種反動或改革的思想。明代佛教除了大師外，在民間遭受很大的評擊，在明代的筆記小說裏有許多這方面的記錄，値得做專門性的研究，探討明代佛教的社會地位與評價。

註五　民間通俗佛教的眞實情形，有待學者再做專門性的研究。羅祖宗教的興起與通俗佛教的墮落是互爲因果關係，也是一個極重要的思想史問題，此處敍述羅祖的改革心態，僅就五部六册的內容加以推論。他日準備再從歷史的角度作專門的撰述。

註六　所謂鄉土化與大衆化，係即基層社會生態環境下的共通意識，因此佛理進入一般大衆，應以民衆所體會的內容作基礎。因此羅祖的教義是以民間意識爲基礎，開展出來一種鄉土化與大衆化的宗教。

註七　參閱「中國佛教發展史」（天華出版社譯本）第四八八頁，及「中國佛教史概說」（聖嚴譯本）第一六七頁。

註八　禪淨合流是宋代以來佛教思想史所面臨的主題，參閱「中國佛教發展史」第四八七—四九一頁。

註九　永明延壽禪師是主張禪淨融合的主要人物，參閱孔維勳的「宋永明延壽宗教論與根識境之探討」（文化大學七十一年博士論文）一書。

註一〇　有關彌勒信仰的敍述，根據李玉岷於七十三年十二月在東方宗教討論會的講義，及其博士論文「中國早期的彌勒信仰與藝術」前半部。

第六章　羅祖的教化環境

基層社會有其獨特的文化意識，已爲當今學者認定的事實，民間的風俗習慣與價值理念自成一個傳統，是不同於政治階層與知識分子的文化傳統，此即一般所謂大傳統與小傳統的區別。大傳統融合歷史經驗的知識累積，不斷地向前推進，追尋人類的共同理想，開拓貫通古今宇宙恒常的理性社會；小傳統雖受大傳統的精神指導，卻有其自我的文化走向，順著民衆意識與社會教化，傳承其獨特的生活實態。

在傳統的歷史文獻裏，偏重於理性文化的發展，有關民間文化的材料，很少完整的保留下來，近代民俗研究的興起，學者運用傳統文獻以外的材料，企圖探索民間小傳統的社會形態，從戲曲、小說、民謠、民間故事、善書等各個角度來發掘史料，建立各種解釋系統。敦煌文物的發現有利於唐代（或者唐代以前）民間社會的研究，宋代以後戲曲、小說都反映了當代社會實況，目前有二部較完備的著作，一爲龐德新「從話本及擬話本所見之宋代兩京市民生活」，一爲顏天佑「元雜劇所反映之元代社會」，二篇都是博士論文，從文學的素材探求當代的社會狀況。

本文，反過來分析話本雜劇等通俗作品對民間教化環境的作用及其特色。由羅祖的五部六册，探研民間教化環境對羅祖的影響，也分析羅祖如何回饋社會，傳遞及鞏固民間意識。明代的政治體系與文化模式是一個相當龐大的問題，本文僅扣緊「五部六册」反映羅祖心目中的文化模式與民衆意識。

本章分成三節，第一節「民間教化的傳播媒介」探討羅祖如何利用三教的通俗教育與流行的話本戲曲來傳教，第二節「善惡果報的道德意識」探討羅祖的道德觀與地獄觀。第三節「羅教教化的社會功能」，探求羅祖如何調節鄉民的社會，與提昇鄉民的知識水準。

第一節　民間教化的傳播媒介

民間文化的自主性發展，來自獨特的教化環境，經由某些特殊的傳播媒介，聯繫了百姓的共同意識，建立一致的生活規範與人生體驗，得到心靈秩序的維繫和心理情緒的發抒。傳播媒介是指經由某些特殊的人與物，將文化加以傳達與擴散，融入廣大的生活圈子裏，影響並支配大衆的社會行爲與價值觀念。

由五部六册裏，影響百姓團體意識與人生態度，大致上有下列兩種傳播媒介：㈠三教的通俗教育㈡流行的話本戲曲。分項敍述於后：

第一目　三教的通俗教育

在中國的思潮裏，儒家與道家，佛教與道教，一直是正統學術與民間生活的主要思想理念，決定了歷史文化精神的走向，也是百姓人生態度的指導原則。但是以上四家的思想並非一成不變直接爲基層社會所吸收，中間有一段長久的移轉過程，經過歷代以來實際生活中的體驗，加以折射與變化，擠壓出一種符合百姓的自我利益又能提昇百姓人格形象的雜揉思想。在這移轉的過程中，三教的通俗教育（道家思想經由道教來傳播），是主要的傳播媒介。儒家爲了教化百姓，佛道兩教爲了吸引信徒，都致力於思想教育，修正三教的智慧性哲理，以淺近的方言，通俗性的故事，供給民衆各種不同的處世態度與人生價值。

在苦功悟道卷第六品，記錄了一則百姓平時與他人交往的生活態度：

無人處眼中淚恓惶不住，有人處呵呵笑強打精神。
不答應又怪他朋友怪我，無奈何圓融他樂道答應。

這一則說明羅祖的生活態度，也可看出個人的處世方式是以群體的和諧爲基礎，只顧及到人與人之間的感情交流，忽略了個人的主體價值，一切以他人爲中心，修正自我感受，來迎合他人的感受，如此可能造成心理的矛盾與衝突，增添了內心的掙扎與生活的苦楚。這是儒家的教化精神嗎？不是，是儒家的倫理思想，在實際人事環境的運作下的一種扭曲與變形，淡薄了儒家的內在精神，淪落爲一種以利益爲前提—技術性的機械性格。

將儒家思想作通俗性的詮釋，移轉爲百姓的生活意識與態度，大致上爲政府教化政策的推行，及鄉間知識分子的大力傳播。尤其明代，政府熱衷教化政策推動，也帶動了鄉間知識分子宣傳的熱忱（註一）。政府與知識分子推廣儒家教化的態度與方法，可舉明太祖實錄吳元年前一年丙午十一月壬辰條爲例：

修公子書及務農技藝商賈書成。先是徵儒士熊鼎朱夢炎等至建康，延居上賓館，令纂修是書。上謂之曰：公卿貴人子弟，雖讀書多，而不能通曉奧義。不若集古之忠良奸惡事實，以恒辭直解之，使觀者易曉，他日縱學無成，亦知古人行事可以勸解。其民間農工商賈子弟，亦多不知讀書，宜以其所當務者，直辭解說，作務農技藝商賈書，使之通知大義，可以化民成俗。

政府與知識分子的立場，在於化民成俗。民間眞正讀書的人不多，如何以簡略的文字，完成思想的教育，正是促成儒家思想通俗性的原動力，利用民間的文化水準，順應其價値取向，暗中傳遞執政者的教化標準，便於統治與管理。

羅祖曾引中庸、大學的章句作例證，從其引文，或許可以察知民間對於儒家思想體會的程度，見深根結果卷第十七品云：

故中庸書有云：觀其虎狼父子，以有報恩之德，蜂蟻之君臣，以有報恩之德。豺獺有之報本，以有報恩之德。雎鳩是班鳩，禽獸尙能如此報恩之德。大學書有云：況人而不如鳥乎？無極治下天地萬物，無有人知恩報恩。

查閱中庸一書，未有此段引文，王源靜補註也推測此段或見於中庸的註文裏，至於是那一本書也無法得知。但是以下各句皆有出處，王源靜補註以爲：「觀其虎狼父子」出於莊子，引文爲：「大宰蕩問仁於莊子，子曰：『虎狼仁也。』宰曰：『何謂也？』子曰：『虎狼雖毒，不食其子。』」「蜂蟻有君臣之義」一句出於談子化書，說明蜂蟻與衆的仁義的精神：「一拳之宮，與衆處之；一塊之台，與衆臨之；一蟲之肉，與衆嚵之；一粒之食，與衆蓄之；一罪無疑，與衆戮之。」「豺獺有報恩之德」一句出於禮記月令篇，以獺之祭魚，豺之祭獸，說明人而無祭，是不如禽獸。「雎鳩」與「班鳩」引自詩經，擧雎鳩不亂禮，班鳩不同窩，說明人若不重視倫常是不如禽獸。

引大學一段是有出處，見大學釋止于至善章云：「詩云：『緡蠻黃鳥，止于丘隅。』子曰：『於止，知其所止，可以人而不如鳥乎？』」羅祖引文是斷章取義，只取「人不如鳥」的感歎語詞。由這幾則引文，羅祖只取其簡易的「報恩」理念，也可以說，只擧經書中的一些具體例證，來證明不知報恩是連禽獸都不如，而未取經書中進一步的內在意涵，只停留在字面的意義。如此膚淺的體會，是否代表民間對知識所採取的一種價值取向呢？在破邪顯證卷第二十二品，曾引「老君行壇記」中一段傳說故事，子路與一位老人的對談：

子路下拜曰：「莫不是聖人乎？」老人曰：「夫聖人者，生而自悟，不假修持，死而無懼，常言如是，故曰聖人也。」

此一傳說故事，實脫胎於論語子路問津等章，其中子路與老人的相互問答，充滿了儒道兩家的許多旨意，如老人問子路：「汝師何以教人。」子路回答：「吾師會郊天祭地之理，識太宗祖之義，講三王之大行，五常之人倫……」將儒家的教化內容作深入淺出的闡釋，而老人的回答則代表道家的智慧，如云：「天不言而四時改變，地不產而萬物齊生……」如此詼諧有趣的對談中，儒道兩家的思想經由此對談的不斷講述，而深入百姓的意識底層。羅祖引其中一段說明聖人的內涵，已暗中吸取了「不假修持」、「死而無懼」等人生態度。

儒道二家的智慧經通俗的詮釋，更足以說服百姓，成為百姓的價值觀念，如破邪顯證卷第十九品，談心性是如此說明：

有人道不得，是伊心王黑。不能自了事，埋葬一群賊。

群賊多貪痴，緣事說是非。心王被賊使，劫劫無出期。

「心王黑」、「心王被賊使」形容心性被外欲的遮蔽，迷失了本性，沾黏了貪痴，就無法自了生死，開拓心性的光輝。一般民衆理解能力稍差，抽象嚴謹的義理名相，艱深難懂，換成一些具體易知的事物，雖已出入原意，反而較為百姓所吸收。又如道家或道教的「道」，是極為抽象的哲理，羅祖對「道」的詮釋如下：「步步頭頭皆是道，大道不離方寸中。迷人妄出三界外，久後墜落鐵圍城。」（正信除疑卷第十六品）道不離方寸，亦即心就是道，不明心向外追尋，仍會遭受到地獄的審判。利用「地獄」的形像，強調道的自主性與超越性，已揉合傳統社會的一些價值觀，借用大衆皆知的理念，加深對義理的體會，也是民間教化的一種方式。

老子道德經是道教重要的經卷，羅祖直接引用經文少，卻常引用其他通俗性解釋道德經的文字，來加深道的觀念，見破邪顯證卷第十品云：

見道方修道，不見復何修。道性如虛空，虛空何所修？偏觀修道者，撥火見浮漚。但看美傀儡，線斷一時休。

又云：

道本無修，大德強修。道本無作，大德強作。道本無事，強生多事。道本無知，強生多知。道體本無修，不修自合道。若起修道心，此人不會道。

羅祖不重視「道」的本義，較重視「修道」，「見道方修道，不見復何修。」足見羅祖理解道術的基因在於具體可尋的修道，無修道的推動，就毋需體會道體了，但是羅祖也接受「道可道非常道」的哲理觀，具體說明：「道體本無修，不修自合道。」羅祖的修道是追求那種「不修自合道」的修道，這種弔詭思想，在不斷的傳播與宣導下，民衆不一定要去體會其中的含意，反而當成一種大家共知的概念來體會與散播。羅祖對佛教教理的了解也是如此，有時僅取用一些較常用的名相，如云：「無衆生可度，無涅槃可證。」（破邪顯證卷第十二品）只注意到無修無證的功效，而未再進一步討論無修無證的哲理體系。

民間教化的內容也受到科場考試題目的影響，可能有一年出了與「無極」有關的題目，使羅祖借無極的名相，大加渲染，見深根結果卷第十七品云：

承當無極通天眼，永無地獄放光明。承當無極歸家去，永無地獄放光明。

舉場常出論題官，不著太極怎做官？太極變化書文字，不著文字怎做官。

讀書多年解文字，解開文義進舉場，太極治下書文字，不著文字怎做官。

科場是否常出與「無極」、「太極」有關的考題，據王源靜補註以為：「考試之官出題，令舉子依題作論，皆不出乎：太極造化；太極即是道，道即是理，理即是心；心通太極量納穹蒼；內智外德方為國家之棟梁；三教聖人皆仗太虛一根變化。」當時試題未必完全偏重在理學部分，羅祖的借題發揮，即是順著民間教化內容，牽強附會罷了。

民間三教的通俗教育，可能導致三教名相的相互混用，甚至雜用三教哲理作通俗性的詮釋（註二）。在羅祖的意念裏，孔子、佛與老君的地位是齊平的，如破邪顯證卷第十五品云：

大道無形生天地，運行日月佛神通。老君是佛元是一，佛是老君無二門。

夫子是佛元是一，長養萬物一氣生。治下假名無其數，元是萬法一氣生。

佛、老君、夫子，在民間教化的地位是等量並觀，王源靜頌云：「佛曰眞兮道曰玄，仲尼中正不枯偏。三人理性元無別，名相千差總是權。」三人的理性無別，不正是三教通俗教育的眞正會通。在歎世無為卷第十品，說明「心」本來無縱橫自在時，成仙心、道士心、佛的心、老君心、夫子心、三教心等詞並列，羅祖已混合了三教通俗教育的成果，以一個共通的哲理來貫通三教學說。另外，在正信除疑卷第十品，說明本無佛像無所倚靠時，將釋迦佛、功德佛、彌陀佛、燃燈佛、觀世音、文殊佛、普賢佛、孔聖人、老君佛等並稱，儒道也歸入佛的系統裏，這種心態，王源靜作如此說明：「非唯三教稱佛，上至仙佛、下至含靈，有情無情，十法界等，同具佛性，奈因衆生情識妄見，起種種分別。」

第二目　流行的話本戲曲

話本戲曲在民間的大量流行，經過娛樂活動的傳播，不僅反映廣大民衆的心聲，也深入群衆生生不息的脈動，藉著話本戲劇中人物、環境的交錯關係，供給民衆各種不同的生活態度與人生價值，是一種最通俗性的社會教育，也是通俗教化的主要途徑，透過傳播使群衆耳聞目染，逐漸形成一套自成系統的民間文化。

在五部六册裏，經常透露出由講唱說書所彰顯出的教化現象，凝聚而成的共同理念與民衆意識。這可從羅祖引用三藏取經的故事，瞧出端倪，見歎世無爲卷第一品云：

三藏師取眞經多虧護法，孫行者護唐僧取了眞經。
三藏師取眞經多虧護法，豬八戒護唐僧取了眞經。
唐三藏取眞經多虧護法，沙和尚護唐僧取了眞經。
老唐僧取眞經多虧護法，火龍駒護唐僧取了眞經。

唐三藏西土取經，在宋代已被演義爲通俗故事，最早是「大唐三藏取經詩話」，又名「大唐三藏法師取經記」（註三），宋代末年以來三藏取經故事一直是戲曲的主要題材，不斷地傳抄與演出。三藏演義故事中，除了唐三藏在歷史上確有其人，其他主角如孫行者、豬八戒、沙和尙與火龍駒都是莫須有的人物，是揑造出來的，並無其人。但是，由於戲劇的不斷演出及口頭經常傳誦，這些人物被神化了，廣被鄉民所接納，承認其神格及歷史地位，如同品續云：

三藏師度衆生成佛去了，功德佛成佛位即是唐僧。
孫行者護佛法成佛去了，他如今佛國裏掌教世尊。
豬八戒護佛法成佛去了，他如今現世佛執掌乾坤。
沙和尙做護法成佛去了，他如今在佛國七寶金身。
火龍駒護唐僧成佛去了，他如今佛國裏不壞金身。

在民間的神仙信仰裏，神仙未必是確有其人，有時傳說人物如八仙，小說人物如哪吒等，都是經由民間的傳播媒介，成爲家喻戶曉的人物，進而成爲神桌上供奉的神仙，又經不斷地傳說歌誦其靈異神奇的事蹟，無形中在民衆的心靈上，奠定了其神格與信仰活動。三藏取經中的人物也是如此，三藏成爲公德佛，孫行者是掌教世尊，豬八戒是現世佛，沙和尙與火龍駒未有佛號，一個是七寶金身，一個是不壞金身。

羅祖利用三藏故事來宣教，即是利用通俗教材，來轉化民衆的信仰，如云：「苦勸你貧富貴提防地獄，三藏師取眞經不是虛言。老唐僧去取經十萬餘里，過千山幷萬水只爲衆生。」（破邪顯證卷第二品）以唐僧的辛苦求經，來說明羅祖的救世苦心，進一步要求信徒「參大道明眞性西方去了」，爲什麼要到西方，因爲「到西方佛國土好處安身。」有三藏取經作證（註四）。另外也利用三藏故事，要求信徒信奉該教，又以成佛爲利誘，要求君王做護法，弘揚該教，見破邪顯證卷第一品前序文云：

取經不是聖者護，誰敢西天去取經。取得經來度衆生，護法功德永無窮。
不是唐王牒文去，誰敢西天去取經。經卷不是龍牌護，誰敢發心普度人。
唐僧護法成佛去，今是古來古是今。國王大臣護佛法，成佛功德永無窮。

以杜撰的神話故事爲證，要求國王大臣護法，表現出民間教化的思想層次，雖然幼稚，又不失天眞的赤子之情。也證明了民間教化的主題，偏重在功利思考，往往以具體的利益作爲引誘，導使百姓有成佛成聖的信心。

羅祖在發揮其教義時，經常將其有限的名相排比出來，似乎有點不倫不類，如苦功悟道卷第十六品，問曰：「老君夫子何處出？」答曰：「本是眞空能變化。」接著排比二十個相同的句型，只改變了前四個字，前五項是山河大地、天地日月、五穀田苗、三千諸佛、二十四孝等。三千諸佛之後，怎會接出二十四孝呢？原來二十四孝被列爲教化的教材，廣泛地被運用在勸化書上，也曾改編爲戲劇，傳遞忠孝節義的精神，作爲一般民衆的教養讀物與素材。在正信除疑卷第六品曾引述其中四則：

無極聖祖來托化，化現孟宗勸衆生。無極聖祖來托化，化現郭巨勸衆生。
無極聖祖來托化，化現袁小勸衆生。無極聖祖來托化，化現王祥勸衆生。

孟宗的母親想念鮮笋湯吃，孟宗晝夜悲哭，孝心感動神明，堅地冰霜迸出鮮笋，此一故事具有神話色彩，不必考慮其眞實性，王源靜頌云：「無極根源大地親，朝朝代代出賢人。孟宗哭竹香名遠，慕道全憑感孝心。」郭巨奉母至孝，因家貧衆兒奪母食，欲埋兒於後花園，掘出黃金一窟，全家享福，此一故事明代曾改編爲戲劇，劇名爲：「行孝道郭巨埋兒」埋兒以全母食，是孝道嗎，其母若知之，能接受此一事實嗎？民間教化題材，缺乏了深思熟慮，往往未符合教化的精義（註五）。王源靜頌云：「無極神通勸有情，感天動地孝爲尊。陰功莫道無知報，郭巨埋兒天賜金。」袁小的父親不孝用荊笆拖父歸山棄之不理，袁小尋見公公，因無力扶公到家，拖荊笆以警戒其父，終於感動父親背父歸家，王源靜頌云：「無極悲怜忤逆人，人生不孝昧天眞。酧恩報德超今古，袁小拖笆是佛心。」王祥的繼母朱氏，只愛前夫之子王覽，假裝生病，喚王祥取鮮魚湯，王覽與兄友善，欲代兄下河，祥不許，親自臥冰取魚，感動上天，賜鮮魚一對，此一故事元代王仲文曾編爲戲劇名：「感天地王祥臥冰」。王源靜頌云：「無極靈光與佛親，王祥孝母感天逴，爲人不孝非君子，辜負爹娘受苦辛。」

除了廿四孝外，因婦女知識層次較低，也有一些專爲婦女而編的啓蒙讀物或戲曲小說，教導婦女三從四德的傳統文化理念。這些作品也被羅祖所利用，同上品云：

無極祖來托化孟姜賢女，哭長城十萬里勸化衆生。

無極祖來托化高釵賢女，擁大海去尋爺勸化衆生。

無極祖來托化蕉花賢女，數九天哭燎麥勸化衆生。

無極祖來托化王氏賢女，臨命終離別苦勸化衆生。

無極祖來托化賢德聖女，看家狗打死了勸化衆生。

孟姜女的故事在民間極爲流行，主要還是戲劇的傳播之功，元代鄭廷玉曾編有「孟姜女送寒衣」一場戲，孟姜女跋涉尋夫，哭倒萬里長城，此故事的教化意義，王源靜補註云：「吾祖將古勸今，爲婦道者，各要節義淸規，公婆丈夫，同緣出苦。」高釵秦代人，其父高文簡爲秦王臣，奉派東海採靈芝，遇風浪葬身海底，高釵發心擢海尋爹，孝心感動上天，使其擢乾大海，尋回父骨埋葬，王源靜頌云：「無極慈悲化女身，孝心感應動天達，揚名四海輝今古，留與經中勸世人。」蕉花女其婆婆欲吃新麥湯，時天地冰寒，蕉花女哭了三天三夜，雪地突然湧出麥穗，這也是一則不可能的神話，羅祖引此則故事的用意，見王源靜補註云：「祖家引古人，以化今時爲媳婦的，都要依他樣子，敬重公婆，如敬三寶。」王氏賢女一生受持金剛經，命終，閻王審判，回陽七日，勸化丈夫兒女持齋行善，王源靜頌云：「無極分身遍界親，化身王氏誦眞經。天年早喪知根本，奉勸親夫莫改更。」賢德聖女即指孫榮妻，其典故出於元代蕭天瑞的戲劇：「王脩然斷殺狗勸夫」又名「楊氏女殺狗勸夫」在明代曾改編爲殺狗記，與白兔記、拜月亭、琵琶記、荊釵記列爲明代五大傳奇，敍述孫榮與弟不合，其妻殺狗勸夫的故事，王源靜認爲羅祖講述此故事的用意是：「吾祖引勸世間女子，各要依他志氣，萬古馳名，德播諸方，依此行持。」

五部六册中引用的歷史人物，也多是戲劇上常見的主角人物，如正信除疑卷第一品云：

想漢王不得地喫食討飯，馬潛龍不得地敎化爲生。

伍子胥在丹陽品簫乞化，受貧窮不得地都是一般。

有關伍子胥的雜劇，有元代高文秀的「伍子胥棄子走樊城」；有關漢高祖開國的雜劇很多，如元金仁傑的「蕭何月夜追韓信」，元王仲文的「漢張良辭朝歸山」；專寫漢高祖有元尙仲賢的「漢高皇濯足氣英布」。舉漢高祖、馬潛龍、伍子胥曾到處逃亡作例，說明富貴不長在，王源靜補註云：「這是祖家將古證今，以訓後學。王子王孫，尙然如此，何況今人？」

民間的敎化內容，含有神道設敎的宗敎色彩，並非完全是知識理性的拓展，善於利用人神之間的相互關係，透過具體的傳說故事賦予人生的傳統哲理。戲曲小說等講唱文學的普遍傳播，寓敎於樂，經過長期的潛移默化，竟成爲鄉民知識來源的主要管道，羅祖再運用這個管道推廣其宗敎，正表現出其生於斯長於斯的民間性格。

第二節　善惡果報的道德意識

在民間敎化的內容中，善惡果報的道德觀幾乎支配民衆的意識，成爲敎化的主題。如明仁孝皇后編成「仁孝皇后勸善書」，於永樂三年二月初九日序云：

竊惟仁者善之所由生也。善者福之所由基也。是故求福莫大於爲善，省己莫嚴於知戒。用以輔仁，其或庶幾。間采三教聖賢勸善懲惡之言，類編爲書，擧言以提其要，因事以著其實。凡二十卷，名曰勸善書。

求福莫大於爲善，善與福的關係一直是我國的主要天命思想，中庸第二十四章曰：「禍福將至，善，必先知之，不善，必先知之；故至誠如神。」善惡與福禍是必然的相互感應，因此勸善懲惡的天命報應說，配合儒家人文教化，使中國的基層社會徘徊在宗教與人文相互沖盪的局面下，一方面要維護道德的人文精神，一方面又無法捨棄對神的依賴與寄託，遂扭曲二者，使其相互會通，建立道德與天命相互感應的宗教性行爲。仁孝皇后爲了勸善，採三教勸善懲惡的事蹟作說明，即是考慮民衆意識的一般性傾向，以簡易扼要的文化理念，寓道德於宗教報應之說，以達到社會安定的政治效果。

羅祖也談善惡果報，但不是基於政府的教化立場，而是基於宗教的考慮，尋求社會和諧的情懷，衍生的救世熱忱。首先須了解羅祖對善惡的看法：羅祖的善惡觀大致上取自佛教，無非教化衆生相信因果，惡止善行，避禍趨福，離苦得樂，因此強調人性非善非惡，是根本無善無惡，善惡皆由因緣生，如深根結果卷云：「執修善牽連的不得縱橫，也無善也無惡纔得自在。」無善無惡才是人生的最高境界。羅祖又引智度論，未曾有經作進一步的詮釋，見破邪顯證卷第十八品引智度論云：

一切法皆屬因緣，無自在性，諸善法，皆因惡生。若因惡生，云何可著；惡是善因，云何可憎。

引未曾有經云：

心無所住，非內外中間。心無色相，非靑黃赤白。心無造作，無作者故。心非幻化，本眞實故。

心無邊際，非限量故。心無取捨，非善惡故。心非轉動，非生滅故。心等虛空，無障碍故。心非淨垢，離一切數故，諸有智者，應如是觀。

「心無取捨，非善惡故」主張心性是超越善惡，善惡只是因緣的表現，與心性無關，因此言善惡，是就人具體的作爲而言，也就是善行與惡行，又與業力有關，引申出因果報應，當你種善因，也就是行十善—身業不殺、不盜、不邪淫，語業不妄言、不兩舌、不惡口、不綺語，意業不貪、不瞋、不痴。就可以得善果，昇入天堂受福，若種惡因，行十惡業，則轉入地獄受苦。

地獄是審判惡業的地方，原本是印度文化的產物，隨著佛教傳入中國以後，逐漸地適應中國的風俗民情，經過長期的演變，添入各種傳說與價值觀念，在民間相當的流行。在羅祖的五部六册裏，幾乎是借地獄的觀念，勸人爲善，勤修天道。地獄傳說的體系及其反映的道德思想，可以透過五部六册追溯出當代地獄傳說的大貌。

民間審判善惡的地獄觀念，由來已久，宋代太上感應篇曾整理此種感應思想云：「禍福無門，唯人自召，善惡之報，如影隨形。是以天地有司過之神，依人所犯輕重，以奪人算。」司過之神一般傳說是陰司府的閻王，如歎世無爲卷第六品云：

食著甜還著苦生死來到，陰司裡十王簿記得分明。
差惡鬼和牛頭緊去勾取，繩又纏索又綁鐵棒臨身……
我作下我自受無人替我，我造下無邊罪難怨別人。

陽世間攢家緣千百萬貫，到陰司空赤手那得分文。

到殿上見閻王他就問你，造下罪說不過膽戰心驚。

十王是指十殿閻王，十王簿則指第一殿秦廣王的生死簿，有關人死後地獄審判的情形大致如此，玉曆寶鈔雖然敍述詳盡，不離此一原型，玉曆寶鈔云：「一殿秦廣王，專司人間壽夭生死冊籍，統管幽冥吉凶。鬼判殿居大海沃燋石外，正西黃泉黑路，凡善人壽終之日，是有接引往生。凡勾到功過兩平之男婦，送交第十殿發放仍投人世，或男轉爲女，或女轉爲男，依業緣分別受報。凡惡多善少者，使入殿右高台，名爲孽鏡台，台高一丈，鏡大十圍，向東懸掛，上橫七字，曰孽鏡台前無好人。押赴多惡之魂，自見在世之心之險，死赴地獄之險。那時方知萬兩黃金帶不來，一生惟有孽隨身，人台照過之後，批解第二殿，用刑發獄受苦。」

孽鏡台與審判的觀念，羅祖曾敍述，見歎世無爲卷第五品云：

到陰司十王簿業鏡照你，我問你在陽間作甚何因？

作罪重送在他無間地獄，罪輕的送在他四生轉輪。

同卷第七品云：

到陰司地獄裏從頭受過，業鏡兒照著我苦楚無邊。

罪重的送在他無間地獄，罪輕的送在他四生轉輪。

孽鏡，羅祖稱業鏡，照出一生的業障，蘭風也頌云：「陰司業鏡鑑無常，地獄心酸似火輪。又送四生無量劫，改頭換面受波吒。」

對惡業的審判有二個結果，罪重的送無間地獄執行，罪輕的轉四生輪廻，接受無常生死的折磨。有關地獄的各種罪刑，亦見於歎世無爲卷第六品云：

上刀山幷劍樹油鐣火熬，滚油鍋鋸又解衆苦臨身。碓又搗磨又硏千生萬死，我受苦兒和女那個知聞。奈河裡出不去造罪受苦，望鄉台栖惶哭不得回程。鐵圍山無門戶不得出離，地獄裡五百劫不得翻身。

「望鄉台」的位置，據玉曆寶鈔云，位於第五殿，其功能與孽鏡台相似：「望鄉台，面如弓背，朝東西南三向，彎直八十一里，後如弓絃，坐北劍樹爲城。台高四十九丈，刀山爲坡，砌就六十三級。善良之人，此台不登；功過兩平，已發往生；只有惡鬼，望鄉甚近……凡鬼聞見之後，押入叫喚大地獄內，細査曾犯何惡，再發入誅心十六小地獄受苦。」

奈河橋與鐵圍山皆是鬼魂出入的門戶，位於第十殿，鐵圍山是一個轉劫所，査報輪廻轉劫的地方，劫數滿了，方能再脫胎爲人，故羅祖云：「五百劫不得翻身」是指劫數尙未期滿。「上刀山幷劍樹油鐣火熬」等句，是敍述第二殿到第九殿的各種刑罰，頗具有恐嚇威脅的效果，羅祖經常加以宣導，做爲傳敎的利器，如深根結果卷第二品云：

1十地閻君深惱怒，惱你衆生不皈依。陽間造下恒沙罪，孽鏡照着悔後遲。

2.十地閻君操心肺，單管善惡兩分離。善者即便超昇去，惡者三塗悔後遲。

3.勸你回道不肯依，殺生害命罪相隨。造下罪孽過山嶽，地獄刀山悔後遲。

4.笑人修行是呆癡，永失人身再不得。無頭地獄身受苦，呲牙鬼屍悔後遲。

十殿閻王的罪報思想反映民間的道德意識，將勸化懲惡的教化工作寄託於宗教信仰上，藉著冥報發展出一套對人類日常生活的各種活動，提供可資判定善惡好壞的判斷標準，當這套標準深入民心的時候，又演變爲宗教家宣傳教義的主要媒介，以地獄罪報威脅恐嚇百姓，由恐懼心而生出向道心，再以利誘的方式，以永生來鼓勵百姓修道。

所謂輪廻轉世即六道四生輪廻，羅祖曾作詮釋，見破邪顯證卷第十六品：

六道四生苦，猶如車輪，無暫停之苦。天道、人天道、地獄道、餓鬼道、畜生道、修羅道；胎生、濕生、卵生、化生；從曠大劫轉四生六道，直到如今。

天道、人道是善因所種的善果，餓鬼道、地獄道，即在地獄受苦，畜生道是惡業較少的衆生轉四生受劫，劫滿可再脫胎爲人。羅祖認爲不管轉生天界、人界或畜牲，都是一種痛苦，無法解決人類生存的根本問題，在歎世無爲卷第八品羅祖對六道四生輪廻如此批評：

出胞胎又入胎生死受苦，在人倫轉骷髏八苦交煎。

在上方做天人生老病死，三十三五衰現又有三災。

六欲天那天王天福受盡，在牛領受罪苦托生螢蟲。

托生牛受苦惱耕犂拽耙，托身豬尖刀殺血流淋淋。
托生鷄又短命千生萬死，作飛禽是地獄不得脫身。
在水中做魚鼈濕生受苦，在化生作蚊蠓托生蛆蟲。
無量劫轉四生纔得出離，纔爲人作下業又轉四生。
這一轉滾下去人身難得，六道裏一去了再不翻身。

六道四生輪廻，已不是單純善惡因果報應的問題，而在於如何使衆生根斷無明煩惱，脫出三界牢獄，證悟常樂我淨的世界，永遠解脫了生死輪廻的枷鎖，羅祖提出他的辦法：「我今與你無修無證現成，不增不減，永無四生六道苦惱，與諸佛齊肩。」（歎世無爲卷第四品）無修無證即是羅祖的無爲法，強調此法能化解地獄天堂云：「本來道閻王見不敢睜眼，把地獄和天堂化得無踪。」（深根結果卷第十一品）此道閻王不敢睜眼，也就無所謂天堂與地獄了。羅祖利用地獄善惡果報說來傳教，最後認爲根本無善惡，也無地獄與天堂，王源靜進一步引申頌云：「心空無物我，地獄不相干。善惡不生心，天堂無我在。」

羅祖的「善」字有時也當「無極」、「虛空」，即生命的本眞，觸及到本性的道德的涵養，見深根結果卷第十七品云：

理即是道，道即是理。理即是善，善即是理。理即是太極，太極即是理。太極即是善，善即是太極。未有天地，先有太極。

又云：

善是太極善是一，善是太極無二門。獨自爲尊就是善，善者就是太虛空。太極無名就是善，太極爲善獨爲尊。

善與太極的關係，王源靜如此引申：善者，即天地人之本陰陽寒暑，運載四時，風雨順序，滋潤萬物，是天之善。大地草木，各得所產；飛禽走獸，各得其居；山川萬物，各順其性，是地之善。安居養性，正心修身，嚴守倫理，諸惡不作，衆善奉行，是人之善。人之善即是生命的本眞，也是太極的本體，唯有擴充本性的道德意義，才完成宇宙的眞理，契合虛空。

羅祖不是一個純粹的思想家，不必強求其思想的統一與完整，他只是一個平凡的鄉土百姓，將其所理解的三教義理囫圇吞，消化也好，未消化也好，順著民衆的思考角度，反映出三教在民間的教化成效。利用其理會的義理，建立其獨特的宗教信仰，再經此信仰撫慰百姓空虛的心靈，指點具體的事項與社會共同的行爲標準。本文只以客觀的態度分析羅祖的思想，並體會基層文化的教化現象，不打算對此現象作過度的批判，也非承認基層社會只有羅祖這一種教化現象，羅祖宗教只是民間基層文化的一部分，而非全部。

第三節　羅祖教化的社會功能

羅祖的思想與宗教起源於民間儒釋道雜揉的思想與民間原有信仰，依附於民間固有教化而流佈於下層社會，其社會活動，主要在勸人持齋誦經、導人行善、扶助孤苦、團結鄉民、修眞練性、傳播教化等，其社會功能，値得進一步探研。五部六册偏重在教義的傳播，宗教活動的記錄甚少，不易探知當時該教的宗教形態與宗教活動。本節僅以五部六册的有限資料，企圖探索該教宗教活動的部分實況，以了解該教的社會功能。

第一目　調節鄉民的社會生活

鄉民的社會生活無外乎追求物質的豐腴與精神的滿足。在羅祖的眼中，鄉民的物質生活極爲貧乏，貧民多而富人少，富人又以壓迫貧民起家，貧富的不均，相對地降低精神生活的層次，有關貧民生活的描述，參見歎世無爲卷第五品云：

每日家操心肺無有心歇，一步地趕不上十步難行。
受寒冷忍饑餓其實難過，少衣穿無飯食求告別人。
到人家借口糧低聲下氣，要不與來到家大小恓惶。
見兒女忍饑餓如同刀攪，報怨生報怨死死了乾淨。

對富人生活的描述，見同卷第六品云：

放一兩要二兩心裡歡喜，放出去無利錢難忍難當。

放出去折了本如同刀攪，告著他又怕他破著性命。
自己錢難割捨逐日惱怒，惱得我睡不著直到天明。
白日裡尋思起無有休歇，到晚來怕人打膽戰心驚。
一宿家為兩錢虛驚不睡，趕不上無錢的睡上天明。
放債的放不到人人惱我，與一個不與個結了寃讎。
還不起不與我便要下手，不是打便是偷放火燒人。
割田禾損青苗無可所奈，好著俺放債的其實難人。

在羅祖的心目中，富人都是放債舉利而圖財致富。正反映出當時富人的形象，以及高利貸對社會所造成的禍害，而貧民被迫走投無路，淪於偷盜，也造成富人無形的心理壓迫，使得社會的秩序動盪不安。

羅祖是無法從物質生活來改善社會秩序，只有從無形的精神生活拉近貧民與富人差距，以宗教的態度，說明生活就是一種無限的痛苦，貧人物質生活缺乏的哀痛，富人精神生活的憂悽，都是生命的折磨，又加上當時兵災饑饉不斷，強調人世間末法的苦災，見正信除疑卷第十四品云：「末法娑婆入苦災，互相食噉惡如豺。刀兵疫病遭饑饉，厭離閻浮歸去來。」強調現世的災荒，必定建立一個理想的來世，續云：「阿彌陀佛，法門弘開。七寶砌成階，黃金為地，殿閣樓台，珊瑚瑪瑙結成寶蓋，香風圍遶，一去再不來。」

實際的社會生活充滿了無限的苦災，而人的身軀本就是個臭皮囊，常云：「臭皮囊百病倉通身是苦，操心肺是火宅八苦交煎。」「臭皮囊通身病冷熱是苦，臭皮囊不長遠嘆殺人心。」生命是苦，唯有尋找出身之路，在他的觀念裏：「若不尋著出身之路，四生六道難得脫免。」（破邪顯證卷第二品），出身之路，卽是靈魂的安身：「一大地青白石山裡生長，豈爭我這點魂無處安身。」（苦功悟道卷第二品）安身之處是指來世的理想國度，重整人世的倫常關係，亦是將現世的苦痛寄託於來世的圓滿，以不可知的未來，做爲百姓生活的規範，調整生活的脚步，改善個人的人生觀，提昇生命的境界。如深根結果卷第二十四品說明理想的聖地：

天下徒衆扯亂我，永在寶地再不來。父子恩情離別苦，永在聖地再不來。

巴巴結結身受苦，無量快樂永不來。這遭托化神勞苦，無爲福勝再不來。

永在寶地不回人間，正是現實生活的反動，以追尋不可知的未來，淡忘現實生活的不如意，以一個精神性的未來境地，忽略物質人生，轉向世人生活的精神體驗。

由物質人生，轉向精神人生（註六），追求道德唯美，就成爲羅祖教化的主題，比如羅祖勸化盜賊向善，是提昇現實社會的生活品質，減少社會的墮落與衝突，見歎世無爲卷第九品云：

苦勸你英雄漢休要偸盜，休弄弓休撚箭你要傷人。

倘傷著難解救書寫落案，定不下早和晚那裏逃生。

妻歸人兒無主離別痛苦，我勸你好君子作急回心。

減少惡人，增加善人，社會自然和諧，天下漸趨太平。除了盜賊，官吏的賢明與否，也關係到社會與政治的安定，羅祖對官吏的描寫，見歎世無爲卷第七品云：

我讚歎爲官職其實難過，每日家操心費不得縱橫。
怠慢了又怕他官事不辦，待緊了又怕他計了寃恨。
要行善又怕我一家難過，而作惡又恐怕罪業隨身。
無奈何瞞心地終日作惡，又殺生又害命罪業隨身。
置下的好庭舍花梁斗拱，穿好衣騎好馬十分英雄。
誰知道十王簿件件計著，衣祿盡病來到罪業纏身。

官吏與百姓隸屬二個不同階層，胥吏是扮演匡濟治平的角色，維持社會的公義，促進體系的平衡與生活的穩定。但在羅祖的觀念裏，官吏與百姓是相對立，大部分的胥吏都是喪心蒙面，肥家利己，流毒蒼生的官僚。在昔日的帝制裏，制裁貪官污吏的弄權玩法，百姓只有希冀神靈加以因果的報應，補足道德、法律的罅漏，維持社會的平衡（註七）。

但是，羅祖又希望獲得官方的支持，透過政府的力量，拓展宗教的勢力，在苦功悟道卷第十七品云：

倚托皇王萬歲，食著五穀稻，護國功臣、文武大臣護法，自在安穩。

又歎世無爲卷第一品云：

我苦勸護國公都要護法，肯護法成佛位功德無邊。

我苦勸文武將都要護法，肯護法成佛位功德無邊。

或許羅祖的宗教曾受朝廷的官員所信奉，在破邪顯證卷第一品前，曾如此記載：

皇王水土，五穀稻糧，護國公公，文武大將護法，以此我得安穩參道，總報恩情。倚托我王江山穩，二托公公護法恩，不是皇王文武護，誰敢發心普度人。倚托我王洪福大，二托文武護法恩，普度諸佛歸家去，報答護法出苦輪。

所謂公公是宮中的太監，太監多出身於貧苦的農村，將農村的宗教帶入宮中，進而影響其他的臣子。但是羅祖對政治體系的了解不多，就如其對政治制度的說明，只以籠統的名稱加以概括，如云：「國王大臣公侯伯子軍民人等」（正信除疑卷第四品）在其淺薄的政治觀念，是無法正面地了解政治的功能，獲得政府的支持，成爲教化的主要力量，但是羅祖自命其宗教爲朝廷所護法，能給予信徒定心丸，誠心信服其宗教，在該宗教的教義理念下，調整個人的實際的社會生活，以完成宗教信條。

第二目　提昇鄉民的知識水準

由於教育未能普及，民智未開，文化的層級有高低之別，知識程度有重大距離，當然鄉民儘可讀書，提高知識水準，帶動社會的進化，但是農業社會生產方式的停滯，物質建設的簡陋，謀生已耗費了絕大精力，遑論有閒階層的讀書生活呢？雖然鄉民無法正面讀書，提昇知識水準，但是仍有許多知識的販賣者透過日常生活的眞實體驗，按部就班地根據鄉民的知識理念，提供思想的格局，提昇鄉民的文化水準。羅祖就是其中之一，透過其傳教的熱忱，轉化知識內涵，接近鄉民的知識程度，進一步爲他們所吸收，負起「社會教化」的責任，使社會秩序更加穩定，鄉民人格更加成熟。

羅祖的宗教思想，充分顯現三教合流的民俗民德，僅是淺俗化的思想本無精深的奧義，但是在鄉民社會裏，羅祖的宗教與思想提供了生活遵循的法則，提昇鄉民的內在精神意識，其具體的作爲有三：㈠以淺近的譬喻闡釋哲理㈡以排比的句型加深意象㈢以不同的名相反覆說明。

一、以淺近的譬喻闡釋哲理

抽象高奧的人生哲理，深入淺出，換成淺近簡易的事理作譬喻，往往能引起共鳴，進而舉一反三，達到認知的效果。如苦功悟道卷第二品云：「在外客離鄉人還歸家去，豈爭我這點魂無有家鄉。一大地男與女都有父母，豈爭我這點魂無有親人。」離家知道回家，大地男女都有父母，人類的靈魂是否也有家鄉，也有父母，只是不知回家認父母罷了，以如此簡易的推理，奠定其教義的基本概念。在解釋佛教的名相及義理時，也常以具體的事理加以簡易化，如正信除疑卷第二十二品云：

痴兒無智慧，却嫌我娘醜；我娘生得身，嫌娘無面手。

抛撇親爹娘，執著色相走。元是惡男子，然是不了手。

民間諺語云：「兒不嫌母醜，狗不嫌家貧。」再醜都是自己的親娘，這是親情的本性，若有人嫌棄爺娘的容貌，就是執著了色性，遮蔽了本性。由不可執著爹娘的美醜，說明一切外在的實相也都是虛幻，都是一場空夢，所謂「色即是空，空即是色。」不可執著，是羅祖所欲傳達的哲理，透過如此的譬喻，言淺而義深，頗適合鄉民的思考與推理。

譬喻要恰到好處，唯有就地取材，在鄉民理解的範圍裏，作簡易的說理，如歎世無爲卷第四品云：

學道不難悟道難，有母不難無母難。有字不難無字難，有佛不難無佛難。修成不難現成難，食的不難種田難。

悟道與現成是羅祖主要的人生哲理，爲了鼓勵衆生參道，說明證修的工夫，前五項都是具體的事相中含有抽象的概念，悟性高的，很快就可以領悟，舉一而反三，悟性低可以由最後一個更具體的譬喻，從日常生活中稻穀來自耕作的事理中，體會到「誰知盤中飧，粒粒皆辛苦。」許多現成的物品，都須努力方可成，人生的修養，不也是如此。

二、以排比的句型加深印象

抽象的概念，經由不斷地反覆敍述朗誦，一次又一次地加深的印象，往往就具體化了，成爲一般通俗的概念。故羅祖在五部六册裏，經常利用排比的技巧，以結構相似的句型，接二連三地表達同範圍同性質的教義思想，其效果不僅可使說理周備，也可運用反覆的旋律，拓大認知，產生內在的張力，自我陶醉於說理的內容裏。常用的方式有二，一爲句子中部分文字重疊使用，如破邪顯證卷第二十二品云：

看天看地光明現，看白看黑現金身。耳聽聲色光明現，聞香聞臭現金身。

口說萬般光明現，行走坐臥現金身。匙筋碗碟光明現，說好說歹現金身……

另一爲有一句重疊使用，鋪張其意，如同卷第二十三品云：

未曾初分先有我，今朝因何不承當。未有天地先有我，今朝如何不承當。

有人參到這步地，纔是信心悟道人。有人參到這步地，無邊大膽悟道人。

有人參到這步地，本無修證現成功。有人參到這步地，本無僧俗得縱橫……

「光明現」與「現金身」之前可以代入無限個四字句，這些四字句大多是現象方面字詞，用來佐助說明本體的光明自在。「有人參到這步地」的後面，可以將羅祖的全部術語添進去，又重新反覆復習羅祖的教義，加深信徒的印象。當然，從這些排比的句子裏，也發現到羅祖是一個教育程度不高的讀書人，能運用的文字與詞彙並不多，有時只是胡亂拼綴，並無深意在，但是假如羅祖傳教的對象是識字不多或不識字的百姓，其敍理的方式，倒亦平易近人。

三、以不同的名相反覆說明

此一方式類似於排比，但是更換的是名相，名稱雖然不同，內在意義則相同或相近，將一句衍化成數十句，只是反覆說明這些名相下的共通意涵。如深根結果卷第四品云：

有一個西方境那個知聞，有一個淨土天誰人知道。

有一個古觀音那個知聞，有一個古彌陀誰人知道。

有一個舊家鄉那個知聞，有一個龍華會誰人知道。

有一個法中王那個知聞，有一個長安國誰人知道。

有一本大藏經那個知聞，有一本金剛經誰人知道……

西方境、淨土天……等多指淸淨的本體，了解本體的內涵，再經此內涵蓋括其他宗教的名相，不僅加強信教的意念，也擴展認知的範圍，其次羅祖有意炫耀，賣弄才華，自以爲其能深通妙理，左右逢源。另外也與排比合用，只改變句中的重要字眼，如同卷第六品云：

未有善惡先有性，今朝如何不承當。未有生死先有性，今朝如何不承當。

未有地獄先有性，今朝如何不承當。未有閻君先有性，今朝如何不承當。

未有修證先有性，今朝如何不承當。未有陰陽先有性，今朝如何不承當……

這些句子都只是在證明自性的靈明正覺，當下承當，明心見性，不受外物拘泥。如此的意念，透過相同句型不斷說明，不斷提示，可以把握其中要義，加深哲理的印象。

民間的生態環境，隨著歷史與文化的變遷，也自有其成系統的思想教育，維持制定性的規律生活，羅祖思想的培育與成長皆來自於民間意識，亦即反映民間教化的趨勢，表達老百姓的心靈秩序與思考程序。羅祖本身教育程度不高，出身於基層社會，其所關心的對象，可能著重在爲生活忙碌的無知識百姓，爲這些百姓開闢一條新的認知途徑與符合生活穩定要求的一套思想架構。

【附　註】

註一　吉岡義豐的「中國善書の研究」第二章明末の社會と善書第七八－一九六頁。奥崎裕司的「中國鄉紳地主の研究」第一－三四頁。

註二　有關明代的三教通俗教化，參閱「中國善書の研究」第三章明代における三教合一思想と善書，第二二六－三〇四頁。

註三　華正書局「中國文學發展史」校訂本第七一八頁。

註四　三藏取經的典故，不僅民間宗教引用，佛教僧侶也常引用，如續藏一二九册禮懺部金剛科儀後一段偈云：「唐僧取經往西天，一去十萬零八千。昔日如來金口演，至今拈起又重宣。」

註五　二十四孝的故事，其教化的內涵值得爭論，本文取用徐靜「從兒童故事看中國人的親子關係」（收入「中國人的性格」）一文的論點，第二〇三－二〇九頁。

註六　錢穆在「歷史與文化論叢」一書，將文化分成三個階層，即物質人生、社會人生與精神人生，第六－八頁，本文採用他的觀點。

註七　對官吏的批評也一直是宋元以來戲曲、小說的內容之一，參閱顏天佑的「元雜劇所反映之元代社會」第七十四－一〇二頁。

11110

第七章　五部六冊的引書

明末清初僧弘贊在其「解惑篇」中曾批評羅祖無爲教的五部六冊是偸自佛經與諸語錄，再混合一些魔言而成的。弘贊認爲其五部六冊偸取佛經與語錄的原因，是由於五部六冊曾大量地引用以上各書來證驗其語。若能拋棄主觀的成見，或許可謂佛經與僧衆的語錄，是其思想的主要淵源，透過羅祖個人的體會方式改變而成。因此，從其引書的對象，可以追溯羅祖思想的淵源及當代民間佛教的主要教化內容。本章探討羅祖思想的淵源，本因擺在前面幾章，但因羅祖思想雖淵源佛教，也有其獨特的教化與生態環境，經由客觀的分析，再來了解羅祖思想淵源較能契合其本意。本章分成三個部分，首先分析羅祖引書的範疇，其次探討引書的形式與內容，最後專研金剛科儀等通俗佛典對羅祖思想的影響。

第一節　引書的範疇

澤田瑞穗在「羅祖の無爲教」一文中首先將五部六冊的引用書加以整理，列舉如下：

○金剛經、圓覺經、華嚴經、涅槃經、般若心經、法華經、楞嚴經、報恩經、譬喩經。

○金剛科儀、金剛經論、金剛儀論、大藏一覽集、經律異相、慈悲水懺、地藏科儀、智度論、大丈夫論、地獄論。

○彌陀寶卷、香山寶卷、金剛寶卷、圓覺卷、圓通卷、地藏卷、目蓮卷、心經卷、法華卷、無相卷、正宗卷、淨土卷、無漏卷、聡子卷、因行卷、昭陽卷、優曇卷、大乘卷、一藏經、壽生經。

○六祖壇經、傳燈錄、廬山寶鑑、優曇語錄、淨土指歸集、龍舒淨土文、慈心功德錄、明心寶卷、大顛註解心經、無垢注解心經偈、釋迦佛厭身文。

○清淨經、道德經序、悟眞篇、羣書類要事林廣記太極圖。（註一）

澤田氏是將羅祖引用書分成五大類，第一類爲佛敎經典，第二類大部分是科儀懺法的典籍，或類書與經論，第三類是寶卷，第四類爲僧衆宣教的作品，第五類爲道教經典與類書。酒井忠夫就其所見歎世無爲卷、破邪顯證鑰匙卷上册、正信除疑無修證自在寶卷、巍巍不動泰山深根結果寶卷等四部四册，也將羅祖所引用的各種經書、佛典、列舉於后（見「中國善書の研究」第七章）：（註二）

A.金剛經、金剛眞經、圓覺經、華嚴經、大涅槃經、涅槃經、小涅槃經、般若心經、般若經、金剛般若心經、心經、法華經、楞嚴經、報恩經、譬喩經、彌陀經、大彌陀經、一藏經、壽生經、佛因果經、智度論、大丈夫論、地獄論、金剛論、姚秦三藏西天取清淨解論。

B.金剛科儀、金剛經科儀、金剛儀論、圓覺科儀、慈悲水懺、水懺。

C.彌勒寶卷、彌陀卷、大彌陀卷、香山寶卷、香山卷、金剛寶卷、大乘金剛寶卷、圓覺卷、圓通卷、地藏卷、目蓮卷、心經卷、法華卷、無相卷、正宗卷、淨土卷、無漏卷、子聧卷、因行卷、昭陽卷、優曇卷、大乘卷、科儀卷、宗服語錄寶卷。

D.六祖壇經、六祖經、傳燈錄、傳燈、參禪傳燈、廬山寶鑑、優曇語錄、優曇、龐居士，就舒淨土文、淨土指歸集、慈心功德錄、明心寶鑑、無上妙法血脈論、大顛注解心經、無垢注解心經、釋迦佛厭身文。

E.大藏一覽集、大藏覽集、覽集、經律異相。

F.道德清淨經、清淨經、太上老子道德經、道德經、悟眞篇、大學書、中庸書、羣書類要、事林廣記說太極圖、事林廣記。

酒井氏則分成六大類，將科儀與類書分開，經與論則合併，羅祖引書時，一書或有多名，皆收錄並列。

澤田、酒井二氏的整理，僅錄書名，只能勾劃其引書的大略情形及其相關的書籍，至於這些書籍對於五部六冊的作用與影響，則又嫌疏略。今將五部經卷的引書情形，分別列表於后，再作說明。

〔苦功悟道卷引書表〕

書名	次數	品名	備註
涅槃經	3	第18.品	第三十卷、第二十八卷
金剛經	4	第18.品	一則為「作證」未引文
圓覺經	1	第18.品	下卷

龐居士語錄	1	第18.品	
傳燈錄	1	第18.品	
大藏一覽集	2	第18.品	流通品、壽命童子經
金剛科儀	1	第18.品	
大乘金剛寶卷	1	第18.品	
心經卷	1	第18.品	

〔歎世無爲卷引書表〕

書名	次數	品名	備註
涅槃經	1	第12.品	第三十六卷
圓覺經	1	第4.品	
小涅槃經	1	第12.品	「作證」未引文
華嚴經	1	第1.品	第五十卷
譬喻經	1	第3.品	
優曇語錄	1	第11.品	
宗鏡錄	1	第12.品	

書名	次數	品名	備註
釋迦佛厭身文	1	第12.品	
明心寶鑑	1	第4.品	
大藏一覽集	2	第3.12.品	臨終品、四衆品
金剛科儀	1	第10.品	
慈悲水懺	1	第3.品	
大彌陀卷	1	第11.品	
金剛寶卷	1	第4.品	

〔破邪顯證卷引書表〕

書名	次數	品名	備註
大涅槃經	12	第4.6.17.18.19.20.24.品	第十六卷、第三十卷、第二十七卷、第三十二卷、第二十六卷、第十九卷
金剛經	13	第1.4.8.10.19.23.品	
圓覺經	5	第1.24.品	
小涅槃經	1	第4.品	
法華經	3	第5.24.品	第四卷

楞嚴經	2	第5.7.品	第九卷
報恩經	2	第6.10.品	第三卷、第二十卷
佛因果經	1	第7.品	
華嚴經	2	第16、24.品	
金剛（儀）論	3	第2.4.23.品	
智度論	1	第8.品	
大丈夫論	1	第8.品	
達摩血詠論	1	第22.品	
龐居士語錄	4	第4.5.9.20.品	
優曇語錄	1	第4.品	
傅大士	1	第4.品	
宗鏡錄	2	第5.品	
蘆山寶鑑	1	第5.品	
法苑	1	第8.品	
淨土指歸集	1	第10.品	永明智覺禪師偈
大顛注解心經	4	第12.16.23.品	

無垢注解心經	2	第12.品	
六祖壇經	3	第6 20.品	
燃燈	1	第6品	第十卷
傳燈錄	3	第70. 10品	第八卷、第二卷
永嘉證道歌	1	第18.品	
五燈會元	1	第24.品	黃龍祖心寶覺禪師
宗眼語錄	1	第6品	
大藏一覽集	16	第1. 4. 5. 6. 8. 18. 22.品	流通品、諸天品因本經、三歸品華嚴經、四不可得經、臨終品梵志黑氏經、究竟品、布施品未曾有經、布施品金剛經、持戒品智度論、懺悔品未曾有經、四衆品、般若品、成壞品、法身品。
金剛科儀	22	第1. 2. 4. 6. 8. 10. 11. 12. 19. 20. 21. 24.品	
地藏科儀	1	第13.品	
慈悲水懺	1	第2品	

圓通卷	2	第1.13.品	
心經卷	1	第4.品	
大乘金剛寶卷	2	第1.14.品	
信邪燒紙寶卷	2	第13.14.品	
老君行壇記	1	第22.品	
太上老子道德經	5	第15.品	

〔正信除疑卷引書表〕

書名	次數	品名	備註
涅槃經	5	第1.12.13.22.品	第十八卷、第二十八卷、第十九卷、第三十卷
金剛經	5	第8.9.13.16.22.品	
圓覺經	3	第10.11.12.品	
報恩經	3	第11.19.品	第七卷
華嚴經	1	第10.品	第五十卷
心經	2	第9.16.品	
大彌陀經	1	第14.品	

龐居士語錄	4	第10.22.23.24.品	
優曇語錄	2	第14.20.品	
宗眼語錄	1	第23.品	
龍舒淨土文	1	第3.品	
大顛注解心經	1	第1.品	
無垢注解心經	1	第1.品	
六祖壇經	2	第19.23.品	
神僧傳	1	第3.品	第三卷
大藏一覽集	3	第1.15.品	十善品、集刼量品、流通品
金剛科儀	16	第1.4.5.7.8.9.10.12.13.14.16.17.25.品	
慈悲水懺	1	第15.品	
圓覺科儀	1	第23.品	
金剛寶卷	2	第12.21.品	
圓通卷	1	第14.品	
（大）彌陀卷	3	第1.2.12.品	

目蓮卷		第2品	
香山寶卷	1	第12品	
圓覺卷	1	第14品	
悟眞篇	1	第6品	
太上老子道德經	3	第12品	

「深根結果卷引書表」

書名	次數	品名	備註
涅槃經	1	第24品	「作證」未引文
金剛經	1	第17品	
優曇語錄	2	第1.24.品	「作證」未引文
大顛注解心經	1	第24品	
無垢注解心經	1	第24品	
大藏一覽集	2	第1品	般若經
金剛科儀	12	第1.7.14.19.22.23.24.品	
圓覺卷	1	第24品	

金剛寶卷	1	第19.品	
圓通卷	1	第24.品	
群書類要事林廣記	2	第17品	
太極圖說	1	第17.品	
中庸	1	第17.品	
大學	2	第17.品	

就以上表得知，苦功悟道卷引書共十五則，歎世無爲卷十五則，破邪顯證卷一百二十六則，正信除疑卷六十五則，深根結果卷二十九則，以破邪顯證卷引書最多，可能是此時，羅祖爲了積極傳播其教義，一方面對照閱讀其他經卷，提昇自己的思想境界，一方面又將其無法理解的經卷，透過他自己通俗的理解加以駁斥與批評。到了深根結果卷，羅祖對自己的教義已有相當的信心，而義理的演述與思想的結構也大致完成，可以隨心所欲，出口成章，因此只常引用他所熟悉的金剛科儀，又引他書如大顛注解心經、無垢注解心經的內容也見於早先出版的寶卷。

就個別引書而言，金剛科儀一書出現率最高，共五十二則，正好印證苦功悟道卷所謂「請一部金剛科儀整看三年」，這一部書羅祖花費三年的工夫詳加研讀，對其思想與教義的發展影響最大。其次爲大藏一覽集共二十五則，這是一部類書，南宋陳實編纂的，將大藏經五千卷的內容加以分類與整理的常用百科全書，羅祖引用的品節有臨終品、四衆品、流通品、諸天品、三歸品、究竟品、布施品、持戒品、懺悔品、般若品、成壞品、法身品。這一本類書可能是當代僧衆常用的參考書，是一種較爲通俗性的書籍。金剛科儀與大藏一覽集的大量引用，或許說明這兩部書，是羅祖經常查考的書，也是其思想的主要來源。

羅祖引用佛教的典籍大致可以分成四個系統：第一爲佛教經論系統：以大乘經華嚴部、方等部、般若部、法華部、涅槃部爲主，其經有華嚴經、大彌陀經、心經、圓覺經、楞嚴經、金剛經、法華經、涅槃經、小涅槃經、報恩經等，屬於小乘經的有佛因果經、譬喻經。屬於經論的有金剛論、智度論與大丈夫論。其中以金剛經引用的次數最多共二十三則，涅槃經二十二則，圓覺經十則，其他偶而引用，華嚴經四則、法華經三則、報恩經三則、小涅槃三則、金剛論三則，剩餘的僅一則或二則。金剛經全名爲「金剛般若波羅密經」，屬於般若部，以爲般若爲諸佛母，三世諸佛皆從般若得生，羅祖大量引用金剛經、金剛科儀，可以探知其思想與般若部極爲密切。心經全名爲「般若波羅密多心經」，也是般若部的經典，雖然羅祖引用的次數不多，但影響深刻，加上引大顛注解心經六則，無垢注解心經四則，也足見心經的重要性。涅槃經全名爲「大般涅槃經」屬於涅槃部，敍述佛實不滅度的精義，羅祖引用此經大多標明某卷，卷名爲第十六、十八、十九、廿七、廿八、卅、卅二、卅六等八卷，可能羅祖手邊也有這一部經典，方能清楚地指出卷數。圓覺經全名爲「大方廣圓覺修多羅了義經」，報恩經全名爲「大方便佛報恩經」，楞嚴經全名爲「佛說首楞嚴三昧經」，大彌陀經全名爲「佛說大阿彌陀經」，此四部經皆屬方等部，此部經卷大多言若顯若密，或對小明大，或泛明諸佛菩薩因果事理行位智斷等，羅祖引方等部的經卷共十六則，大多集中在圓覺經，可能受佛教圓覺道場所編的圓覺經科儀或寶卷的影響。華嚴經全名爲「大方廣佛華嚴經」屬華嚴部，羅祖引這方面經卷的次數不多僅四則。法華經全名爲「妙法蓮華經」屬法華部，主以開權顯實發迹顯本，羅祖引用的次數雖僅三則，但可以看出法華經對羅祖思想也有相當的影響。小乘經僅有譬喻經全名爲「佛說譬喻經」，佛因果經全名爲「過去現在因果經」各一則。金剛論卽「金剛般若波羅密經論」共三卷，爲無著菩薩造，隋南天竺沙門達磨笈多譯。智度論卽大智度論共一百卷，爲龍樹菩薩造，姚秦北天竺沙門鳩摩羅什譯。大丈夫論共二卷二十九品，提婆羅菩薩造，北涼沙門釋道泰譯。這三部經論共引用五則，可見羅祖較少接觸這方面的作品。

第二爲禪宗語錄系統：主要以禪宗僧衆的語錄爲中心，曾引用達摩血詠論、龐居士語錄、傅大士（善慧大士錄）、宗鏡錄、六祖壇經、傳燈錄、永嘉禪師證道歌、五燈會元、宗眼語錄等。雖然每一部書引用的次數不多，但是禪師的法語一直是羅祖用來佐證其教義的主要參考典籍。

第三爲淨土宗闡教系統：以元代優曇普度的「廬山蓮宗寶鑑」爲中心，所謂優曇語錄、廬山寶鑑皆指此書，另外尚有淨土指歸集、龍舒淨土文、法苑珠林等書，雖然羅祖引用淨土宗的典籍不多，但是羅祖受到淨土阿彌陀佛念佛法門的影響，可能受到當代通俗佛教有關淨土法門的大衆化書籍的感化，詳見本章第三節的闡述。

第四爲佛教科儀寶卷系統：這一類以金剛科儀爲主，金剛科儀又稱「金剛經科儀寶卷」或「銷釋金剛科儀」分成三十二品，相傳爲宋代宗鏡禪翁的作品；其他如地藏科儀、慈悲水懺、金剛寶卷、圓通卷、心經卷、大彌陀卷、香山寶卷、圓覺卷、信邪燒紙寶卷等。慈悲水懺，即慈悲水懺法共分三卷，爲唐代悟達國師知玄撰，撰寫此書的目的是將佛理深入淺出以達教化的功效。唐以後此類的書籍相當的流行。所謂「地藏科儀」或爲「慈悲地藏法」這一類的作品，其形式與後代寶卷相似，或可謂寶卷是與科儀懺法相關的書，因此所謂圓覺卷可能是「圓覺經修證儀」這一類的作品，所謂大彌陀卷可能是「禮念彌陀道場懺法」這一類的作品，所謂法華卷可能是「法華三昧懺儀」或「法華三昧行事運想補助儀」這一類的作品，所謂淨土卷即「往生淨土懺願儀」這一類的作品。香山寶卷相傳是宋崇寧二年（西元一一〇三年）上天竺寺普明禪師的作品，是目前所流傳的第一部寶卷，其原名應爲「觀世音菩薩本行經」或「觀世音菩薩本行經簡集」（註三）。所謂「信邪燒紙寶卷」所引的內容則與金剛寶卷相同。

除了佛教經卷外，引用儒家、道教的典籍並不多，雖然在破邪顯證卷與正信除疑卷引述「太上老子道德經」共有八則，其實羅祖將道德經與清淨經相混，僅一則爲道德經，其餘爲清淨經，清淨經是較晚出的道教全眞系統重要的經典，老君行壇記也是道教較爲流行的作品。「事林廣記」即是一部類書，其作用與「大藏一覽集」相同，是部備查的百科全書。雖然曾引大學、中庸，只是借用與哲理不相干的句子，與思想無關。

第二節　引書的形式與內容

五部六册引書的形式與內容，由於牽涉的主題不同，表達形態也互有差異，本文分成三個部分來個別探討，一爲引用佛教經典部分，二爲引用僧侶或居士作品部分，三爲引用科儀寶卷部分，第三部分是羅祖思想的主要來源，彼此間關係密切，下一節專題討論之。

羅祖引用佛經經文時，部分經典引文，大多非原來經文，大走其樣，只在意義上稍爲相似，有的甚至與經文大異其趣。如破邪顯證卷第四品引涅槃經第十六卷云：

見諸衆生，修十善業，命終當生天上人間，從暗入闇。有諸衆生，從明入暗。

涅槃經第十六卷梵行品的原文則爲：

善男子諸衆生中，唯天與人能發阿耨多羅三藐三菩提，心能修十善業，道能得須陀洹果阿那含果阿羅漢果辟支佛道，得阿耨多羅三藐三菩提，是故號佛爲天人師……若明若闇，常得不離，見佛世尊。

二者在文字與內容上出入頗大，若非幾個關鍵字，尚難對照出彼此間的關係。羅祖引涅槃經爲數不少共二十二則，但大部分不易找出原文。

另外一種現象，則爲摘錄經文中的某些重要字眼，併合而成，如苦功悟道卷第十八品引圓覺經卷云：

賢善首菩薩請問佛，若有悟道衆生佛性，諸佛境界誰護持。八萬金剛、四箇天王、十萬鬼王我護持。若有鬼神侵其境界，我當使其碎如微塵。

圓覺經第五卷原文爲：

於是賢善首菩薩，在大衆中卽從座起，頂禮佛足，右繞三帀，長跪叉手而白佛言：大悲世尊，廣爲我等及末世衆生，開悟如是不思議事。世尊，此大乘敎名字何等，云何奉持，衆生修習，得何功德，云何使我護持經人，流布此敎至於何地……爾時會中有火首金剛、摧碎金剛、尼藍婆金剛等八萬金剛幷其眷屬卽從座起，頂禮佛足，右繞三帀而白佛言：世尊，若後末世，一切衆生有能持此，決定大乘，我當守護……爾時大梵天王、二十八天王幷須彌山王、護國天王等，卽從座起，頂禮佛足，右繞三帀而白佛言：世尊，我亦守護……爾時有大力鬼王名吉槃茶與十萬鬼王，卽從座起，頂禮佛足，右繞三帀而白佛言：世尊，我亦守護……若有鬼神侵其境界，我當使其碎如微塵。

羅祖主要是引用最後二句，而將前面一大段敍述濃縮，摘要說明，但是太過於疏略了。此種引文方式是羅祖引述經文的主要方式。

也有與經文出入不大，僅部分字不同，但是這種引經文方式，除了金剛經外，不常見。擧破邪顯證卷第五品引楞嚴經第九卷云：

十種禪那現境，又以此心成就，淨心功極，忽見大地十方山河，皆成佛國，具足七寶光明遍滿，又見恒沙諸佛如來，遍滿空界，樓殿華麗，下見地獄，上觀天宮，得無障碍，非爲聖證，不作聖心，名善境界，若受聖解，即受羣邪。

楞嚴經的原文，無「十種禪那現境」一句，「此心成後」後有「清淨」二字，可能羅祖漏掉了，在「得無障碍」與「非爲聖證」之間漏了三句：「此名欣厭，凝想日深，想久化成。」

羅祖引一大段經文，往往只爲闡述一個簡單的理念，因此在內容上稍嫌空疏，如正信除疑卷第十三品引涅槃經三十卷云：

假使有人眞寶交結，駿馬百疋，香象百頭，寶車百乘，鑄金爲人，其數各百，端正女人，身佩瓔珞，上妙宮宅，殿堂屋宇，雕文刻鏤，金盤銀粟，數各一百，以施一人，如是展轉盡閻浮提布施，所得功德，不如有人發意一步，詣如來所。

整段引文不外乎說明財施不如法施，著重在故事的敍述，在哲理的申論上顯得較爲空泛，羅祖引佛經普遍有這種缺失，一大段的文句往往只在闡釋一、二句簡單的義理，有的引文甚至與其前後的本文無法搭配。

羅祖引金剛經較偏重在內容的引述，如破邪顯證卷第八品引金剛經云：

若有人以滿無量那僧祇世界七寶，持用布施，若有善男人善女人發慈悲者，持於此經乃至四句偈等，受持讀誦，爲人演說，其福勝彼。云何爲人演說，不取於相，如如不動，何以故？一切有爲法，如夢幻泡影，如露亦如電，應作如是觀。若以色見我，以音聲求我，是人行邪道，不能見如來。

這一段引自「應化非眞分第三十二」，最後四句偈則引自「法身非相分第二十六」，在文字方面，「慈悲」二字原文爲「菩提心」。在內容方面，除了說明法施重於財施之外，其兩段四句偈是經文的精華，說明有爲法的有限性，彰顯無爲法的圓融自足。

除了引金剛經的四句偈，羅祖也曾表明引涅槃經、圓覺經的韻文部分，但是對照該經典却未見這些韻文，如正信除疑卷第十品引圓覺經云：「萬物靈光無極生，立天立地立人根。未定五行及八卦，無秋無夏亦無春。」遍查圓覺經未有這段文字，可能是圓覺卷的文句，羅祖誤爲圓覺經。但是羅祖引法華經第四卷破六難六不難，卻是全文引出，字句無誤，見破邪顯證卷第五品，該段文字則見於妙法蓮法經「見寶塔品第十一」後的偈語，僅錄六難六不難中的第二則爲例：

假使有人，手把虛空，而以遊行，也不爲難。於我滅後，若是書持，若使人書，是則爲難。

王源靜對這一段補註云：「有象可把，虛空難把。有言可書，無言莫寫，言辭相卽故。斷言絕句，除名破相，了四大本空，最上一乘無爲之法。」羅祖引偈語，大多用來印證教理，宣揚正法。

羅祖引中土僧侶或居士的作品，大多偏重在韻文部分。引散文部分不多，其形式如破邪顯證卷第五品謂引廬山寶鑑：

三寶者，自性開覺，名爲佛寶；自性眞正，名爲法寶；自性清淨，名爲僧寶。離此心，別說三寶，無有是處。

蘆山寶鑑即是蓮宗寶鑑，此則見於該書第十卷第五「辯明三寶」，原文爲：

同體三寶，謂眞如之理，自性開覺，名爲佛寶。德用軌則自性正眞，名爲法寶。動無違諍，自性清淨，名爲僧寶。

羅祖引散文部分，文字常有脫落，或爲增補，與原文都有出入。在內容上，或謂擇其要點，述其要義，使這本引書可以與其教義相合，以佐證其正法。

在韻文方面，羅祖引用龐居士詩卷中的文句最多，共有九則，玆將羅祖此引文部分與龐居士詩相對照，探討羅祖引韻文的方式與取用的內容（註四）。在引用龐居士詩方面有下類五種情形：第一與原詩完全相同，第二漏句或文句更改，第三增補新創詩句，第四拼合幾段詩句而成，第五非龐居士原詩。完全引用龐居士原詩的有下列幾則：

1. 一切有求枉用功，想念眞成著色空。差之毫釐失千里，有生刼刼道難通。癡心望出三界外，不知元在鐵圍中。（破邪顯證卷第四品）

2. 十方同一等，此是眞如寺。裏有無量壽，本來無名字。凡夫不入理，心緣世上事。乞錢買瓦木，蓋他虛空地。却被六賊驅，背却眞如智。終日受艱幸，妄想圖名利。如此學道人，累刼終不至。（破邪顯證卷第五品）

3. 知余轉般若，見余轉金剛。合掌恭敬了，不動見空王。亦勝身命施，亦勝坐天堂。亦勝五台

供，亦勝求西方。於住於無住，其福不可量。有爲如夢幻，無相契眞常。（正信除疑卷第二十四品）

第一則是唯一引龐居士的七言詩，羅祖引此詩來勸告修行之人，不可妄信邪師，枉用功夫，結果著色著空，所謂「不知元在鐵圍中」，卽指修心人未明心見性，依然難解輪廻。第二則的內容與第一則相類似，針對修道人的心理，加以顯證破迷，「本來無名字」則說明人性的本來如如，圓滿自足。第三則是有爲與無爲的對照，認爲：「有爲如幻夢，無相契眞常。」無爲的境界，王源靜補註云：「知我元無我，十方都是我。默默看將來，內外通消息。」

引龐居士詩有漏句或文句更改的現象，見下列二則：

1.空生稱長老，燃燈常照明。彌勒是同學，釋迦是長兄。名相有差別，法身同一體。（苦功悟道卷第十八品）

2.痴兒無智慧，却嫌我娘醜。我娘生得身，嫌娘無面手。抛撇親爹娘，執著色相走。元是惡男子，然是不了手。（正信除疑卷第二十一品）

第一則在第四句後面漏掉了「神通次第坐，無勞問姓名」二句，此詩引用的重點在「法身同一體」，說明自性圓成。龐居士的韻文極爲通俗，如「空生稱長老」、「彌勒是同學」、「釋迦是長兄」等句，幾乎抛開一切外在的限制，用闊達的語言來表達人生境界，頗爲羅祖所贊許，因而承襲這種方式，建立其宣教的語言。第二則有些文句被更動了，第二句的「娘」字應爲「爹」字，第六句則應爲「外邊逐色走」，第七句應爲「如此惡男子」，第八句應爲「緣事不了手」，在第六句之後漏了六句：「六親相將作，尋常不閑口。恒遊十二月，月月飲欲酒。夜夜不曾醒，醉吐飼豬狗。」

引龐居士詩有增補新句的現象，見下列二則：

1.齋須實相齋，戒須實相戒。有相持齋戒，到頭歸敗壞。敗壞屬無常，從何免三界。眞戒是本性，本性是眞戒，眞戒本無修，無修是眞戒。（破邪顯證卷第九品）

2.無有報龐大，空空無處坐。家內空空空，空空無有貨。日在空裏行，日沒空裏臥。空坐空吟詩，詩空空相和。莫怪純用空，空是諸佛座。世人不別寶，空卽是實貨。若嫌無有空，卽是諸佛過。若是誑語，卽是千佛過。（正信除疑卷第十品）

第一則最後四句是羅祖增補的，說明本性就是無修無證的眞戒，是對龐居士這一首詩的補充說明，破除受戒的有爲心，王源靜補註，對眞戒詮釋爲：「三諦融通，事理無碍，是名眞戒，所以佛未出世，祖未西來，先有無生眞戒。今人受戒者，都是住相有爲之戒，斷常受戒，執心持戒，有爲受戒，造作受戒，拘心受戒，守淨受戒。這些受戒，言之不盡，不達眞空，無生眞戒。」第二則最後二句也是羅祖增補，而且就句型而言，也非詩的形式，很明顯是羅祖讀了這首詩以後有感而發。此二句有點唐突，王源靜如此補註：「我若是誑語，非是我過也，千佛過者，從上諸佛，皆言眞空爲實，迷人謗法，卽是謗諸佛也。」

將龐居士詩數首詩加以拼合，見破邪顯證卷第二十品云：

學道迷路人，實是可憐許。被賊强牽纒，惡緣取次語。有法遍娑婆，開眼看佛語。洗舌讀經典，和經美蛇鼠。動念三界成，迷失當時路。諸經須解義，解義始修行。讀經不解義，多見不如盲。有人道不得，是伊心王黑。不能自了事，埋葬一群賊。群賊多貪痴，緣事說是非，心王被賊使，刼刼無出期。看方不服藥，病從何處輕。取空是取色，取色色無常。色空非我有，端坐見家鄉。經體本無名，受持無色聲。心依無相理，眞是金剛經。

這一則主要湊合四段詩文，前十句是將一首詩全文引出，批評修道人的有爲法。第十一句至十四句引一首詩的前半段，中間漏掉兩句：「若能依義學，卽入涅槃城。」認爲讀經不可迷著，須解經義。第十五句至第二十二句引一首詩，最後兩句不取，此二句爲：「見花不識樹，菓熟始應知。」認爲人們多貪嗔痴，是心性被蒙蔽了。第二十三句至三十二句則引另一首詩，將前面兩句省略，此二句爲：「貪嗔不肯捨，徒勞讀經典。」主張心依無相妙理，破除一切有爲法。

明言引龐居士詩，却不能找到出處，如正信除疑卷第二十三品云：

惡口滿三千，口卽念彌陀。有念念成邪，結果盡成魔。

這一則詩，可能是羅祖記錯的出處。以上五種引韻文的方式，大致上是羅祖引詩的主要方法。在內容上偏重於俚俗易解的文句，如龐居士的詩，卽因其平易近人而屢爲羅祖所引用。如此淺近易解的佛典，可能是羅祖思想的主要來源。

第三節　科儀寶卷對羅祖思想的影響

前文屢云羅祖思想受佛教通俗教義的影響，此佛教通俗教義一詞，係指佛教宣教的通俗教材，以科儀懺法等作品為主。羅祖思想與這一類典籍的關係如何呢？即為本節探研的主題，先引深根結果卷第二十四品羅祖對這些典籍的主觀批評：

科儀卷有外道七分言語，地藏卷有外道七分邪宗。
法華卷有外道七分言語，心經卷有外道七分邪宗。
無相卷有外道七分言語，正宗卷有外道七分邪宗。
彌陀卷有外道七分言語，淨土卷有外道七分邪宗。
無漏卷有外道七分言語，睒子卷有外道七分邪宗。
因行卷有外道七分言語，香山卷有外道七分邪宗。
昭陽卷有外道七分言語，目蓮卷有外道七分邪宗。
六祖卷有外道七分言語，有外道添上的三分邪宗。
一藏經有外道七分言語，有外道添上的三分邪宗。
優曇卷有外道七分言語，壽生經是外道十分邪宗。

還有他外道經不能細說，出世人提防著識破邪宗。
大乘卷是寶卷纔是正道，圓覺經是正道都要明心。
金剛經是正道能掃萬法，說心經是一本都得明心。

羅祖認為稱得上正道妙法的經卷只有四部：大乘卷、圓覺經、金剛經、心經。其他如科儀卷、地藏卷等書夾雜了邪宗思想，不能算是純粹的佛法，壽生經則視為外道思想，摒除在佛典之外。

羅祖對金剛科儀的評價不高，只承認其七分的價值，比大乘金剛寶卷的價值還低，但是引用大乘金剛寶卷僅六則，引用金剛科儀有五十二則，未言引書實引金剛科儀者亦近四十則。金剛科儀對羅祖思想的影響具有舉足輕重的地位，或可謂捨棄金剛科儀，則羅祖思想的淵源與發展不易具體地加以把握。大乘金剛寶卷究指何書，今已無法考查；銷釋金剛科儀則被收入佛教經藏裏，共分三十二品（註五）。在第一品之前另有下列諸部結構：㈠恭請十方聖賢現坐道場，㈡持頌三寶，㈢解題，㈣舉香讚，㈤緣起，㈥持頌淨口業直言淨三業眞言安土地眞言普供養眞言，㈦奉請八金剛四菩薩，㈧發願文，㈨開經偈，㈩宗鏡語。每一品分成三部分，一為經文，其次是宗鏡述白，最後一段問答，包括十四句七言韻文與四句五言偈。

羅祖引用金剛科儀，偏重在品題前的解題緣起部分與品題內的七言韻文與五言偈。從金剛科儀的內容探討，羅祖的無為法、虛空、解脫等宗教理念大部分源自此書，值得比較對照，再作分析，有助於瞭解羅祖思想形成的內在基因，及此一部書的社會教化意義。羅祖引金剛科儀，可分「明言引書」與

「未明言引書」兩部分：「明言引書」係自云引金剛科儀；「未明言引書」則混入羅祖的經文，但其文字則見於金剛科儀。羅祖明言引述金剛科儀的解題與緣起有下列幾則：

1.重辨重徵其義曉如白黑，義隨文而文隨義，左右逢源，珠走盤而盤走珠，縱橫無碍。（破邪顯證卷第八品）

2.咸悟菩提流通天上人間，普遍微塵剎海，太虛無際，法施何窮，以斯般若功勛，總報四恩三有。咸悟菩提流通法，流通人間普度人。（破邪顯證卷第八品）

3.四句倍勝，若乃循行數墨轉益見知，宗眼不明，非為究竟。（破邪顯證卷第二十品）

4.切以幻身不久，浮世非堅，不久則形軀變異，非堅則火宅無安，由是輪廻六趣幾時休，遷轉四生何日盡。（破邪顯證卷第二十四品）

5.若不尋著出身之路，遷轉四生何日盡，轉人身無有七八遭，從無量刼轉四生，脫骨過如須彌山。（破邪顯證卷第十六品）

6.衆生殺牲害命，造下業障，過於泰山深似大海，造下無量無邊罪業，死到陰司地府，受五百刼苦不得翻身。受盡五百刼苦，又轉四生六道受苦無盡。（正信除疑卷第七品）

7.禪道若無況味，聖賢何肯歸依？（歎世無為卷第十品）

8.野狐尚聽百丈法，螺螄猶護金剛經，十千遊魚聞佛號，化為天子，五百蝙蝠聽法音，總作聖賢，蟒聞懺以生天，龍聽法而悟道。彼物尚能領悟，況人何不回心？或有埋頭吃飯，而空過一生，或有錯路修行，而不省這意。豈識菩提覺性箇箇圓成，爭知般若善根人人具足。莫問大隱小隱，休別在家出家，不拘僧俗，而只要辦心，本無男女，而何須着相。未明人妄分三教，了得的同悟一心，若能返照廻光，皆能見性成佛。（正信除疑卷第四品，破邪顯證卷第一品）

9.佛在靈山莫遠求，靈山只在汝心頭。人人有個靈山塔，好去靈山塔下修。四方淨土人人有，不假修持已現前，諸上善人如見性，阿彌陀佛便同肩。（正信除疑卷第十二品）

10.若人具上根下智，不撥自轉，是胸中自有此經，且將置三十二分，於空閑無用之地，亦不是過。如或未然，且聽山埜與汝打葛藤去也。夫金剛經者，自性堅固，萬刧不壞，況金性堅剛也。般若者智慧也，波羅密者登彼岸義也，見性得度，卽登彼岸。（破邪顯證卷第十九品）

此十則引文是依金剛科儀原文的前後次序排定。前三則是解題部分，第一則是說明金剛科儀採一問一答的方式，乃爲了重徵其義，以便左右逢原，羅祖斷章取義，用來詮釋其說理的方式。第二則是緊接著第一則，認爲重徵其義的目的在見聞隨喜洞明眞性，其後「咸悟菩提流通法，流通人間普度人」二句十四字是羅祖添加的，以明重徵其義是要使佛法流通。第三則闡明四句偈的作用，是要了達性空，徹諸佛的本源，豁一經的眼目，若四句不明，則非究竟。第四則至第六則是引敍佛教地獄輪廻的觀念，强調要水急修持，高超三界證眞空。第四則全引原文，第五則僅「遷轉四生何日盡」是科儀原文，其他是羅祖增補，第六則也僅借用科儀「五百刼」與「四生六道」的觀念加以發揮，而非原文。民間對佛教地獄的傳說，已有許多通俗性的演繹說法，金剛科儀所謂「或在鐵圍山間，受鑊湯則萬死千生，遭剉磕則一刀兩段，饑呑熱鐵，渴飲鎔銅。」「生被刀砧之苦，死遭湯火之災」等句，更能接近中土百姓的思維方式，羅祖擴大地獄受苦的觀念强調解脫生死輪廻，可能是受金剛科儀這一段敍述的影響（註六），如苦功悟道卷第一品一開頭即云：「百年光景剎那之間，富貴榮華猶如一夢，思量盡是虛華夢，仔細看來一件無，歎罷人身不久，心中煩惱傷悲，無常到來，四大化作灰土。」這一段的內容完全取自金剛科儀，其原文：「百年光景全在剎那，四大幻身豈能長久……功名蓋世無非大夢，一場富貴驚人難免，無常二字爭人爭我，到底成空。」羅祖對生命的反省原來也受科儀的影響，並非完全是他個人的體會。第七則與第八則是說明佛理的高妙與三敎同源的道理，第七則是一段結論，在此結論之前，科儀述釋迦佛、龐居士、眞武王、呂仙公、蘇東坡、韓文公、妙善、六祖等人悟道的典故，說明佛理自有其高義，方能使聖賢來歸。第八則的引文相當長，正信除疑卷第四品除了引文外，尚依據引文的內容，作了六段十言詩，僅引其中二則參考：「野狐蟲求百丈成尊正覺，聽妙法成正覺亦得還源。野狐蟲信得急成佛去了，空爲人不信佛永墮沉淪。」「螺螄蟲護金經得成正覺，護眞經成正覺亦得還源。螺螄蟲聽妙法歸家去了，空爲人不信佛永墮沉淪。」科儀品題之前有五段七言詩，第九則混用其中兩段各引四句拼掇而成。其中「佛在靈山莫遠求」與「西方淨土人人有，不假修持已現前。」等句羅祖引用相當的頻繁，在其七言詩裏經常雜混這些句子。第十則是宗鏡述白中的一段，說明此部科儀的內容與宗教目的。

除了以上十則明白說明引述金剛科儀一書外，尚有數則未明言引書，實出自金剛科儀解題緣起部分，擇要選列於后：

1.西方淨土人人有，不假修持已現前。諸上善人如見性，阿彌陀佛便肩。（苦功悟道卷第十八品）

2.八百餘家呈妙手，大家依樣畫葫蘆。金剛本體露堂堂，本性就是法中王。願今合會諸男女，同證金剛大道場。在家菩薩智非常，鬧市叢中有道場。西方淨土人人有，高山平地總西方。（破邪顯證第一品）

3.休沉向上三玄，要了末後一著。（破邪顯證卷第三品）

4.棄除瓢囊擊碎琴，如今不練汞中金。目後一見黃龍後，始覺從前錯用心。（破邪顯證卷第七品）

第一則全引科儀的韻文，第二則將科儀的韻文大搬家，此一詩是由三段韻文雜湊而成，第一段原文爲：「在家菩薩智非常，鬧市叢中作道場。心地若能無罣礙，高山平地總西方。金剛般若體如如，翠竹黃華滿路途。八百餘家呈妙手，大家依樣畫葫蘆。」第二段原文爲：「願令合會諸男女，同證金剛大道場。」第三段原文爲：「西方淨土人人有，不假修持已現前。」羅祖將此三段文字前後次序顚倒隨意拚合，也自認爲是一首韻詩，由此可知，羅祖的知識層次並不高，理解韻文的能力有限，表達也不足，與金剛科儀的作者相比教育程度是有段距離。第三則與第四則是相連繫的，第四則是引呂洞賓契悟參機的偈語，來說明何謂「末後一著」，與科儀的原文略有出入，應將第二句的「煉」改爲「戀」字，第三句的「目後」改爲「自從」。

金剛科儀每一品前的經文卽是金剛經，有關金剛經的引文情形，已述於前一節，所謂金剛科儀的引文，應指宗鏡的「白」及一段問答的韻文與四句偈。三十二品中被羅祖引用的有二十三品，每一品多則八、九條，少則一、二條，將每一條引文列出，所需的篇幅相當龐大，僅分成「明言引書」與「未明言引書」兩部分擇要數則加以說明。在「明言引書」部分擇要下列數則於后：

1.纔出胞胎又入胎，聖人觀此動悲哀。幻身究竟無香潔，打破畫瓶歸去來。擲却閻浮似草鞋，更無一物可開懷。靈明一點輝千古，超日月光歸去來。歸去來兮歸去來，一靈休更入胞胎。化生花上身金色，目擊金容歸去來。六欲諸天俱五衰，二禪尙自有風災。直饒修到非非想，也則不如歸去來。極樂家鄉甚妙哉，無諸憂苦樂常諧。因談果海圓音徹，時禮金容歸去來。有病有危終退墮，不生不滅不輪廻。西方淨土常安樂，無苦無憂歸去來。末法娑婆入苦災，互相食噉惡如豺。刀兵疫病遭饑饉，厭離閻浮歸去來。（正信除疑卷第十四品）

2.正信希有，一念無差，心外休取法，心若取法，凡聖皆差。心若無念，却被雲霞，圓明一點，春來樹樹花。（破邪顯證卷第八品）

3.還見四句親切處麼？眞性深明依般若，不勞彈指工夫證菩提。（破邪顯證卷第一品）

4.人天往返，諸漏未除，道果雙忘，無諍第一，超過凡聖。（破邪顯證卷第十品）

5.無爲福勝，四句堪誇，如塵比數沙，住相布施，凡聖皆差，無來無去，月照簾下，無根樹子，

常開四季花。四句絕堪誇，河沙數漸多，算來無一法，淨處娑婆訶。（破邪顯證卷第二十一品）

第一則雜湊科儀的七言韻文而成，第一個四句出自「善現起請分第二」韻文部分的後四句，第二個四句出自「大乘正宗分第三」韻文的後四句，第三個四句出自「能淨業障分第十六」韻文的後四句，第四個四句出自「無法可得分第二十二」韻文的後四句，第五個四句出自「應化非眞分第三十二」韻文的後四句，第六個四句出自「非說所說分第二十一」韻文的後四句，第七個四句出自「一體同觀分第十八」韻文的後四句。科儀的最後一句大多有「歸去來」三字，羅祖引這些詩句主要證明歸回家鄉的重要性。第二則是引七言韻文後一段句型爲「四四五四四四四四五」非文非詩的一段文字，此則出自「如理實見分第五」羅祖的「心外休取法」的觀念實淵源於此，此段句型後卽爲四句偈：「邪法俱蕩盡，正信勿生疑，念念無差別，處處發眞機。」第三則將問答形式引出來，出自「依分出生分第八」，第一句「還見四句親切處麼？」是問的部分，後二句是答的部分，大多以韻文的形式表達，此則引文最後一句比原文多出「工夫」二字，所以看不出是韻文的形態。第四則引宗鏡口白的部分，出自「一相無相分第九」，羅祖對這一段話另外改寫爲韻文的形態云：「人天往返執著外，返著諸漏有輪廻。執著道果生死路，道果雙忘放光輝。四方八面無諍戰，無諍第一超凡聖。」第五則是將四句偈的部分也引出來，出自「莊嚴淨土分第十」，羅祖的「無爲法」與「無爲福勝」等觀念，很明顯也是取用金剛科儀的文句與內容。

未明言引書而取用科儀的文句，爲數不少，擇要引述數則於后：

1.極樂家鄉甚妙哉，無諸憂苦樂常諧。因談果海圓音徹，時禮金容歸去來。西方極樂景幽深，寶網光騰百萬壽。菩薩爲鄰談妙旨，聲聞作伴演圓音。（歎世無爲卷第十一品）

2.說破明心無生話，決定無礙是西方。本性彌陀佛國土，永刼不壞般若香。（破邪顯證卷第一品）

3.明了四句無四句，除了四句纔顯眞。洞明四句超三際，絕勝僧祇萬倍功。無上甚深無四句，洞明本性勝萬功。不增不減無修證，一句了然獨爲尊。（破邪顯證卷第十一品）

4.非說所說，不在分別，本性離言說。潺潺綠水，出廣長舌，圓音落落，無間無歇，休將耳聽，紅爐飛片雪。我心本不有，無心說向誰？所說非所說，爲彼上乘機。（正信除疑卷第二十五品）

5.蓋古人錯答一字，尙墮野狐，謬誦此經，應入地獄。個裏本無元字脚，空中誰敢强安名。等閑點出金剛眼，照破魔王八萬程。（正信除疑卷第十七品）

第一則是引「應化非眞分第三十二」兩段韻文各四句湊合而成。第二則是將第三十二分的五言偈改寫爲七言詩，其原文爲：「說破無生話，決定住西方，彌陀極樂國，常聞般若香。」第三則是引「福智無比分第二十四」韻文中的兩句：「洞明四句超三際，絕勝僧祇萬倍功。」來批評科儀强調悟明四句的修行法，不是最好的方法，「一句了然獨爲尊」才是解脫的妙道。第四則是引「離色離相分第二十」韻文後一段文句與五言四句偈。羅祖對「紅爐飛片雪」一句，曾如此詮釋：「這些雜念便是雪，本來無一物。若說紅爐是眞實，本來面目就是爐，本來無一物，這便是紅爐。」第五則是將三十二分後宗鏡的口白與「如法受持分第十三」的四句韻文配合而成。正信除疑卷第八品「蓋古人錯答一字品」實由科儀的這一段話加以引申。

由以上的分析，可以得知金剛科儀一書的重要性。羅祖雖然也引其他科儀的書如地藏科儀，但是數量不多，僅一則而已，其文爲：「功案人人已現成，金剛兩字强安名。耳聽尙隔三千里，口誦又隔十萬程。」（破邪顯證卷第十三品）在內容上與金剛科儀相近。引用「慈悲水懺」的次數較多，偏重在生命無常與地獄受苦的觀念，如引其七種心第二種第三種云：「第二恐怖者，旣是凡夫身口意業，常與罪相應，以是因緣命終之後，應墮地獄畜生餓鬼，受無量苦，如此實爲可驚可恐，可怖可懼。第三厭離者，相與常觀，生死之中，唯有無常，苦空無我，不淨虛假，如水上泡，速起速滅，往來流轉，猶如車輪，生老病死，八苦交煎，無時蹔息。」（歎世無爲卷第三品）引用寶卷書相當零星，不易探求彼此間思想的關係，如引香山寶卷云：「良緣大衆發虔心，高擧大悲菩薩品，念一聲來應一聲，本性彌陀休外尋。」（正信除疑卷第十二品）引圓通卷云：「歸去來兮歸去來，永無八難及三災。誰知淨土無諸品，盡力相拖不肯來。」（破邪顯證卷第一品）又引云：「念經須念大乘經，小乘三昧費前途。口頭三昧虛勞力，一句無生最上乘。最上乘時一時無，小乘三昧費工夫。若要紙上尋佛法，筆尖蘸乾洞庭湖。」（破邪顯證卷第十三品）引大乘金剛寶卷云：「無來無去亦無形，出入錯認定盤心，好個自在眞空法，返本還源舊家風。」（破邪顯證卷第十四品）引心經卷云：「敎談種種諸功德，所以名爲大法王。更有一件堪讚處，能敎地獄化淸涼。」（苦功悟道卷第十八品）以上幾種寶卷所引用的語言，在思想層次上極爲相近，皆彰顯佛法本來寂靜又萬法俱備的無爲法性，明示宇宙存在的空無自性，這種思想可能是當代佛教的教化主題，也是寶卷的主要內容，羅祖卽承襲了這種思想的潮流，建立其無爲教門，將佛教教義散播入更基層的生態環境裏。

【附註】

註一　澤田瑞穗的「羅祖の無爲教」第三二五頁。

註二　酒井忠夫的「中國善書の研究」第四四〇―四四一頁。

註三　參閱吉岡義豐的「乾隆版香山寶卷」一文，收入「道教研究」第四冊。

註四　龐居士詩收入龐居士語錄，此書共分三卷，上卷爲語錄部分，中下卷爲詩集，本文有關龐居士的詩，採用藝文印書館「禪宗集成」第十四冊所收集的版本。

註五　本文所引用的「銷釋金剛科儀」皆根據續藏經第一二九冊禮懺部所收集的版本。

註六　中國地獄觀念的演變，有其特殊的文化傳承的關係，金剛科儀也只是傳遞這種信息，當然羅祖的地獄觀不單純是受金剛科儀的影響，但是他的表達方式可能來自金剛科儀。有關民間地獄信仰，請參閱以下作品：吉岡義豐的「中國民間の地獄十王信仰について―玉曆至寶鈔を中心として」（佛教文化論集第一冊），酒井忠夫的「十王信仰に關する諸問題及び閻羅王受記經」（收入齊藤先生古稀祝賀記念論文集），小川貫弌的「十王生七經圖卷の構造」（佛教文化史研究第七十三期）

第八章　結　論

探討羅祖的宗教與思想，牽涉到社會文化的問題，前面數章，屢云文化的層級性、大傳統小傳統的區別、高級文化與大衆文化的相互關係等問題，皆是了解羅祖思想的主要外緣的文化現象，捨棄這些外緣的文化現象，則羅祖無爲教內緣的宗教信仰與思想的結構就孤立了，當拿這種信仰與思想的內涵與其他佛道等教相比擬，將因其雜揉的形式與襲用他教的內容，而顯得微渺而不足道了。但是注意到羅祖宗教的傳播流衍的情形，以及對民間社羣文化模式的影響，建立了基層社會群衆某些特定的認知經驗，架構出有組織性質的信仰、價值與態度等人生的共同的文化理念，則其社會意義又非比凡常。

近年來，人類學家與社會學家專注於實際社會的具體運作時，發現一個特定的社羣，其文化的內蘊相當的複雜，不管是外顯與潛隱等現象，包含了理性、不理性與非理性等文化基因（註一）。因此，文化是一種理念體系，隨著對象的不同，文化的層面也有多種差異，不可一言以概之，簡單區分，最明顯的不同是高級文化與大衆文化，以前我們將高級文化，亦即知識分子所創造文化，視爲文化傳統的主流，常以官方的教化政策與文獻資料視爲文化的全貌。人類學家與社會學家則不以爲然，他們關注的是知識分子以外社會大衆的文化體系，以爲大衆文化，才是社羣共享而又互相傳遞的社會產物（

註二）。歷史學家也逐漸擺脫官方資料的文獻研究，認爲「大衆文化」才是最值得研究的對象（註三）。大衆文化與高級文化實際上是相互溝通、互爲依存的，不能完全分劃隔離。有人以大傳統和小傳統代替以上二詞，但是大傳統與小傳統不是相對立，不相統攝的組織體。近年來人類學家著重在小區域的鄉民研究，探知鄉民在文化上與經濟上是源自歷史的行爲模式和價值體系的集合（註四）。亦卽大傳統與小傳統是相互交流與相互完成，因此小傳統的社會族羣的文化研究，除了可以探索基層社會的實質狀況外，也可以分析大傳統的文化理念實際運作的意義與價值。羅祖五部六册的分析研究，雖然是牽連著小傳統的宗教信仰與文化結構，却含有大傳統文化自主性發展的時空特定意義（註五）。羅祖的無爲教宗教結社，必須擺設在明代的政治、宗教、社會、思想等相關連的大傳統中，才能探求這種宗教結社的生態環境、思想信仰、組織型態與其社會功能。

宗教是一種社會事實，也是一種社會現象，或云是一種社會制度，經由信仰與祭儀以實現其社會要求的方式（註六）。羅祖無爲教與無生老母信仰，自五部六册奠定其中心思想以來，一直流佈民間，無時不有，始終與正統的佛道等教平行發展而秘密隱藏在社會的下層中間（註七），故羅祖的無爲教與無生老母信仰，已非單純的歷史事件，而是社會文化的綜合表現。羅祖將民間已有的各種宗教與文化意識，透過其個人的體驗，不僅反映其主觀的信仰心態，亦落實成爲羣衆的信仰，變爲基層社會的一種社會制度。這種社會現象與制度，是一種半傳統半現在的宗教再興運動（註八），一方面承襲了傳統宗教的固有內容，一方面又由民間意識消融其他宗教形態，發展一種混融於社會基層民衆的生活習俗中，介於特化宗教與混合宗教之間的一種有地方性的教階威權，而又混入於世俗制度的宗教（註九）。如此奇特的宗教組合，是近五百年來一直存在而又源遠流長的文化現象，部分民衆透過此種信仰與祭典儀式來建立其個人的認知經驗與處世態度。

葉啟政認為中國社會的小傳統是中心大傳統的轉型，乃是在特定環境下的一種調適性實現，亦即在常民世界裏，一些較具創造力的常民精英，把大傳統的理念，以另外一種語言或象徵形式，或具體形象，來加以詮釋，並且表達出來（註一〇）。羅祖可以算是小傳統中的常民精英，將中心大傳統以儒釋道爲主幹的思想與信仰體系，以民間社會意識爲中心，使其具象化、平淺化，轉型爲通俗的理念，滲透到社會，配合根深柢固的小傳統文化體系。羅祖所建立的文化體系算是民間常民文化中的一部分，本文依照前列數章的剖析說明，分成思想、宗教、社會、政治、文化等五部分，作總結的概述，以凸顯羅祖無爲教的時空價值、歷史意義與文化功能。

一、在思想上

在傳統的社會結構，儒家與道家思想一直居於支配地位，其他道教與佛教的思想雖然也有相當的影響性，卻必須以民衆固有的文化精神爲基礎，將其超自然的宗教成分納入原本井然有序的人際關係與社會倫理之中，互相的消融合作，建立共識的基本思想理念。這種共識的基本思想理念，在上層社會的知識分子，經過六朝隋唐不斷地學術爭論，導致宋明理學的興盛。所謂「理學」的「理」字意義，牟宗三先生曾說明其內涵，概分爲六：

1.名理—此屬於邏輯，廣之，亦可該括數學。

2.物理—此屬於經驗科學，自然的或社會的。

3.玄理—此屬於道家。

4.空理—此屬於佛家。

5.性理—此屬於儒家。

6.事理（亦攝情理）—此屬於政治哲學或歷史哲學。（註一一）

宋明理學是以儒家性理之學爲主，著重在道德即宗教的儒家之教，但是也將道家的玄理、佛家的空理，納入儒家的「道德主體」加以貫通，以求默契道妙，擴大中國本土宇宙論的精義。在下層社會的一般民衆並未主動參予這種思想調適上遂的創化之功，但是在理學的教化與道教、佛教教義的散播下，也自然形成一股三教會通的民間思想意識，這種思想意識也可能直接或間接受到鄉土化知識分子的（註一二）傳播與影響，比如受明代理學教化下的林兆恩，牽就三教合流的趨勢（註一三），著作了三教正宗統論三十六册，倡明三教合一的大旨，建立「夏午尼氏道統中一三教」（簡稱夏教），其弟子尊他爲「三教先生」或「三一教主」（註一四），林兆恩三教思想形成的原因，在他寄給當時理學家羅念菴的信中，曾如此說明：「兆恩前年亦曾在儒門中，以學儒者之道，而不得其要也，又曾在玄門中，以學道教之道，而不得其宗也。今皆棄去之，而幸聞三教合一之旨。其於孔子之一貫，老子之得一，釋氏之歸一，頗能通其理而會其機矣。世之所謂三教之異者，三教之支派也。兆恩之所謂三教之同者，三教之原委也。」（註一五）林兆恩的生存年代，誕生於明正德十二年（西元一五一七年），逝世於萬曆二十六年（西元一六〇〇年）（註一六），恰好在羅祖之後。其所謂「幸聞三教合一之旨」是當時思想形態與宗教信仰的一種共同的傾向，林兆恩透過其原有的知識素養，將這種文化潮流加以統合，架構其思想與宗教。而實際上，類似的三教合一的基本理論，羅祖的五部六册，即已展示了這種思想的形態。

本書第三章、第四章與第六章第一節曾探討羅祖的思想體系與三教通俗教化對羅祖思想的影響，大致上可以歸納出當時基層社會所流行的通俗思想之大概。儒釋道三教在民間的會通，偏重於「人性」與「天道」的相互關係，在現實社會裏，天道茫茫，天命難測，天意難知，人如何肯定自己生存的意義，來盡性踐仁以體現天道（註一七），未必完全符合儒家重道德主體性的思想要義，而是另外肯定宗教求神不朽的外在權威意志。二者如何來相互交融轉出民間的宗教精神，是研究民間文化的一個主要思想史問題。唐君毅先生認為，中國的宗教思想，尤重積極的肯定保存一切有價值的事物，不特重在教人能承擔生活的罪苦，尤重在承擔宇宙人生的善美福德（註一八）。這種宗教思想仍是以儒家思想作主導，但是民間傳播宗教信仰的菁英分子，未必能明切掌握這種重道德主體性的人文體驗，可能是基於單純的生命的解脫，契求無上的神明權威，賦予永生的福報，但是受到儒道等自然宇宙觀的影響，人與天地的有無思考，導出了「虛空」的宇宙觀，以自我生命的「虛」來涵攝他物的實，成就人自身的生化歷程，以一永恒的未來境界來安頓生命的存在。

因此，羅祖宗教思想，是一種弔詭的存在，有時展現出儒道佛三家共通的自然宇宙論的精華，強調生命永恒無限的存在，以個體的本眞印證宇宙的虛空。有時又不向高貴的人性來自我認同，而攀緣住神明的權威，企求以無上的神通來安頓生命的存在，排除一切生存的不幸與恐慌。在羅祖的宗教思想裏，造成這種弔詭的存在，淵源於基層社會原本功利形式的信仰心態。這種情形，非僅羅祖所獨自傳承，林兆恩與後代各種民間教團都有這種心態，可以肯定民間的三教合一，是藉神明意志來安頓三教的哲理，與宋明理學的學術融合大異其趣。也就是說民間的宇宙論必須落實到實際的宗教信仰，由於「功利」實效的要求，雖然表面上似乎仍關愛宇宙整體的存在，然往往只牽繫著人格神的要求，連鎖著具體的善惡酬報。就哲學的觀念論之：將人生哲學下降受實際生活的牽制，是原始宗教意識的流行，僅企求以萬靈的神明來化解生存的無奈與生活的困阨，缺乏道德本心的主體性，無法發揮自由獨立的理性判斷，抛開自我，眞正關愛世界。但就社會學的觀念論之：關心自身存在的實際利益，即是人類生存的本能，將超越性的主體道德逆轉成立命積德的處世哲學與因應果報的功過信仰，即是來自於實際生活的體驗，如此一套功利式善惡功過的抉擇，比純理性的道德境界更爲廣大的民衆所接受（註一九）。羅祖的宗教思想，卽是以一常民的身分在儒釋道三教教化環境下，作小傳統調適性的轉化實現，一方面蘊藏部分大傳統的精緻文化，一方面又承續小傳統的文化特性。但是在民國以前的帝制社會裏，文化的傳統受到官方與知識分子所界定，往往把代表小傳統的常民文化排拒於代表社會主流文化的創新體系之外，而使得民間這種宗教思想隱晦而難明。

二、在宗教上

羅祖的無爲教雖然是他個人改革佛教而成的新興教派，但是此宗教改革事件牽涉到明代的宗教背景，以及流行於民間的宗教實態。捨棄了宗教背景的歷史因素與文化因素，無法明白無爲教的眞正內涵。王治心在「中國宗教思想史大綱」認爲明太祖以後佛道衰落，普通宗教思想皆趨於三教一致，即佛教亦僅禪淨二宗，流行民間（註二〇）。就宗教教義學而言，明代的佛教、道教在思想上的闡述，貢獻較少；但是若就傳教方面，佛道二教如何進入社會基層，流行於廣大庶民生活之中，成爲民衆的信仰主題，與社會習俗混合交融，其宗教實態是值得關注與研究的。除了佛道兩教，元末明初白蓮教的彌勒佛信仰，也是一支潛伏的宗教力量。

本書第六章探討羅祖對當時佛教與其他教門的批判，即考慮到明代的宗教背景。本文利用相關的歷史文獻，總結羅祖創立無爲教與宣揚無生老母信仰的前因後果。欲探求明代的宗教背景，須明白明太祖的宗教政策及佛教、道教與白蓮教實際散播的情形。

明太祖將佛教、道教納入國家的政治體制，設立統制機構加以考核管理（註二一），對於白蓮教則嚴加禁止，防其聚衆生事危害社會秩序（註二二）。佛道二教雖然被政府所承認，仍然在講經說法與行動上遭遇到嚴格的法令限制（註二三）。但是明代諸帝信奉方術，相信籲天禱神可消厄除災，因此濫度僧道，廣建寺院，興建齋醮，任用術士（註二四），使得宗教法令猶如虛設，一時緇黃者流，雖托名宗教，實推展各種神通怪誕的異端方術。在嚴苛的宗教法令與各種重方術的宗教現象下，明代的各種宗教在本質上也有或多或少的變遷以適應新的時代。除了各宗教自身的改革與轉變外，在民間的宗教環境裏也合流各種法術與宗教思想來回應時代的變遷（註二五）。

羅祖可以說是當時通俗佛教的反動，所謂通俗佛教指當時瑜珈僧，執行法事儀式的瑜伽教寺，盛行的禪宗與淨土的修行教派，或亦包括彌勒信仰的民間教派。這些教派爲了牽就民間的通俗環境，在教學方面，往往易流於言之無物的空洞理論，但是在儀禮與修行上以滿足百姓衷心的願望與延年益壽家門增福的切身慾望爲主（註二六）。但是這樣的宗教形態，往往受高僧的譴責與排除。羅祖在如此的宗教環境裏，一方面受到上層佛教改革的壓力，一方面又感染通俗佛教重現世利益的功利心態。如何調適二者的衝突與矛盾，採取一種可被高僧認可的修行方式，又可廣爲百姓所接受的信仰形態。這是羅祖創立無爲教的基本情懷，因此，在五部六册裏，羅祖接受禪淨合流的信仰理論，標舉金剛科儀的無爲妙法，强調一句也無求的明心工夫，正是他企求承續佛教正統教理的表現；但是他著重在百姓解脫生死契合永恒的功利心態，使他自認爲是無上的正宗佛法，只能生存在民間的生態環境裏。然而這種現象，却爲民間宗教信仰，注入一股活潑的激素，使上層的崇高宗教理念，透過該信仰的盛行，而暗中傳播給一般民衆。

三、在政治上

明代的興衰一直與民間宗敎有密切的關係，明太祖起於白蓮敎亂，而後屢爲敎亂所苦，世人常將此現象歸咎於明太祖的高壓統治政策（註二七）。就明代敎亂的層出不窮，除了政局的不穩定，民生困苦等直接因素，法令對宗敎的限制與壓抑也是一個間接的主因。宗敎是建立在小傳統的常民信仰，卻往往被政府與知識分子基於敎化與安全的顧慮加以禁止，尤其是流行於民間各種地方性的敎團（註二八）。大小傳統的文化隔閡，導致觀念與政策的偏差，是明代敎亂形成的一個值得考慮的因素。

民間宗敎爲何流行於民間，自有其特定的社會價值與功能，但是明太祖一統天下以後，懼怕民間宗敎聚集民衆力量的嚴重性，對於地方性的宗敎信仰皆視爲左道，嚴加禁止，如明實錄洪武三年六月甲子條：「白蓮社、明遵宗、白雲宗、巫覡扶鸞、禱聖書符呪水諸術，並加禁止。庶幾左道不興，民無惑志。」白蓮社是淨土念佛結社，宋代極爲盛行，南宋茅子元創立白蓮宗，主張衆人共修淨業。白雲宗起於宋徽宗時孔清覺，於禪宗中另樹一派，以上二宗可以算是佛敎的支派，但由於兩敎派太接近民間，引起部分僧衆的抑止（註二九）與官方的嚴禁。「禱聖書符呪水」諸術，是道敎部分敎派的主要儀式，嚴禁這些法術，也間接禁止道敎。民衆崇信方術，企求消災祈福，純粹是小傳統的文化理念，而大傳統的維護分子，却缺乏了客觀的了解與同情。

民間宗教雖然被禁止了，但是自洪武四年起，教亂連續不斷，陶希聖認爲：明太祖雖努力謀農民的幸福，誅殺貪污，仇視士人，但明室的政權仍轉化爲括剝貧苦民衆的政權，所以教亂不斷產生（註三〇）。這是純從政治的觀念來看教亂，若從文化的角度視之，雙方政治的衝突，是大小傳統缺乏了正面的溝通與疏導，因此僵化了彼此相互依存的關係。又如明實錄洪武二十七年正月戊申條云：「有稱白蓮靈寶火居，及僧道不務祖風，妄爲議論沮令者，皆治重罪。」但是羅祖却創立在家的無爲教，自命祖師，與法令相違背，而被捕下獄。政府嚴禁，而羅祖偏偏自立教派，卽導源於彼此的立場不同，羅祖僅作純信仰的思考，以無生老母信仰來安頓小傳統的生死恐慌，以求實際生活的穩定，而政府則基於國家整體治安的要求，防範各種民間教團的擴大與漫延。所以儘管羅祖將其無爲教視爲正宗佛法，但是無生老母信仰也免不了被嚴禁的厄運。

這種雙方僵化的關係，明太祖的嚴苛法令是主因，而導使明太祖懼怕民間宗教的心態，則是由於白蓮教的政治活動。因此欲了解無爲教的時代意義，必須探求白蓮教等民間宗教的社會活動，來分析彼此間的相互關係。羅祖無爲教的無生老母信仰與依存於白蓮教的彌勒信仰，在同一個政治背景下而相互合流，可能也是受到官方宗教政策的影響。

四、在社會上

明代民間的社會結構與文化特徵，是了解羅祖宗教的主要外緣問題，本書第三章曾簡述羅祖無爲教的生態環境，是以鄉村的農民與都市中下階層爲主，這個階層是小傳統的文化主幹，勞力以謀生是他們的特徵，由於需要耗費絕大精力在維持生活上面，而將其文化的主導意識依託於常民的精英，來改變大傳統的文化體系，以民間信仰爲中心，建立一套日常生活的行爲模式與價值準則。近年來學者注意到宋代因經濟結構的改變，市民的興起，導致戲曲小說等娛樂文化與精緻文化的流行（註三一）。這種文化特性仍屬於大傳統，只是知識分子在社會變遷中價值取向的不同，與常民階層的文化內容，仍有相當大的距離。但是隨著時代的變遷，有閒階層的娛樂文化與精緻文化，也因常民階層的投入及普遍的流行，逐漸由都市擴大到鄉民社會，比如野台戲的流行，鄉村的宗教結社等相遞散播，市民的娛樂文化已非市民所專有，而成爲基層社會在勞力之外的一種精神寄託，也是基層社會吸收大傳統文化的一個重要管道。

在明代造成休閒文化的普遍性，可能來自於民衆宗教結社迎神社祭的廟會活動，而這種鄉間的社祭活動由來已久（註三二），到了明代一百戶人家設社壇一所，並設立鄉約，成爲鄉民組織，透過宗教的祭祀活動，以使鄉民守望相助，和睦相處，補助教化，敦厚風俗（註三三）。鄉社是共同的聚會活動，若從經濟的角度來看，是一種地域性自給自足的互助團體，這也是小傳統截長補短的反應模式。民間宗教的主要依存環境，即是藉重這種鄉里自足形態的價值標準，强調個人的生命解脫與行善修道的功能思想，經由「行善邀福」的共同意識（註三四），導人憐老惜貧、扶助孤苦，從事社會救助與服務工作，維護基層社會秩序的安定。另一方面就經濟流通而言，出家的僧道是靠善男信女的布施供養，才能生存，但是僧道究竟脫離實際的社會運作，只是單方面的財施或法施。然而羅祖以一常民創立在家修行法門，使民間的經濟流通在社會反覆流動，民衆經由布施行善得到心靈的平和，羅祖將積聚的錢財再作社會的分配，拓大其宗教流佈的勢力，如此的經濟的流通與思想的傳播，完全基於小傳統自身的利益，而得以散播開來。

五、在文化上

文化是人類滿足需要，以達到生存之目的，調適社會環境的產物，包含民俗、民德、社會價值與社會信仰。羅祖的無爲敎卽是由社會化的過程中，重新調和民俗民德，綜合傳統社會的價值與信仰，賦予小傳統一套調適外在環境與人際關係的行爲模式。一般學者僅將無爲敎等民間宗敎視爲下層社會一種非公開活動的組織團體，認爲不可視爲民間社會的常態，但是據人類學家的鄉野調查，發現民間宗敎相當具有普遍性，對小傳統的宗敎信仰具有舉足輕重的影響力（註三五）。當然，這種影響力，並非羅祖等宗敎英才獨自創立，而是一種綜合整理，調適性的轉化改變，其力量還是來自大小傳統的文化內涵，在本質上僅有少許的締造與創新，仍具有中國大傳統整體文化的精神與小傳統實際生活的文化意識，故並非脫離基層社會而獨立存在。

因此，羅祖的思維體系與宗敎信仰是常民文化中的一部分，具有溝通大傳統理性智慧的文化特質，與敎化小傳統一般百姓的同化作用。不可因其具有常民文化的通俗性與平淺性，而排除其歷史意義，也不可因其曾爲野心分子叛亂的政治資本，而勾消其社會價值。一個民族文化慧命的發煌，有賴大傳統的理性文化與小傳統的常民文化相互溝通與合作，打破彼此間的隔閡，涵融出可以育萬物和天下澤及百姓的生活原則，在「百姓日用而不知」的風俗習慣中，建立和諧的人際關係。

本書追溯無生老母信仰的起源與羅祖思想的實質意義，即本著知識分子的熱忱，探求傳統社會的文化信念及其表現的方式，如何透過學理的重新測量與評價，尋覓傳統社會的優良特性，來作爲今日建設新文化的指導方針。今日的常民社會裏，羅祖的無生老母信仰有愈趨興盛的傾向（註三六），造成社會與宗教界的若干困擾，如何將此一信仰納入法律約制的國家體制裏，以傳統人文智慧來疏通與引導，是極爲迫切與需要的課題。希望透過本書的研究，解開無生老母信仰的迷團，建立共識，來排除當今民間的宗教問題。

【附　註】

註　一　基辛（R. Keesing）的「當代文化人類學」（于嘉雲、張恭啓合譯）第八章文化與民族—若干基本概念，第二〇二頁。

註　二　葉啓政的「三十年來台灣地區中國文化發展的檢討」（收入「我國社會的變遷與發展」第一〇八頁）。

註　三　余英時的「二次戰後人類社會的變遷與調適」一文，中央日報七十四年三月二十日專欄。

註　四　敏司（Sidneg W. Mintz）的「鄉民的定義」（收入張恭啓譯「鄉民社會」）第一五一—一五三頁。

註　五　酒井忠夫的「中國善書の研究」第一一三頁。

註　六　洪鎌德的「現代社會學導論」第二六四頁。

註　七　李世瑜的「現在華北秘密宗教」第五頁。

註　八　沙亦群譯「意識形態與社會變遷」第一八〇頁。

註　九　所謂特化宗教、混合宗教與教階威權等觀念，採用楊慶堃的「儒家思想與中國宗教之間的功能關係」（段昌國譯，收入「中國思想與制度論集」）的說法，第三三六一三三八頁。

註一〇　同注釋二，第一四六頁。

註一一　牟宗三的「心體與性體」第一冊，第三頁。

註一二　所謂鄉土化的知識分子，是指民間的知識分子，牽就在現實社會實際運作的思考，將傳統的知識作通俗性的演繹，將文明的理念轉化爲民間的文化理念。這種人介於上層社會的知識分子與基層社會一般大衆之間，將文明理念轉化成常民文化，其功勞猶大，這種人在明代，大多指地方上的士紳、撰寫戲曲的文人、講授學問的私塾老師與寺觀中的僧侶等人。參閱奧崎裕司的「中國鄉紳地主の研究」第十七一三〇頁。

註一三　有關林兆恩的研究，請參閱間野潛龍的「明代におけろ三教思想一特に林兆恩を中心としこ」（東洋史研究第十二卷第一期）「林兆恩續考」（東方宗教第五六期）、「林兆恩とその著作についこ」（淸水博士追悼記念明代史論叢）、荒木見悟的「明末におけろ二人の三教一致論者一管東溟と林兆恩」（東洋學術研究第十七卷第五期）。

註一四　「林子本行實錄」（中華夏教養興堂重刊）第五頁。

註一五　「三教正宗統論」第一冊「三教合一大旨」第五十八頁，採用中華夏教於民國五十九年的影印刊行本。

註一六　「林子本行實錄」第五頁與第六十五頁。

註一七　牟宗三的「中國哲學的特質」第九十八—一〇一頁。

註一八　唐君毅的「中國文化之精神價值」第三四三頁。

註一九　拙作「台灣民間宗教論集」第二十六頁。

註二〇　王治心的「中國宗教思想史大綱」第一七七頁。

註二一　參閱程似錦的「明世宗崇奉道教之研究」第二十二—二十九頁。

註二二　參閱吳晗的「明教與大明帝國」（清華學報第十三卷第一期）第七十三—七十四頁。

註二三　如「明太祖實錄」第二〇九卷，洪武二十四年六月丁巳條云：「自今天下僧道，凡各府州縣寺觀雖多，但存其寬大可容衆者一所，併而居之，毋雜處于外，與民相混，違者治以重罪，親故相隱者流，願還俗者聽。其佛經番譯已定者，不許增減詞語。道士設齋，亦不許拜奏青詞。爲孝子慈孫演誦經典、報祖父母者，各遵頒降科儀，毋妄立條章，多索民財。及民有效瑜伽教，稱爲善友，假張眞人名，私造符錄者，皆治以重罪。」

註二四　參閱楊啓樵的「明代諸帝之崇尚方術及其影響」（收入明代宗教）第二三一頁。

註二五　民間佛道合流的現象早已有之，如元代普度的「蓮宗寶鑑」第十卷念佛正論篇即已指責下列幾種民間混入念佛的現象：(1)妄稱這邊肉跳某人來，那邊疼痛某事至，吉凶禍福，言是先知，貪求冥感，以奇怪惑人。(2)今有一等愚人，道是飲酒食肉，不礙修行，行盜行淫，無妨般若，謗佛謗經，輕毀一切，如是者，滔滔皆是。(3)妄將眼眵鼻涕吃了，謂之修無漏；又有以秘靜爲無漏者，遞相傳習，壞亂正法。(4)或搜鬼竅，或稱彌勒下生，或謂諸天附體，或於燭光上見鬼神，或就香煙中能斷吉凶等。明代方術的盛行，可能來自於民間這種宗教信仰。

註二六　牧田諦亮的「民衆の佛教」第六章庶民の佛教第一〇八頁。

註二七　黎傑的「明史」第三十五頁。

註二八　知識分子對民間宗教的批判，屢有所聞，舉洪武十九年（西元一三八六年）練子寧致新淦葉知縣書爲例：「曩者草昧之初，聖人未出，梟頑之徒，假燒香誦佛之名，以嘯召無賴，而無知之民，亦紛然而從之。蓋其初也，惑於妖怪之說，而冀免於禍災，而其終也，卒剽掠攻刼而爲盜賊之計。故有國之興，必草薙而禽獮之，而郡縣守令尤嚴於日夜督察，以去生民之大害。比聞鄉落盛行於彌勒之說，而私奉其名號者，間有之矣。此豈非賢守令之責歟？」（見金川集卷二）

註二九　南宋理宗嘉熙元年（西元一二三七年）宗鑑的「釋門正統」曾如此批評：「白蓮、白雲，處處有習之者，大抵不事葷酒，故易於裕足，而不殺物命，故近於爲善，愚民無知，皆樂趨之。故其黨不勸自盛，甚至第宅姬妾爲魔女所誘，入其衆中，以修懺念佛爲名，而實通姦穢。有識之士，宜加禁止。」

註三〇　陶希聖的「明代彌勒白蓮教及其他『妖賊』」（收入「明代宗教」）第七頁。

註三一　參閱傅樂成的「唐型文化與宋型文化」（收入漢唐史論集）、龐德新的「從話本及擬話本所見之宋代兩京市民生活」、唐文標的「中國古代戲劇史初稿」。

註三二　鄉間社祭源於何時，衆說紛紜，大致上在六朝已相當的流行，如「荊楚歲時記」云：「社日四鄰並結綜會社牲醪，爲屋於樹下，先祭其神，然後饗其胙。」北史李士謙傳云：「李氏宗黨豪盛，每春秋二社必高會極宴，無不沈醉喧亂。」在宋代社祭相當熱鬧，如陸游春社詩：「太平處處是優場，社日兒童喜欲狂，且看參軍喚蒼鶻，京都新禁舞齋郎。」

註三三　五禮通考引明會典云：「里社，凡各處鄉村人民每里一百戶內立壇一所，祀五土五穀之神，專爲祈禱，雨暘時若五穀豐登，每歲一戶輪當會首，常川潔淨壇場，遇春秋二社，預期率辦祭物，至日約聚祭祀，其祭用一羊一豕酒果香燭隨用，祭畢就行會飲，會中先令讀抑強扶弱之誓，其詞曰：『凡我同里之人，各遵守里約，毋恃力凌弱，違者先共制之，然後經官，或貧無可贍，周給其家，三年不立，不使與會，其婚姻喪葬有乏，隨力相助，如不從衆及犯姦盜詐僞一切非爲之人，並不許入會。』讀誓詞畢，長幼以次就坐，盡歡而退，務在恭敬神明和睦鄉里以厚風俗。」

註三四　宋光宇的「試論無生老母宗教信仰的一些特質」（中央研究院歷史語言研究所集刊第五十二本第三分）第五八三頁。

註三五　參閱李世瑜的「現在華北秘密宗教」與宋光宇的「天道鈎沉」。

註三六　台灣無生老母或稱無極老母、瑤池金母等，大大小小的教派近百種，請參閱拙作「台灣民間宗教論集」。

附錄　近代研究中國民間宗教論文收錄

民間宗教的歷史發展，吉岡義豐在「現代中國諸宗教」一書，追溯自先秦的神仙思想與東漢太平道。又認爲民間宗教的新發展始於王重陽的全眞教，民間宗教的多樣性始於白蓮教。前二部分，學者歸爲道教研究的範疇，後一部分則爲新興宗教的研究範圍。有關民間新興宗教的研究，近幾年頗受海內外漢學家的重視，一時蔚成風潮，相關的論文與專著不少，玆將筆者所收集中國學者與日本學者作品題目，分列爲幾大項條列於后，提供作爲參考：

一、總論

1. 無生老母的信息　周作人　知堂乙酉文編　四五（西元曆）
2. 秘密宗教與秘密會社之生態環境及社會功能　王爾敏　中研院近史所集刊第十期　八〇
3. 明清時代民間的宗教信仰和秘密結社　喻松清　清史研究集第一輯　八〇
4. 試論無生老母宗教信仰的一些特質　宋光宇　中研院史語所集刊第五二本第三分　八一
5. 四海之內皆兄弟—歷代的秘密社會　莊吉發　中國文化新論社會篇（聯經出版社）　八二

6. 淺論中國民間宗教研究的態度與方法　鄭志明　台北文獻第六十九期　八四
7. 中國民間宗教の歷史的基礎的研究　福井康順　綜合研究報告集錄第五九—六六號　五三
8. 中國民衆の宗教意識　酒井忠夫　中國研究第一號　四七
9. 中國民衆と民族宗教　窪德忠　天地人第三號　五三
10 中國邪宗門史の研究　長部和雄　研究と資料第二二號　四八
11. 中國における革命と宗教の關係　根本誠　季刊東亞第十六號　七二
12. 中國史における革命と宗教　鈴木中正　東京大學出版會　七四
13. 中國民衆反亂の世界　青年中國研究者會議編　汲古書院　七五
14. 千年王國的民衆運動の研究　鈴木中正編　東京大學出版會　八二
15. 現代中國の諸宗教—民衆宗教の系譜　吉岡義豐　佼成出版社　七四
16. 中國宗教結社史研究序章　野口鐵郎　近代中國第四號　七八

二、經　典

1. 佛曲敍錄　鄭振鐸　小說月報號外　二七
2. 中國俗文學史第十一章寶卷　鄭振鐸　商務印書館　三八
3. 寶卷與彈詞　胡行之　中國文學史講話（光華書局）　三二

20.寶卷と佛教說法　澤田瑞穗　佛教史學第十卷第三號　六四
21.衆喜寶卷所見の明清教門史料　澤田瑞穗　天理大學學報第四五號　六四
22.破邪詳辯　について　澤田瑞穗　天理大學學報第五一號　六六
23.清代教案所見經卷名目考　澤田瑞穗　龍谷史壇第五六・五七號　六八
24.乾隆版香山寶卷　吉岡義豐　道教研究第四　邊境社　七一
25.校注破邪詳辯　澤田瑞穗　道教刊行會　七二
26.太上感應篇の作者　について　吉岡義豐　宗教文化第六號　五一
27.中國民間の地獄十王信仰について—玉曆至寶鈔を中心として吉岡義豐　佛教文化論集第一　七五
28.十王生七經圖卷の構造　小川貫弌　佛教文化史研究　七三
29.明代に於ける宗教融合と功過格　清水泰次　史潮第六卷第三號　三六
30.功過格の研究　酒井忠夫　東方宗教第二、三號　五三
31.初期の功過格　について　吉岡義豐　東洋文化研究所紀要第二七號　六二
32.袾宏の自知錄　について　酒井忠夫　福井博士頌壽紀念東洋文化論集　六九
33.陰隲錄の研究　西澤嘉郎　八雲書店　四六
34.陰隲文の成立　について　酒井忠夫　東方宗教第十二號　五七
35.林兆恩とその著作　について　間野潛龍　清水博士追悼記念明代史論叢　六二

36. 袁了凡の思想與善書　酒井忠夫　東洋史學論集第二號　五四
37. 明末の儒教と善書　酒井忠夫　東方宗教第七號　五五
38. 西湖二集と善書　小川陽一　東方宗教第五一號　七八
39. 中國鄉紳地主の研究　奥崎裕司　汲古書院　七八
40. アシア各民族の教育と底流する宗教的要素の史的分析―特に明清時代の善書運動について　酒井忠夫　東洋教育史研究第一號　七八
41. 中國史上の庶民教育と善書運動　酒井忠夫　中世アシア教育史研究　八〇
42. 中國明代の下層民衆の生き方―善書にぁろわれた一側面　奥崎司裕　專修史學第十三號　八一
43. 眞空教と無爲教―または廖祖經と羅祖經　野口鐵郎　歴史人類第九號　八〇
44. 開心法要と無爲教　酒井忠夫　結城教授頌壽記念佛教思想史論集　六四
45. 台灣現行的善書　蔡懋堂　台灣風物第二四卷第四期、第二六卷第四期　七四、七六
46. 從善書見地談「白衣神咒」在台灣　鄭喜夫　台灣文獻第三二卷第三期　八一
47. 清代台灣善書初探　鄭喜夫　台灣文獻第三三卷第二期　八二
48. 鸞門暨台灣聖堂著作之善書經懺考　林永根　聖德雜誌社　八二

三、各　論

A．摩尼教、彌勒教、白蓮宗、白雲宗

1. 摩尼教入中國考　陳垣、國學季刊第一期　二三
2. 摩尼之二宗三際論　許地山　燕京學報第三卷　二八
3. 宋代的摩尼教　牟潤孫　輔仁學誌第七卷第一期　三八
4. 賈耽與摩尼教　愚公谷　禹貢半月刊第二卷第四期　三四
5. 明教與大明帝國　吳晗　清華學報第十三卷第一期　四一
6. 宋代的明教與農民起義　星月　歷史教學第六期　五九
7. 元代彌勒白蓮教會的暴動　陶希聖　食貨半月刊第一卷第四期　三五
8. 明代彌勒白蓮教及其他「妖賊」　陶希聖　食貨半月刊第一卷第九期　三五
9. 白雲宗　孫克寬　大陸雜誌第三五卷第六期　六七
10. 白蓮社與白蓮教無關考　戴玄之　幼獅學誌第九卷第三期　七〇
11. 隋末彌勒教の亂をめぐる一考察　氣賀澤保規　佛教史學第二三卷第一號　八一
12. 喫菜事魔について　竺沙雅章　青山博士古稀記念宋代史論叢　七四
13. 宋元時代の白雲宗門　重松俊章　史淵第二號　三〇
14. 唐宋時代の彌勒教匪　重松俊章　史淵第三號　三一
15. 唐宋時代の末尼教と魔教問題　重松俊章　史淵第十二號　三六

㈡白蓮教

10 白蓮教の成立とその展開　相田洋　中國民衆反亂の世界　汲古書院 七四
11. 白蓮の教と術　野口鐵郎　吉岡博士還曆記念道教研究論集　七七
12. 白蓮教運動理解への試論　野口鐵郎　中嶋敏先生古稀記念論集　八〇
13. 明代北邊の白蓮教とその活動　野口鐵郎　清水博士追悼記念明代史論叢　六二
14. 明末における奢安の亂と白蓮教　淺井紀　史學第四七卷第三號　七六
15. 明代白蓮教の一考察―經濟鬪爭との關連と新しい共同體　夫馬進　東洋史研究第三五卷第一號　七六
16. 嚴如煜と白蓮教亂　安野省三　生江義男先生還曆記念歷史論集　七八
17. 嘉慶白蓮教亂における人脈、組織、軍　小林一美　歷史學の再建に向けて第四（濃美社）　七九
18. 中國白蓮教反亂における帝王と聖母　小林一美　歷史學の再建に向けて第五（濃美社）　八〇
19. 嘉慶白蓮教反亂の性格　小林一美　中嶋敏先生古稀記念論集　八〇
20. 嘉慶年間の白蓮教結社―林清・李文成集團の場合　佐佐木正哉　國學院雜誌第七七卷第三號　七六
21. 白蓮教・黑旗軍の反亂　三島宗良　講座中國近現代史第一　七八
22. 白蓮教の亂に就して　矢野仁一　內藤博士還曆祝賀支那學論叢　三〇
㈢無爲教（羅教、老官齋教、齋教）
1. 清高祖查禁羅教的經過　莊吉發　大陸雜誌第六三卷第三期　八一

2. 老官齋教　戴玄之　大陸雜誌第五四卷第六期　七七
3. 台灣齋教的淵源與流變　鄭志明　台北文獻第六七期　八四
4. 關於眞空教・羅教與佛教的問題　張曼濤　大陸雜誌第三五卷第十期　六七
5. 人神之間—淺論十八世紀的羅教　葉文心　史學評論第二期　八〇
6. 羅教について　鈴木中正　東洋文化研究所紀要第一號　四三
7. 羅教の成立と流傳について　塚本善隆　東方學報京都版第十七號　四九
8. 羅祖の宗教　吉岡義豐　大正大學學報第三七號　五〇
9. 羅祖の無爲教　澤田瑞穗　東方宗教第一、二號　五一
10. 明末の無爲教について　酒井忠夫　東洋史學論集第三　五四

㈣先天道(一貫道)

1. 一八三五年山西趙城之先天教亂　戴玄之　食貨第七卷第三期　七七
2. 先天道研究　林萬傳　靝巨書局　八五
3. 天道概論　蘇鳴東　靝巨書局　七八
4. 天道的辯正與眞理　蘇鳴東　靝巨書局　八三
5. 天道鈎沉—一貫道調查報告　宋光宇　自印本　八三
6. 一貫道的民族學探論　宋光宇　中華文化復興月刊第十一卷第六期　七八

7. 一貫道探秘　董芳苑　同工月刊第四十期　六九
8. 一貫道—一個最受非議的秘密宗教　董芳苑　台灣神學論刊第二期　八〇
9. 疏導台灣當今秘密宗教　鄭志明　鵞湖月刊第六一期　八〇
10. 我怎麼脫離一貫道　施文塗　佛教出版社　七七
11. 政教關係的思考—一貫道　瞿海源　聯合月刊第七期　八二
12. 我所知道的一貫道　楊惠南　聯合月刊第七期　八二
13. 一貫道信徒媒介使用與媒介認知之研究　何穎怡　政大新聞研究所碩士論文　八三
14. 一貫道探隱　雷天居士　中國佛教第二七、二八、二九卷　八三、八四、八五
15. 一貫道について　窪德忠　東洋文化研究所紀要第四號　五三
16. 一貫道補考　窪德忠　東洋文化研究所紀要第十一號　五六
17 中國の邪宗門について—先天教と龍華會　牧尾良海　智山學報第十九號　七一

(五) 其他教門

1. 流行於贛閩粵及馬來亞之眞空教　羅香林　中國學社　六二
2. 在理教發展簡史　宋光宇　思與言第十五卷第一期　七七
3. 清代乾隆年間的收元教及其支流　莊吉發　大陸雜誌第六三卷第四期　八一
4. 清高宗查禁大乘教的原因與經過　莊吉發　食貨第十一卷第六期　八一

5. 清代三陽教的起源及其思想信仰　莊吉發　大陸雜誌第六三卷第五期　八一
6. 清代義和拳源流考　莊吉發　大陸雜誌第六五卷第六期　八二
7. 天地會文件的發現及其史料價值　莊吉發　大陸雜誌第六八卷第四期　八四
8. 清代清茶門教的傳佈及其思想信仰　莊吉發　大陸雜誌第六八卷第六期　八四
9. 清茶門考析　喩松清　明清史國際討論會報告　八〇
10. 天理教聯合天地會起兵之分析　戴玄之　政大歷史學報第十期　八三
11. 台灣民間鸞堂儒宗神教的宗教體系初探　鄭志明　台北文獻第六八期　八四
12. 清代咸豐年間山東邱莘教之亂　陳華　食貨第十三卷第五、六期　八三
13. 明末の紅封教と挺擊の案　酒井忠夫　塚本博士頌壽記念佛教史學論集　六一
14. 明末の聞香教について　淺井紀　明代史研究第六號　七八
15. 八卦教源流　澤田瑞穗　國學院雜誌第五五卷第一號　五四
16. 嘉慶十八年の天理教徒の亂について　小野田サヨ子　史艸第七號　六六
17. 天理教の亂について　栗田智　史苑第四二卷第二號　八二
18. 義和團源流—八卦教と義和拳　佐藤公彥　史學雜誌第九一卷第一號　八二
19. 道光白陽教始末　澤田瑞穗　東方學論集第一號　五四
20. 初期の黃天道　澤田瑞穗　東方宗教第八、九號　五五

21. 弘陽教試探　澤田瑞穗　天理大學學報第二四、二五號　五七
22. 清中期雲南張保太の大乘教　鈴木中正　東洋史研究第三六卷第四號　七八
23. 道光青蓮教案について　淺井紀　東海史學第十一號　七七
24. 乾隆三九年王倫清水教叛亂小論―義和團論序說　佐藤公彥　一橋論叢第八一卷第三號　七九
25. 清末江西の紅白黃教　野口鐵郎　酒井忠夫古稀祝賀紀念（國書刋行會）　八二
26. 奉天同善堂調查報告　古家誠一　滿鐵社會課　二七
27. 滿蒙の獨立と世界紅卍字會の活動　內田良平　先進社　三一
28. 道咸時代に於ける北支の黃崖教　八幡關太郎　東洋第三九卷第十一號　三六
29. 世界紅卍字會道院の實態　白尾陽光　太田美代治　興亞宗教協會　四一
30. 華人社會の民衆教團―德教の扶乩儀禮　吉原和男　宗教研究第二三八號　七九
31. 台灣の民衆宗教―管見軒轅教　篠原壽雄　酒井忠夫先生古稀祝賀記念（國書刋行會）　八二

四、泛　論

1. 現在華北秘密宗教　李世瑜　古亭書屋影印本　四八
2. 清世宗禁教考　莊吉發　大陸雜誌第六二卷第六期　八一
3. 從國立故宮博物院現存檔案談清代的秘密社會　莊吉發　中研院三研所歷史與中國社會變遷研討會論文集　八二

4.從院藏檔案談清代秘密宗教盛行的原因　莊吉發　故宮學術季刊第一卷第一期　八三
5.台灣新興宗教概論　董芳苑　民間信仰與社會研討會論文集（台灣民政廳）　八二
6台灣民俗信仰發展的趨勢　李亦園　民間信仰與社會研討會論文集　八二
7.中原的秘密宗教　劉心皇　國立編譯館館刊第七卷第一期　六七
8台灣瑤池金母信仰　鄭志明　台灣風物第三四卷第三期　八四
9.天皇堂是怎樣的宗教─從高雄路竹鄉焚屍案談民間宗教的價值取向　鄭志明　聯合月刊第四〇期　八四
10王母娘娘是何方神聖─從神棍詐財案談台灣新興宗教　鄭志明　聯合月刊第四三期　八五
11.明清時代の宗教結社と三教　野口鐵郎　歷史教育第十七卷第三號　六九
12.明代宗教結社の教徒の問題　野口鐵郎　東方宗教第十三號　五八
13.明代宗教結社の經濟活動　野口鐵郎　橫濱國立大學人文紀要第一類第十四號　六八
14.明初の宗教結社と支配體制　野口鐵郎　歷史人類第一號　七六
15.明末における新興の民衆信仰集團について　酒井忠夫　東方宗教第四八號　七六
16.清代社會史第三部「農民暴動」佐野學　文求堂　四七
17.清代の農民反亂　安野省三　岩波講座世界歷史第八號　七一
18.抗租・抗糧鬪爭の彼方─下層生活者の想いと政治的・宗教的自立の途　小林一美　思想第五八四號

七三

19.清代における演劇と民衆活動　相田洋　木村正雄先生退官紀念東洋史論集　七六
20.華北宗教年鑑　武田煕　北京興亜宗教協會　四一
21.支那に於ける宗教結社の一形態　酒井忠夫　史潮第十一巻第三號　四二
22.近代支那に於ける宗教結社の研究　酒井忠夫　東亞研究所　四四
23.現代中國の秘密結社　酒井忠夫　近代中國研究第一號　四八
24.清代の秘密結社　稲葉誠一　斯文第五號　五二
25.清代秘密結社の性格とその役割　福田節生　史淵第六六號　五五

參考書目

一、文獻類

「五部六册補註開心法要」 羅祖原著，王源靜補註，台中，民德堂影印，一九八〇
「龍華科儀」 台中，民德堂重增版，一九七五
「三教正宗統論」 （明）林龍江，台北，養興堂翻印，一九七〇
「林子本行實錄」 （明）陳衷瑜述撰，台北，養興堂翻印，一九六四
「校注破邪詳辯」 （清）黃育鞭原著，澤田瑞穗校注，日本東京，道教刋行會，一九七二
「明史」 （清）張廷玉等奉勅修，台北，鼎文書局據乾隆四年刻本新校標點本，一九八二
「明實錄」 台北，中研院史語所影印，一九六五
「大明會典」 （明）李東陽等奉勅修撰，台北，新文豐出版社影印，一九七六
「明會要」 （清）龍文彬，台北，世界書局影印，一九七二
「金陵梵刹志」 （明）葛寅亮撰，台北，明文書局中國佛寺志第三册，一九八〇
「五雜俎」 （明）謝肇淛撰，台北，新興書局筆記小說大觀第八編第六册，一九七六

「古今圖書集成」（清）陳夢雷，台北，鼎文書局影印，一九七七
「蟲鳴漫錄」（清）采蘅子，台北，新興書局筆記小說大觀第一編第七冊，一九七六
「萬曆野獲編」（明）沈德符撰，台北，新興書局筆記小說大觀第十五編第六冊，一九七六
「罪惟錄」（明）查繼佐撰，台北，商務印書館影印，一九七一
「法苑珠林」（唐）釋道世玄惲撰，台北，商務印書館影印，一九七九
「大正新修大藏經」台北，中華佛教文化館影印，一九五九
第七　大湼槃經（東晉）法顯譯
第一五六　大方便佛報恩經　失譯
第二二〇　大般若波羅密多經（唐）玄奘譯
第二三六　金剛般若波羅密多經（元魏）菩提留支譯
第二五一　般若波羅密多心經（唐）玄奘譯
第二六二　妙法蓮華經（姚秦）鳩摩羅什譯
第二七八　大方廣佛華嚴經（東晉）佛馱跋陀羅譯
第三六六　佛說阿彌陀經（姚秦）鳩摩羅什譯
第四五二　佛說觀彌勒菩薩上生兜率天經（劉宋）沮渠京聲譯
第四五三　佛說彌勒下生經（西晉）竺法護譯

第六四二　佛說首楞嚴三昧經　（姚秦）鳩摩羅什譯
第一五〇九　大智度論　（後秦）鳩摩羅什譯
第一五一〇　金剛般若論　（隋）達磨笈多譯
第一五七七　大丈夫論　（北涼）道泰譯
第一九七〇　龍舒增廣淨土文　（宋）王日休撰
第一九七三　盧山蓮宗寶鑑　（元）普度編
第二〇〇八　六祖大師法寶壇經　（元）宗寶編
第二〇一四　永嘉證道歌　（唐）玄覺撰
第二〇一六　宗鏡錄　（宋）延壽集
第二〇七七　景德傳燈錄　（宋）道元撰
「卍續藏經」　台北，新文豐出版社影印，一九七七
第一〇八册　淨土指歸集　（明）大佑集
第一一〇册　達磨大師血脈論　（梁）菩提達磨
第一二〇册　普慧大士語錄　（唐）樓頴錄
第一二〇册　龐君士語錄　（唐）于頔編集
第一二九册　金剛科儀　（清）達基錄

第一二九册　慈悲道場水懺法科註　（清）西宗集註

「蓮池大師全集」　（明）雲棲袾宏，台北，中華佛教文化館，一九七三

「蕅益大師全集」　（明）　益智旭大師，台北佛教出版社，一九七五

「憨山老人夢遊集」　（明）通炯編輯，台北，新文豐出版社，一九七三

二、研究類

㈠　寶卷

「寶卷總錄」　傅惜華，巴黎，巴黎大學北京漢學研究所，一九五一

「寶卷綜錄」　李世瑜，上海，中華書局，一九六一

「中國俗文學史」下册第十一章寶卷　鄭振鐸，台北，商務印書館重刊，一九三八初版

「中國俗文學概論」第二十九章寶卷　楊蔭深，台北，中華書局民國五十四年影印本，一九三八初版

「五十年來的中國俗文學」寶卷　婁子匡・朱介凡，台北，正中書局，一九六四

增補「寶卷の研究」　澤田瑞穗，日本東京，國書刋行會，一九七五

「寶卷之研究」　曾子良，台北，政大碩士論文，一九七五

「中國善書の研究」　酒井忠夫，日本東京，國書刋行會，一九七二

㈡　教門

「現在華北祕密宗教」　李世瑜，台北，古亭書屋影印本，一九七五
「清門考源」　李世傑，台北，文海出版社影印本，一九七四
「流行於贛閩粤及馬來亞之眞空教」　羅香林，香港，中國學社　一九六三
「台灣民間宗教信仰」　董芳苑，台北，長青文化公司，一九七五
「天道概論」　蘇鳴東，台南，靝巨書局，一九八三
「天道鈎沉」　宋光宇，台北，自刋本，一九八三
「台灣民間宗教論集」　鄭志明，台北，學生書局，一九八四
「先天道研究」　林萬傳，台南，靝巨書局，一九八五
「華北宗教年鑑」　興亞宗教協會，北平，一九四一
「川陝楚白蓮教亂始末」　辜海澄，台中，藍燈文化公司，一九七六
「現代中國の諸宗教——民衆宗教の系譜」　吉岡義豐，日本東京，佼成出版社，一九七四
「清中期史研究」　鈴木中正，日本東京，愛知大學國際問題研究所，一九五二
「中國史における革命と宗教」　鈴木中正，日本東京，東京大學出版會，一九七四
「千年王國的民衆運動の研究」　鈴木中正，日本東京大學出版會，一九八二

㈢　宗教

「中國宗教思想史大綱」　王治心，台北，中華書局重刋，一九三一初版

「隋唐佛教史稿」　湯用彤，台北，木鐸出版社，一九八三
「宋元道教之發展」　孫克寬，台中，東海大學，一九六五
「中國道教史」　傅勤家，台北，商務印書館影印本，一九七八
「道教概說」　小柳司氣太，陳斌和譯，台北，商務印書館，一九七〇
「中國禪思想史」　柳田聖山，吳汝鈞譯，台北，商務印書館，一九八二
「中國佛教史概說」　野俊靜等著，聖嚴譯，台北，商務印書館，一九七二
「中國佛教發展史」　余萬居譯，台北，天華出版公司，一九八四
「寒原道論」　孫克寬，台北，聯經出版公司，一九七七
「明代宗教」　陶希聖等著，台北，學生書局，一九六八
「永明延壽宗教論」　孔維勤，台北，新文豐出版社，一九八三
「民間信仰與社會研討會論文集」　台灣省民政廳，南投，一九八二
「比較宗教學」　瓦哈著，包可華譯，台北，大乘出版社，一九八〇
「佛學概論」　蔣維喬，台北，河洛出版社影印本，一九七三
「佛學研究」　周中一，台北，東大圖書公司，一九七七
「佛教與中國文化」　張曼濤編，台北，大乘出版社，一九七八
「佛教與中國思想及社會」　張曼濤編，台北，大乘出版社，一九七八

「初期大乘佛教之起源與開展」　印順，台北，正聞出版社，一九八一
「禪與道概論」　南懷瑾，台北，眞善美出版社，一九六八
「比較宗教學」　聖嚴，台北，中華書局，一九六八
「道教與修道祕義指要」　黃公偉，台北，新文豐出版社，一九八二
「宗教的出生與長成」　摩耳著，江紹原譯，台北，商務印書館，一九六九
「宗教哲學」　魯一士著，謝扶雅譯，台北，商務印書館，一九七一
「宗教哲學」　約翰希克著，錢永祥譯，台北，三民書店，一九七二
「民衆の佛教」　牧田諦亮，日本東京，佼成出版社，一九七六
「中國佛教史研究」　牧田諦亮，日本東京，大東出版社，一九八一
「中國佛教・文化史の研究」　山崎宏，日本京都，法藏館，一九八一
「中國淨土教理史」　望月信亨，日本京都，法藏館，一九七五
「淨土教新研究」　惠谷隆戒，日本東京，山喜房佛書林，一九七六
「道教の綜合研究」　酒井忠夫，日本東京，國書刊行會，一九七七

㈣　思想

「哲學概論」　唐君毅，台北，學生書局，一九七五
「中國文化之精神價值」　唐君毅，台北，正中書局，一九五三

「人文精神之重建」　唐君毅，台北，學生書局，一九七四
「中國哲學原論原道篇」　唐君毅，台北，學生書局，一九七六
「文化意識與道德理性」　唐君毅，台北，學生書局，一九七五
「生命存在與心靈境界」　唐君毅，台北，學生書局，一九七七
「心體與性體」　牟宗三，台北，正中書局，一九六八
「中國哲學的特質」　牟宗三，台北，學生書局，一九六三
「佛性與般若」　牟宗三，台北，學生書局，一九七九
「徐復觀文錄」　徐復觀，台北，環宇出版社，一九七一
「中國人性論史」　徐復觀，台北，商務印書館，一九六九
「中國人的心靈——中國哲學與文化要義」　東海大學哲學系編，台北，聯經出版公司，一九八四
「儒家思想的實踐」　孫隆基譯，台北，商務印書館，一九八〇
「中國思想與制度論集」　段昌國等譯，台北，聯經出版公司，一九七六
「中國知識階層史論古代篇」　余英時，台北，聯經出版公司，一九八〇
「儒學傳統與文化創新」　黃俊傑，台北，東大圖書公司，一九八三
「儒家哲學與文化眞理」　蔡仁厚，香港，人生出版社，一九六七
「中國學術思想史論叢」　錢穆，台北，東大圖書公司，一九七六

「思潮的脈動」　韋政通編，台北，聯經出版公司，一九八三
「思想與人物」　林毓生，台北，聯經出版公司，一九八三
「歷史與思想」　余英時，台北，聯經出版公司，一九七六

㈤　歷史與文化

「歷史與文化論叢」　錢穆，台北，東大圖書公司，一九七九
「中國文化史」　柳詒徵，台北，正中書局，一九七四
「中國近世文化史」　陳安仁，台北，華世出版社，一九七七
「國史新論」　錢穆，台北，三民書局，一九七七
「漢民族的研究」　吳主惠，台北，商務印書館，一九六八
「史學方法論文選集」　杜維運・黃俊傑編，台北，華世出版社，一九七九
「史學方法論」　杜維運，台北，華世出版社，一九七八
「新史學與社會科學」　班茲，董之學譯，台北，華世出版社，一九七五
「史學方法論叢」　黃俊傑編譯，台北，學生書局，一九七七
「史學與史學方法」　許冠三，台北，萬年青書店，缺出版日期
「歷史研究」　湯恩比，陳曉林譯，台北，桂冠圖書公司，一九七八
「元明史研究論集」　大陸雜誌社，台北，一九六〇

「宋明史研究論集」　張天佑，台北，華世出版社，一九七七
「明代史」　孟森，台北，華氏出版社，一九七五
「明史研究論叢第一輯」　吳智和編，台北，大立出版社，一九八二
「國史論衡」　鄺士元，台北，里仁書局，一九八〇
「中國文化新論」　劉岱編，台北，聯經出版公司，一九八二
「中國文化的省察」　牟宗三，台北，聯經出版公司，一九八三
「時代與感受」　牟宗三，台北，鵞湖出版社，一九八四
「國史探微」　楊聯陞，台北，聯經出版公司，一九八三
「中國法制史論集」　徐道鄰，台北，志文出版社，一九七五
「中國的自由傳統」　狄百瑞、李弘祺譯，台北，聯經出版公司，一九八三
「宋元明經濟史稿」　李劍農，台北，華世出版社，一九八一
「中國經濟社會史概說」　加藤繁、杜正勝等譯，台北，華世出版社，一九七八
「中國歷代社會研究」　楊鍊譯，台北，學生書局，一九七七
「東西文化及其哲學」　梁漱溟，台北，問學出版社影印本，一九七九
「中國文化要義」　梁漱溟，台北，問學出版社影印本，一九七七
「文化哲學的試探」　劉述先，台北，志文出版社，一九七〇

「生命情調的抉擇」　劉述先，台北，志文出版社，一九七四
「文化人類學」　林惠祥，台北，商務印書館，一九七九
「文化人類學」　陳國鈞，台北，三民書局，一九七七
「文化人類學」　拉夫・林頓、蔡勇美譯，台北，三信出版社，一九七五
「文化人類學新論」　許烺光著，張瑞德譯，台北，聯經出版公司，一九七九
「文化論」　費通等譯，台北，商務印書館影印本，一九四四初版
「當代文化人類學」　基辛、于嘉雲等譯，台北，巨流圖書公司，一九八〇
「中國文化人類學」　鄭德坤，台北，華世出版社，一九七五
「人類及其象徵」　黎惟東譯，台北，好時光出版社，一九八三
「文化與行爲」　李亦園，台北，商務印書館，一九六六
「文化與信仰」　李亦園，台北，巨流圖書公司，一九七八
「文化模式」　潘乃德、黃道琳譯，台北，巨流圖書公司，一九七六
「中國風俗史」　張亮采，台北，商務印書館，一九六九
「中國現代化與知識分子」　金耀基，台北，時報出版社，一九七七
「中國現代化的歷程」　朱雲漢、彭懷恩編，台北，時報出版社，一九八〇
「中國人的性格」　李亦園、楊國樞編，台北，中研院民族所，一九七二

「社會及行爲科學研究的中國化」　楊國樞、文崇一編，台北，中研院民族所，一九八二
「我國社會變遷與發展」　朱岑樓編，台北，東大圖書公司，一九八一
「當前台灣社會問題」　楊國樞、葉啟政編，台北，巨流圖書公司，一九七八
「意識形態與社會變遷」　沙亦群譯，台北，巨流圖書公司，一九七三
「現代社會學導論」　洪鎌德，台北，商務印書館，一九七二
「鄉民社會」　張恭啟譯，台北，巨流圖書公司，一九八三
「明代文化史研究」　間野潛龍，日本京都，同朋會，一九七九
「中國鄉紳地主の研究」　奥崎裕司，日本東京，汲古書院，一九七八

(六)　期刊

「探論寶卷在俗文學上的地位」　佟晶心，北平，歌謠第二卷第三七期，一九三七
「寶卷新研」　李世瑜，北平，文學遺產增刋第四輯，一九五七
「江浙諸省的宣卷」　李世瑜，北平，文學遺產增刋第七輯，一九五九
「銷釋眞空寶卷跋」　胡適，北平，國立北平圖書館館刋第五卷第三號　一九三一
「駁跋銷釋眞空寶卷」　兪平伯，上海，文學創刋號，一九三三
「明淸之際之寶卷文學與白蓮教」　向達，上海，文學第二卷第六期，一九三四
「無生老母的信息」　周作人，北平，雜志第十五卷第四期，一九四五

「從院藏檔案談清代祕密宗教盛行的原因」　莊吉發，台北，故宮學術季刊第一卷第一期，一九八三
「試論無生老母宗教信仰的一些特質」　宋光宇，台北，中研院史語所集刊第五二本第三分，一九八一
「祕密宗教與祕密會社之生態環境及社會功能」　王爾敏，台北，中研院近史所集刊第十期，一九八一
「明代白蓮教考略」　李守孔，台北，台大文史哲學報第四期，一九五二
「白蓮教的本質」　戴玄之，台北，師大學報第十二期，一九六七
「白蓮教的源流」　戴玄之，日本，中國學誌第五本，一九六八
「三教論與宋金學術」　饒宗頤，台北，東西文化第十一期，一九六八
「明儒與道教」　柳存仁，香港，新亞學報第八卷第一期，一九六七
「明教與大明帝國」　吳晗，北平，清華學報第十三卷第一期，一九四一
「明代諸帝之崇尚方術及其影響」　楊啟樵，香港，新亞書院年刊第四期，一九六二
「政教關係的思考──一貫道」　瞿海源，台北，聯合月刊第七期，一九八二
「我所知道的一貫道」　楊惠南，台北，聯合月刊第七期，一九八二
「羅教について──清代支那宗教結社の一例」　鈴木中正，日本，東洋文化研究所紀要第一號，一九四三
「米國における最近の白蓮教研究」　鈴木中正，日本，近代中國第四號，一九七八
「羅教の成立と流傳について」　塚本善隆，日本，東方學報京都第十七號，一九四九

「寶卷と近代シナの宗教」　塚本善隆，日本，佛教文化研究第一號，一九五一
「羅祖の宗教」　吉岡義豐，日本，大正大學學報第三十七號，一九五〇
「近代中國における寶卷の展開」　吉岡義豐，日本，宗教文化第三號，一九五〇
「羅祖の無爲教」　澤田瑞穗，日本，東方宗教創刊號，一九五一
「龍華經の研究」　澤田瑞穗，日本，跡見學園紀要第二號，一九五五
「破邪詳辯について」　澤田瑞穗，日本，天理大學學報第五一輯，一九六六
「現代中國の祕密結社」　酒井忠夫，日本，近代中國研究第一號，一九四八
「明末の無爲教」　酒井忠夫，日本，東洋史學論集第三號，一九五四
「開心法要と無爲教」　酒井忠夫，日本，結城教授頌壽記念佛教思想史論集，一九六四
「中國宗教結社史研究序章」　野口鐵郎，日本，近代中國第四號，一九七八
「眞空教と無爲教——または廖祖經と羅祖經」　野口鐵郎，日本，歷史人類第九號，一九八〇
「羅教の成立とその展開」　相田洋，日本，「續中國民衆反亂の世界」汲古書屋，一九八三